中华人民共和国
治安管理处罚法

注释本

李凌云 编著

·北京·

图书在版编目（CIP）数据

中华人民共和国治安管理处罚法注释本 / 李凌云编著. -- 3版. -- 北京：法律出版社，2025. -- （法律单行本注释本系列）. -- ISBN 978-7-5244-0375-3

I. D922.145

中国国家版本馆CIP数据核字第2025QV4097号

中华人民共和国治安管理处罚法注释本
ZHONGHUA RENMIN GONGHEGUO
ZHIAN GUANLI CHUFA FA ZHUSHIBEN

李凌云 编著

责任编辑 陈昱希 赵雪慧 陈 熙
装帧设计 李 瞻

出版发行	法律出版社	开本	850毫米×1168毫米 1/32
编辑统筹	法规出版分社	印张	11.375　字数 342千
责任校对	张红蕊	版本	2025年7月第3版
责任印制	耿润瑜	印次	2025年7月第1次印刷
经　　销	新华书店	印刷	三河市龙大印装有限公司

地址：北京市丰台区莲花池西里7号（100073）
网址：www.lawpress.com.cn　　　　销售电话：010-83938349
投稿邮箱：info@lawpress.com.cn　　客服电话：010-83938350
举报盗版邮箱：jbwq@lawpress.com.cn　咨询电话：010-63939796
版权所有·侵权必究

书号：ISBN 978-7-5244-0375-3　　　　定价：24.00元
凡购买本社图书，如有印装错误，我社负责退换。电话：010-83938349

编辑出版说明

现代社会是法治社会,社会发展离不开法治护航,百姓福祉少不了法律保障。遇到问题依法解决,已经成为人们处理矛盾、解决纠纷的不二之选。然而,面对纷繁复杂的法律问题,如何精准、高效地找到法律依据,如何完整、准确地理解和运用法律,日益成为人们"学法、用法"的关键所在。

为了帮助读者快速准确地掌握"学法、用法"的本领,我社开创性地推出了"法律单行本注释本系列"丛书,至今已十余年。本丛书历经多次修订完善,现已出版近百个品种,涵盖了社会生活的重要领域,已经成为广大读者学习法律、应用法律之必选图书。

本丛书具有以下特点:

1. 出版机构权威。成立于1954年的法律出版社,是全国首家法律专业出版机构,始终秉承"为人民传播法律"的宗旨,完整记录了中国法治建设发展的全过程,享有"社会科学类全国一级出版社"等荣誉称号,入选"全国百佳图书出版单位"。

2. 编写人员专业。本丛书皆由相关法律领域内的专业人士编写,确保图书内容始终紧跟法治进程,反映最新立法动态,体现条文本义内涵。

3. 法律文本标准。作为专业的法律出版机构,多年来,我社始终使用全国人民代表大会常务委员会公报刊登的法律文本,积淀了丰富的标准法律文本资源,并根据立法进度及时更新相关内容。

4. 条文注解精准。本丛书以立法机关的解读为蓝本,给每个条文提炼出条文主旨,并对重点条文进行注释,使读者能精准掌握立法意图,轻松理解条文内容。

5. 关联法规全面。本书收录常用法律法规、部门规章等,方便读者快速找到相关联的法规,使全书更为实用。

6. 适用要点详细。本书特设"适用要点"栏目,对实务运用中应该注意的事项、常见的处理方法、关键字句的理解、需要注意的细节或陷阱等,作详细而有条理的阐释。

7. 配套附录实用。书末"附录"部分收录的均为重要的相关法律、法规和司法解释,使读者在使用中更为便捷,使全书更为实用。

需要说明的是,本丛书中"适用提要""条文主旨""条文注释"等内容皆是编者为方便读者阅读、理解而编写,不同于国家正式通过、颁布的法律文本,不具有法律效力。本丛书不足之处,恳请读者批评指正。

我们用心打磨本丛书,以期待为法律相关专业的学生释法解疑,致力于为每个公民的合法权益撑起法律的保护伞。

法律出版社法规中心

2025 年 6 月

目　录

《中华人民共和国治安管理处罚法》适用提要 …………… 1

中华人民共和国治安管理处罚法

第一章　总则………………………………………………… 7
　第一条　立法目的………………………………………… 7
　第二条　党的领导与社会治安综合治理………………… 9
　第三条　违反治安管理行为的性质和特征……………… 11
　第四条　处罚应适用的程序……………………………… 15
　第五条　适用范围………………………………………… 17
　第六条　基本原则………………………………………… 19
　第七条　主管和管辖……………………………………… 22
　第八条　民事责任与刑事责任…………………………… 24
　第九条　调解……………………………………………… 26
第二章　处罚的种类和适用………………………………… 28
　第十条　处罚种类………………………………………… 28
　第十一条　违禁品、工具和违法所得财物的处理……… 32
　第十二条　未成年人违法的处罚………………………… 33
　第十三条　精神病人违法的处罚………………………… 35
　第十四条　盲人或聋哑人违法的处罚…………………… 38
　第十五条　醉酒的人违法的处罚………………………… 39
　第十六条　多种违反治安管理行为的处罚……………… 41
　第十七条　共同违反治安管理行为的处罚……………… 43
　第十八条　单位违反治安管理行为的处罚……………… 44

第十九条　制止不法侵害行为及限度……………… 46
　　第二十条　从轻、减轻或者不予处罚情形…………… 47
　　第二十一条　认错认罚从宽……………………………… 49
　　第二十二条　从重处罚情形……………………………… 51
　　第二十三条　不执行行政拘留的人员…………………… 53
　　第二十四条　矫治教育措施……………………………… 55
　　第二十五条　追究时效…………………………………… 56
第三章　违反治安管理的行为和处罚………………………… 58
　第一节　扰乱公共秩序的行为和处罚…………………… 58
　　第二十六条　对扰乱单位、公共场所、公共交通和选举秩序行为的处罚……………………… 58
　　第二十七条　对扰乱考试秩序行为的处罚……………… 61
　　第二十八条　对扰乱体育、文化等大型群众性活动秩序行为的处罚……………………………… 63
　　第二十九条　对以故意散布谣言、谎报险情、投放虚假危险物质和扬言实施危险行为等形式扰乱社会秩序的行为的处罚…………… 66
　　第三十条　对寻衅滋事行为的处罚……………………… 68
　　第三十一条　对利用封建迷信、会道门进行非法活动的行为的处罚……………………………… 70
　　第三十二条　对干扰无线电通讯秩序行为的处罚……… 72
　　第三十三条　对侵害计算机信息系统安全行为的处罚…………………………………………… 75
　　第三十四条　对组织、领导传销活动和胁迫、诱骗他人参加传销活动的处罚…………………… 77
　　第三十五条　对亵渎英雄烈士，美化侵略，公共场所佩戴宣扬、美化侵略行为服饰等行为的处罚…………………………………………… 78

第二节 妨害公共安全的行为和处罚 ⋯⋯⋯⋯⋯⋯ 81
　　第三十六条 对违反危险物质管理规定行为的处罚
　　　　　　 ⋯⋯⋯⋯⋯⋯⋯⋯⋯⋯⋯⋯⋯⋯⋯⋯⋯⋯ 81
　　第三十七条 对危险物质被盗、被抢、丢失不报行为
　　　　　　 的处罚 ⋯⋯⋯⋯⋯⋯⋯⋯⋯⋯⋯⋯⋯⋯⋯ 83
　　第三十八条 对非法携带管制器具行为的处罚 ⋯⋯ 84
　　第三十九条 对盗窃、损毁公共设施行为的处罚 ⋯ 86
　　第四十条 对妨碍航空器飞行安全、妨碍公共交通
　　　　　　安全行为的处罚 ⋯⋯⋯⋯⋯⋯⋯⋯⋯⋯⋯ 88
　　第四十一条 对妨碍铁路、城市轨道交通行为的处罚
　　　　　　 ⋯⋯⋯⋯⋯⋯⋯⋯⋯⋯⋯⋯⋯⋯⋯⋯⋯⋯ 90
　　第四十二条 对妨害火车、城市轨道交通安全的处罚
　　　　　　 ⋯⋯⋯⋯⋯⋯⋯⋯⋯⋯⋯⋯⋯⋯⋯⋯⋯⋯ 92
　　第四十三条 对违法安装电网、损毁公共设施、引发
　　　　　　 火灾事故危险以及高空抛物等行为的
　　　　　　 处罚 ⋯⋯⋯⋯⋯⋯⋯⋯⋯⋯⋯⋯⋯⋯⋯⋯ 92
　　第四十四条 对违反安全规定举办大型群众性活动
　　　　　　 的处罚 ⋯⋯⋯⋯⋯⋯⋯⋯⋯⋯⋯⋯⋯⋯⋯ 95
　　第四十五条 对违反公安场所安全规定行为的处罚 ⋯ 97
　　第四十六条 对违法升放行为的处罚 ⋯⋯⋯⋯⋯⋯ 98
第三节 侵犯人身权利、财产权利的行为和处罚 ⋯⋯⋯ 100
　　第四十七条 对恐怖表演、强迫劳动、非法限制人身
　　　　　　 自由、侵入他人住宅行为的处罚 ⋯⋯⋯ 100
　　第四十八条 对组织、胁迫未成年人从事有偿陪侍
　　　　　　 活动的处罚 ⋯⋯⋯⋯⋯⋯⋯⋯⋯⋯⋯⋯ 102
　　第四十九条 对胁迫利用他人乞讨和滋扰乞讨行为
　　　　　　 的处罚 ⋯⋯⋯⋯⋯⋯⋯⋯⋯⋯⋯⋯⋯⋯ 104
　　第五十条 对侵犯人身权利六项行为的处罚 ⋯⋯⋯ 105

第五十一条 对殴打或故意伤害他人身体行为的
处罚·············· 109
第五十二条 对猥亵及在公共场所故意裸露身体隐
私部位行为的处罚·············· 111
第五十三条 对虐待家庭成员、被监护人员及遗弃
被扶养人行为的处罚·············· 113
第五十四条 对强迫交易行为的处罚·············· 114
第五十五条 对煽动民族仇恨、民族歧视行为的处罚
·············· 115
第五十六条 对侵犯个人信息行为的处罚·············· 117
第五十七条 对侵犯公民通信自由行为的处罚·············· 119
第五十八条 对盗窃、诈骗、哄抢、抢夺、敲诈勒索行
为的处罚·············· 120
第五十九条 对故意损毁公私财物行为的处罚·············· 122
第六十条 欺凌学生的违反治安管理行为和学校不
按规定报告、处置学生欺凌的法律责任·············· 123
第四节 妨害社会管理的行为和处罚·············· 125
第六十一条 对拒不执行紧急状态决定、命令和阻
碍执行公务行为的处罚·············· 125
第六十二条 对招摇撞骗行为的处罚·············· 127
第六十三条 对伪造、变造、出租、出借、买卖公文、
证件、票证行为的处罚·············· 129
第六十四条 对船舶擅进禁止、限入水域或岛屿行
为的处罚·············· 131
第六十五条 对违法设立社团、以被撤销社会团体
名义活动、未获许可擅自经营行为的
处罚·············· 132
第六十六条 对煽动、策划非法集会、游行、示威行

	为的处罚……………………………………	135
第六十七条	对旅馆经营者违反规定行为的处罚………	136
第六十八条	对违法出租房屋行为的处罚………………	138
第六十九条	对行业经营者不依法登记信息行为的处罚……………………………………………	140
第七十条	对非法安装、使用、提供窃听、窃照专用器材行为的处罚………………………………	141
第七十一条	对违法典当、收购行为的处罚……………	142
第七十二条	对妨碍执法司法秩序行为的处罚…………	144
第七十三条	对违反司法、监察秩序行为的处罚………	147
第七十四条	对被关押违法行为人脱逃的处罚…………	149
第七十五条	对妨碍文物管理行为的处罚………………	150
第七十六条	对非法驾驶交通工具行为的处罚…………	152
第七十七条	对破坏他人坟墓、毁坏尸骨和非法停放尸体行为的处罚…………………………	153
第七十八条	对卖淫、嫖娼、拉客招嫖行为的处罚……	155
第七十九条	对引诱、容留、介绍他人卖淫行为的处罚……………………………………………	156
第八十条	对传播淫秽信息行为的处罚………………	157
第八十一条	对组织、参与淫秽活动行为的处罚………	159
第八十二条	对参与赌博行为的处罚……………………	161
第八十三条	对涉及毒品原植物行为的处罚……………	163
第八十四条	对毒品违法行为的处罚……………………	165
第八十五条	对引诱、教唆、欺骗、强迫或容留他人吸食、注射毒品行为的处罚………………	168
第八十六条	对非法生产、经营、购买、运输用于制造毒品的原料、配剂行为的处罚…………	169
第八十七条	对服务行业人员通风报信行为的处罚……	170

第八十八条　对生活噪声持续干扰他人行为的处罚…… 171
第八十九条　对饲养动物违法行为的处罚…………… 172
第四章　处罚程序………………………………………… 174
　第一节　调查…………………………………………… 174
　　第九十条　立案与处理……………………………… 174
　　第九十一条　严禁非法取证………………………… 176
　　第九十二条　调查取证及配合义务………………… 177
　　第九十三条　移送案件的证据使用………………… 178
　　第九十四条　公安机关保密义务…………………… 179
　　第九十五条　回避…………………………………… 181
　　第九十六条　传唤和强制传唤……………………… 183
　　第九十七条　询问查证时限与通知义务…………… 185
　　第九十八条　询问笔录、书面材料与询问不满十八周岁人的规定………………………… 187
　　第九十九条　询问被侵害人和其他证人的规定…… 188
　　第一百条　委托询问与视频询问…………………… 190
　　第一百零一条　询问的语言帮助…………………… 191
　　第一百零二条　人体生物识别信息和生物样本的采集………………………………………… 192
　　第一百零三条　检查应遵守的规定………………… 193
　　第一百零四条　检查笔录…………………………… 195
　　第一百零五条　扣押的范围、程序及对扣押物品的处置………………………………………… 196
　　第一百零六条　鉴定………………………………… 198
　　第一百零七条　案情辨认…………………………… 199
　　第一百零八条　两人执法与一名警察办案的规定… 200
　第二节　决定…………………………………………… 202
　　第一百零九条　处罚决定机关……………………… 202

第一百一十条　行政拘留折抵 ……………………… 203
第一百一十一条　本人陈述的证据规则 …………… 204
第一百一十二条　陈述与申辩 ……………………… 206
第一百一十三条　治安案件处理 …………………… 208
第一百一十四条　法制审核 ………………………… 210
第一百一十五条　处罚决定书内容 ………………… 211
第一百一十六条　宣告与送达 ……………………… 213
第一百一十七条　听证 ……………………………… 214
第一百一十八条　办案期限 ………………………… 215
第一百一十九条　当场处罚条件 …………………… 217
第一百二十条　当场处罚决定程序 ………………… 218
第一百二十一条　被处罚人、被侵害人的救济 …… 220

第三节　执行 …………………………………………… 221
第一百二十二条　行政拘留的执行 ………………… 221
第一百二十三条　当场收缴罚款范围 ……………… 222
第一百二十四条　当场收缴罚款的交纳期限 ……… 224
第一百二十五条　当场收缴罚款应出具专用票据 … 225
第一百二十六条　暂缓执行行政拘留 ……………… 227
第一百二十七条　担保人条件 ……………………… 228
第一百二十八条　担保人义务 ……………………… 230
第一百二十九条　没收保证金 ……………………… 231
第一百三十条　退还保证金 ………………………… 232

第五章　执法监督 ………………………………………… 233
第一百三十一条　规范执法 ………………………… 233
第一百三十二条　禁止行为 ………………………… 235
第一百三十三条　监督与监察 ……………………… 235
第一百三十四条　公职人员的政务处分 …………… 236
第一百三十五条　罚缴分离 ………………………… 238

第一百三十六条　违法记录封存 ⋯⋯⋯⋯⋯⋯⋯⋯⋯ 240
　　第一百三十七条　录音录像全过程记录 ⋯⋯⋯⋯⋯⋯ 240
　　第一百三十八条　个人信息、识别信息的妥善管理 ⋯⋯ 241
　　第一百三十九条　违法违纪的惩处 ⋯⋯⋯⋯⋯⋯⋯⋯ 242
　　第一百四十条　赔偿责任 ⋯⋯⋯⋯⋯⋯⋯⋯⋯⋯⋯⋯ 244
第六章　附则 ⋯⋯⋯⋯⋯⋯⋯⋯⋯⋯⋯⋯⋯⋯⋯⋯⋯⋯ 245
　　第一百四十一条　法律衔接 ⋯⋯⋯⋯⋯⋯⋯⋯⋯⋯ 245
　　第一百四十二条　海警机构的职权 ⋯⋯⋯⋯⋯⋯⋯ 246
　　第一百四十三条　以上、以下、以内的含义 ⋯⋯⋯⋯ 247
　　第一百四十四条　施行日期 ⋯⋯⋯⋯⋯⋯⋯⋯⋯⋯ 247

附　　录

中华人民共和国行政处罚法（2021.1.22 修订） ⋯⋯⋯⋯ 249
中华人民共和国行政强制法（2011.6.30） ⋯⋯⋯⋯⋯⋯ 265
公安机关办理行政案件程序规定（2020.8.6 修正） ⋯⋯⋯ 280
公安机关适用继续盘问规定（2020.8.6 修正） ⋯⋯⋯⋯⋯ 331
公安机关执行《中华人民共和国治安管理处罚法》有关
　问题的解释（2006.1.23） ⋯⋯⋯⋯⋯⋯⋯⋯⋯⋯⋯⋯ 340
公安机关执行《中华人民共和国治安管理处罚法》有关
　问题的解释（二）（2007.1.26） ⋯⋯⋯⋯⋯⋯⋯⋯⋯⋯ 345

《中华人民共和国治安管理处罚法》适用提要

2005年8月28日,第十届全国人民代表大会常务委员会第十七次会议审议通过了《中华人民共和国治安管理处罚法》(以下简称《治安管理处罚法》)。2012年10月26日,第十一届全国人民代表大会常务委员会第二十九次会议审议通过《关于修改〈中华人民共和国治安管理处罚法〉的决定》。2025年6月27日,第十四届全国人民代表大会常务委员会第十六次会议表决通过新修订的《治安管理处罚法》,自2026年1月1日起施行。

一、修订的必要性和工作过程

党中央、国务院高度重视社会治安管理工作。习近平总书记强调,要强化社会治安整体防控,依法严惩群众反映强烈的各类违法犯罪活动。李强总理要求强化社会治安综合治理。《治安管理处罚法》自2006年3月1日施行以来,在维护社会治安秩序,保障公共安全,保护公民、法人和其他组织的合法权益等方面发挥了重要作用。

随着全面依法治国深入推进、社会治安形势发展变化,在工作中也发现一些问题,亟须通过修改完善《治安管理处罚法》加以解决。一是我国社会治安管理领域出现了新情况、新问题,诸如高空抛物、无人机"黑飞"、"软暴力"、侵害个人信息权益等情形需要纳入治安管理处罚范围。二是国家治理体系和治理能力现代化水平不断提高，治安管理工作中一些好的机制和做法需要通过法律形式予以确认。三是公安机关执法规范化建设持续推进，治安管理智能化水平不断提升，治安管理处罚程序需要予以优化、完善。因此，对本法进行适时修订，既是时代发展的需要，也是维护社会稳定、保障公民权益的必然要求。

2017年1月，公安部发布《治安管理处罚法（修订公开征求意见稿）》，向社会公开征求意见。2018年，《治安管理处罚法》列入第十三届全国人民代表大会常务委员会立法规划中的一类项目。修订《治安管理处罚法》是全国人民代表大会常务委员会和国务院2023年度立法工作计划项目。按照党中央、国务院决策部署，针对治安管理工作面临的新形势、新要求，公安部在深入研究论证和公开征求意见的基础上，起草并向国务院报送了《治安管理处罚法（修订送审稿）》。收到此件后，司法部先后两次大范围征求各地区、各部门意见，赴地方进行实地调研，多次听取专家和企业、行业协会意见，与全国人大有关方面反复沟通，会同公安部修改形成修订草案。

2023年8月、2024年6月，第十四届全国人民代表大会常务委员会对《治安管理处罚法（修订草案）》进行了三次审议，至2025年6月27日第三次审议通过。2025年6月27日，第十四届全国人民代表大会常务委员会第十六次会议表决通过新修订的《治安管理处罚法》，自2026年1月1日起施行。这是本法实施17年后迎来的首次"大修"。

二、修订的总体思路

修订后的《治安管理处罚法》深入贯彻习近平法治思想，全面贯彻落实总体国家安全观，一是强调社会治安综合治理工作要坚持党的领导；二是立足及时有效化解矛盾纠纷、维护社会治安秩序，将新出现的影响社会治安的行为纳入管理范围，并增加相应的处罚措施；三是与2021年新修订的《行政处罚法》等其他法律衔接协调,进一步合理设定处罚措施和幅度,优化处罚程序。

具体修订工作立足当前治安管理工作的新形势,坚持处罚法定、过罚相当,进一步加强规范和保障公安机关执法,体现执法力度和执法温度,系统完善了应予处罚的行为、处罚种类、处罚适用、处罚程序、执法监督等内容,特别是回应了社会治理中出现的新情况、新问题。据此,期望有效维护社会安全秩序,提升治安管理法律制度的针对性、适用性以及时效性。

三、修订的主要内容与亮点

2025年《治安管理处罚法》平衡公民权利保障与执法效能提升,积极回应社会关切,填补治理空白。修订草案共6章144条,修订的主要内容与亮点体现在以下六个方面。

(一)坚持党的领导

在2012年《治安管理处罚法》规定"各级人民政府应当加强社会治安综合治理,采取有效措施,化解社会矛盾,增进社会和谐,维护社会稳定"的基础上,明确规定"治安管理工作坚持中国共产党的领导",并规定县级以上地方各级人民政府公安机关在各自职责范围内做好社会治安综合治理相关工作。

(二)增列违反治安管理应予处罚的行为

一是将考试作弊、组织领导传销、从事有损英雄烈士保护等行为增列为扰乱公共秩序的行为并给予处罚。二是将以抢控驾驶操纵装置等方式干扰公共交通工具正常行驶、升放携带明火的升空物体、高空抛物、治安保卫重点单位拒不整改治安隐患、无人机"黑飞"等行为增列为妨害公共安全的行为并给予处罚。三是将违反证人保护措施、采取滋扰纠缠等方法干扰他人正常生活、虐待所监护的幼老病残人员、违法出售或者提供公民个人信息等行为增列为侵犯人身、财产权利的行为并给予处罚。四是将娱乐场所和特定行业经营者不履行信息登记或者报告义务,非法安装、使用、提供窃听窃照器材,非法生产、经营、购买、运输用于制毒原料、配剂等行为增列为妨害社会管理的行为并给予处罚。

(三)合理设定处罚措施和幅度

一是推进治安管理处罚与当事人自行和解、人民调解委员会调解相衔接,明确对于因民间纠纷引起的打架斗殴或者损毁他人财物等情节较轻的违反治安管理行为,当事人自行和解或者经人民调解委员会调解达成协议并履行,书面申请经公安机关认可的,不予处罚。二是增加从轻处罚规定,建立认错认罚从宽制度。三是将6个月内曾受过治安管理处罚的从重处罚情形延长至1年;规定已满14周岁不满16周岁或者70周岁以上的违反治安管理行为人,1年以内2次以上违反治安管理的,可以执行行政拘留。四是根据经济社会发展水平适当提高罚款幅度,并重点针对非法携带枪支弹药进入公共场所、拒不整改大型群众性活动安全事故隐患、非法以社会组织名义活动、在公共场所拉客招嫖等行为加大处罚力度。

(四)优化处罚程序

一是完善立案、集体讨论决定、法制审核等程序规定,与2021年修订的《行政处罚法》相衔接。二是明确公安机关进行调解、当场处罚和在执法办案场所进行询问等可由一名人民警察处理的情形,并要求公安机关履行安全管理职责,保障录音录像设备运行连续、稳定、安全。三是完善强制传唤、询问查证、场所检查程序,增加对异地询问及远程视频询问制度的规定。四是增加公安机关实施人身检查、采集人体生物识别信息的职权,并对个人信息保护提出要求。五是将参加升学考试、子女出生或者近亲属病危、死亡等增加为被处罚人可以提出暂缓执行行政拘留的情形。

(五)加强对未成年人的保护

一是对涉及损害未成年人权益的行为,明确规定从重处罚。二是规定询问不满18周岁的违反治安管理行为人,其父母或者其他监护人不能到场的,可以通知其他合适成年人到场。三是完善未成年行政拘留制度程序。此外,针对实践中存在的未成年人在酒吧、歌厅等场所从事陪酒、陪唱等有偿陪侍,危害未成年人身心健康的情况,将组织、胁迫未成年人在不适宜未成年人活动的经营场所从事陪酒、陪唱等有偿陪侍活动纳入治安管理处罚范畴。

(六)健全与相关法律法规的衔接适用

处理好《治安管理处罚法》与《刑法》《行政处罚法》等相关法律的衔接,维护法制统一,防止以罚代刑。一是加强与《刑法》的衔接。违反治安管理的行为构成犯罪,应当依法追究刑事责任的,不得以治安管理处罚代替刑事处罚。例如,2025年修订《治安管理处罚法》侧重于加强对故意干扰无线电业务正常进行、未经批准设置无线电广播电台等干扰无线电通讯秩序的处罚力度,有利于增强与《刑法》中扰乱无线电通讯管理秩序罪的衔接。又如,2025年修订《治安管理处罚法》新增对考试作弊行为的处罚,在法律、行政法规规定的国家考试中扰乱考试秩序的,处违法所得一倍以上五倍以下罚款等规定,实现与《刑法》关于组织考试作弊罪的适用。二是与《行政处罚法》的衔接。《行政处罚法》和本法是一般法与特别法的关系。2021年修订《行政处罚法》对行政处罚的设定、管辖、调查、听证、决定、执行等环节需要遵守的程序作了较大调整。作为行政处罚领域的基本法,《行政处罚法》对包括治安管理在内的行政管理领域所有行政处罚设定与实施作出调整,2025年修订《治安管理处罚法》结合《行政处罚法》的制度创新内容。三是与《个人信息保护法》《反恐怖主义法》等法律规范的衔接适用。2025年修订《治安管理处罚法》规定,公安机关及其人民警察不得将在办理治安案件过程中获得的个人信息,依法提取、采集的相关信息、样本用于与治安管理、查处犯罪无关的用途,不得出售、提供给其他单位或者个人。公安机关落实相关措施,在办理治安案件过程中获得的个人信息不得泄露,不得出售、提供给他人,筑牢个人信息"防火墙"更加牢固。为防范恐怖主义活动,

2025年修订《治安管理处罚法》作出新规定,从事旅馆业经营活动不按规定登记住宿人员姓名、有效身份证件种类和号码等信息的,妨害反恐怖主义工作进行,违反《反恐怖主义法》规定的依照其规定处罚。

综上所述,2025年《治安管理处罚法》修订适应新时代发展需要,以问题为导向,将新类型违法行为纳入管理范围,织密了社会治理法网。本法的颁布实施,将为维护社会秩序,保障公共安全,保护公民合法权益,规范和保障公安机关及其人民警察依法履行治安管理职责,提供更加完善的法治保障。

中华人民共和国
治安管理处罚法

(2005年8月28日第十届全国人民代表大会常务委员会第十七次会议通过 根据2012年10月26日第十一届全国人民代表大会常务委员会第二十九次会议《关于修改〈中华人民共和国治安管理处罚法〉的决定》修正 2025年6月27日第十四届全国人民代表大会常务委员会第十六次会议修订)

第一章 总 则

第一条 【立法目的】[①]为了维护社会治安秩序,保障公共安全,保护公民、法人和其他组织的合法权益,规范和保障公安机关及其人民警察依法履行治安管理职责,根据宪法,制定本法。

条文注释[②]

制定本法的目的主要包括以下四个方面:

第一,维护社会治安秩序。这是国家赋予公安机关及其人民警察的重要职责之一,也是公安机关及其人民警察的重要任务。《人

[①②] 条文主旨、条文注释为编者所加,仅供参考,下同。——编者注

民警察法》第 2 条第 1 款规定:"人民警察的任务是维护国家安全,维护社会治安秩序,保护公民的人身安全、人身自由和合法财产,保护公共财产,预防、制止和惩治违法犯罪活动。"《人民警察法》第 6 条第 1 项规定,公安机关的人民警察按照职责分工,依法履行"预防、制止和侦查违法犯罪活动"的职责。社会治安秩序是社会秩序的一个重要方面,是指维护社会公共生活所必需的治安秩序,包括公共秩序、社会管理秩序等,属于社会公共产品范畴。公共秩序又称社会秩序,是指人们在道德、纪律和法律的规范下,进行生产、生活、工作的秩序。

第二,保障公共安全。公共安全是指社会和公民从事和进行正常的生活、工作、学习、娱乐和交往所需要的稳定外部环境和秩序,集中体现为不特定多数人的生命、健康和财产安全。妨害公共安全的违法行为具有较大社会危险性,不及时规制将可能造成难以挽回的损失。妨害公共安全的违法行为不一定要求造成实际后果,只要实施本法规定的妨害公共安全的违法行为,如涉及爆炸性、毒害性、放射性等危险物质的行为等,都要依照规定予以处罚。

第三,保护公民、法人和其他组织的合法权益。与其他行政法律制度一样,本法是保障公民、法人和其他组织的合法权益的制度,不仅要保护被侵害人的权利,也要保护被处罚人的权利。公安机关及其人民警察的权力源于人民授予,其基本要求是打击违法行为、保护公民、法人和其他组织的合法权益,这也是行政权力的使命。公安机关及其人民警察履行维护社会治安的职责,行使治安管理处罚权须充分围绕该职责。

第四,规范和保障公安机关及其人民警察依法履行治安管理职责。治安管理处罚是公安机关及其人民警察依法管理社会治安的一种关键措施,兼具"规范"与"保障"的双重目的。一方面,要对治安管理处罚的适用进行"规范"。本法严格规定了治安管理处罚的适用规则,从主体资格、实施程序等方面为其行使划定边界,在制度层面防范其被滥用,促使规范执法程序、严格执法环节有章可循。另一方面,治安管理处罚的规范适用,需要通过制度构建得到"保障"。为确保公安机关完成法律赋予的任务,必须授予其必要的治安管理职权。据此,实现保护公民、法人和其他组织的合法权益与维护社会治安秩序、保障公共安全的有机统一。

适用要点

["公安机关及其人民警察"的界定]

在治安管理处罚实践中,人们易将"警察"和"公安"两个概念混为一谈,为避免混淆,有必要对此进行严格区分。公安机关是国家机关,公安是一个职能性的语词,而警察是一种职业。1995年《人民警察法》的颁布标志着警察在我国的法律地位得到更明确的界定。人民警察包括公安机关、国家安全机关、监狱管理机关的人民警察和人民法院、人民检察院的司法警察。警察是一个内涵丰富的概念,包括执行不同职能的警察人员,囊括巡逻街头、维护治安、打击犯罪以及其他执法等各项任务。其中,公安机关作为是政府的职能部门,依法负责管理社会治安,代表国家行使行政职权,同时依法开展刑事案件侦查,行使国家的司法权力。因此,公安机关兼具行政与司法双重属性。在治安管理处罚领域,公安机关及其人民警察主要履行的是行政职权。

关联法规

《宪法》第28、107条;《行政处罚法》第1条;《人民警察法》第2条;《行政强制法》第1条;《刑法》第2条;《行政复议法》第1条;《公安机关组织管理条例》第1条;《公安机关办理行政案件程序规定》第1条

第二条 【党的领导与社会治安综合治理】 治安管理工作坚持中国共产党的领导,坚持综合治理。

各级人民政府应当加强社会治安综合治理,采取有效措施,预防和化解社会矛盾纠纷,增进社会和谐,维护社会稳定。

条文注释

党的领导是本次修订新增的规定。社会主义法治建设最根本

的保证,是把党的领导贯彻到法治建设的全过程和各方面,治安管理处罚制度亦应如此。坚持党的领导是将党中央关于治安管理处罚制度改革的各项要求全面、完整、准确地体现在法律规定中。治安管理工作关系到国家的长治久安、社会的安定和谐,坚持党的领导是治安管理工作的根本遵循和最高原则。

社会治安实行综合治理,在党委和政府的统一领导下,各部门、各单位协调一致,齐心协力采取各项有力措施。社会治安问题是社会各种矛盾的综合反映,必须动员和组织全社会的力量,运用政治、法律、行政、经济、文化、教育等多种手段进行综合治理,从根本上预防和减少违法犯罪,维护社会秩序,保障社会稳定。1991年全国人大常委会通过的《关于加强社会治安综合治理的决定》强调,为了维护社会治安秩序,维护国家和社会的稳定,保障改革开放和社会主义现代化建设的顺利进行,为全面实现国民经济和社会发展的十年规划及"八五"计划创造良好的社会治安环境,必须加强社会治安综合治理。社会治安综合治理的基本方针是:打防结合、预防为主,专群结合,依靠群众,重在治本。各级政府应当坚持社会治安综合治理的方针,将社会治安综合治理纳入总体建设规划,调动各方积极性,努力形成齐抓共管,共同维护治安秩序、社会稳定的良好局面。在社会转型过程中,各级政府应持续探索社会综合治理的新形势、新举措。

有关部门应当在各自职责范围内,做好社会治安综合治理相关工作。2016年中共中央办公厅、国务院办公厅印发《健全落实社会治安综合治理领导责任制规定》,要求深入推进社会治安综合治理,健全落实领导责任制,全面推进平安中国建设,确保人民安居乐业、社会安定有序、国家长治久安。通过健全落实各级政府的社会治安综合治理领导责任制,助力贯彻治安管理处罚制度。

2021年第十三届全国人民代表大会第四次会议表决通过的《中华人民共和国国民经济和社会发展第十四个五年规划和2035年远景目标纲要(草案)》提出,"构建基层社会治理新格局"。

在全面推进依法治国背景下,各级政府有关部门要依法加强社会治安综合治理。

适用要点

[治安管理与社会治安综合治理的关系]

治安管理是治安行政管理的简称,是公安机关依照国家法律法规,依靠群众,运用行政手段与法治方式维护社会治安秩序,保障社会生活正常进行的行政活动。社会治安综合治理是在党委、政府的统一领导下,在充分发挥各级党政机关骨干作用的同时,组织和依靠各部门、各单位和人民群众的力量,综合运用政治、经济、行政、法律、文化等多种手段,通过加强打击、防范、教育、管理、建设、改造等方面工作,实现从根本上预防和治理违法犯罪,化解不安定因素,维护社会治安持续稳定的一项系统工程。可以说,各级党的机关、人大机关、行政机关、政协机关、审判机关、检察机关等都须承担社会治安综合治理相关职责。公安机关是社会治安工作的主管部门,在社会治安综合治理中肩负重要职责和任务,其应积极探索维护社会治安的治本之策。

关联法规

《宪法》第1条;《中共中央、国务院关于加强社会治安综合治理的决定》;《中央社会治安综合治理委员会关于社会治安综合治理工作实行"属地管理"原则的规定(试行)》;《旅馆业治安管理办法》第1条;《废旧金属收购业治安管理办法》第1条;《易制爆危险化学品治安管理办法》第1条;《娱乐场所治安管理办法》第1条

第三条 【违反治安管理行为的性质和特征】 扰乱公共秩序,妨害公共安全,侵犯人身权利、财产权利,妨害社会管理,具有社会危害性,依照《中华人民共和国刑法》的规定构成犯罪的,依法追究刑事责任;尚不够刑事处罚的,由公安机关依照本法给予治安管理处罚。

条文注释

根据本条规定,违反治安管理行为是指各种扰乱公共秩序,妨害公共安全,侵犯人身权利、财产权利,妨害社会管理,具有社会危害性,尚不够刑事处罚的行为。该行为与犯罪行为既有一定联系,

又有本质区别，其主要具有以下三个特点：

(1) 具备一定社会危害性。此为违反治安管理行为最基本的特征，也是本法将某个行为定义为违反治安管理行为并给予处罚的依据。之所以将某一行为认定为违反治安管理行为，是因为该行为的社会危害性超出了社会的容忍度。所谓社会危害性，是指行为具有威胁和侵害社会秩序的性质，即对国家利益、社会公共利益和个人利益产生了危害，侵犯了法律保护的特定利益。某一行为之所以被认定为违反治安管理行为，根本上是因为其对社会造成了一定程度的危害，即对本法或者其他有关治安管理的法律、法规、规章所保护的社会关系和社会秩序造成了威胁或者侵害。违反治安管理行为具有多元性，不同违反治安管理行为有不同的危害内容，但共同表现为侵犯了法律规范所保护的利益。

(2) 具有行政违法性。此为违反治安管理行为的法律特征，是对行为进行评价的法律标准。这是指行为人不遵守治安管理法律规范的要求，实施了治安管理法律规范所禁止的行为，或拒不实施治安管理法律规范命令实施的行为，违反了法律义务。进言之，违反治安管理行为应当是违反了本法和其他有关治安管理的法律、法规、规章的行为，具有行政违法性。治安管理工作是公安机关工作内容的一个方面，其他诸如违反《道路交通安全法》《传染病防治法》《消防法》等法律的行为，也会对公共秩序，公共安全，公民人身权利、财产权利造成损害，需由公安机关给予相应行政处罚，但不属于《治安管理处罚法》调整的范围。尽管该行为具有行政违法性，但其不是违反治安管理行为，没有违反治安管理法律规范，因而不属于应受到治安管理处罚的行为。

(3) 尚不构成刑事处罚。这是违反治安管理行为与犯罪相区别的根本特征。依照《刑法》第 13 条的规定，一切危害国家主权、领土完整和安全，分裂国家、颠覆人民民主专政的政权和推翻社会主义制度，破坏社会秩序和经济秩序，侵犯国有财产或者劳动群众集体所有的财产，侵犯公民私人所有的财产，侵犯公民的人身权利、民主权利和其他权利，以及其他危害社会的行为，依照法律应当受刑罚处罚的,都是犯罪,但是情节显著轻微危害不大的,不认为是犯罪。《刑法》规定的犯罪包括危害公共安全罪、侵犯公民人身权利、民主权利罪、侵犯财产罪、破坏社会主义市场经济秩序罪、渎职罪、危害国家安全罪、妨害社会管理秩序罪、危害国防利益罪、贪污贿赂罪、军人违反职责罪等十大类,这些犯罪应受到刑罚的制裁。其中,危害公共安全罪、侵犯公民人身权利、民主权利罪、侵犯财产罪、妨害社会管理秩序罪等四类犯罪中很多涉及治安管理,部分犯罪本身是严重违反治安管理的行为。本法规定的一些违反治安管理行为在表现形态上与《刑法》规定的某些犯罪相同或者相似,只是在情节或者程度上有差别。

综上所述,违反治安管理行为的三个特点具有内在统一性,一定程度的社会危害性是违反治安管理行为的基本特性,是行为违反治安管理法律规范的内在根据;违反治安管理法律规范是社会危害性的法律表现;应当予以治安管理处罚是行为违法性与社会危害性的法律后果,是违反治安管理行为的必然结果。另外,考虑到本法与《刑法》的密切联系,公安机关在适用过程中应注意行刑衔接问题。

适用要点

[违反治安管理行为与犯罪行为的区别]

违反治安管理行为和犯罪行为均属于危害社会的违法行为。违法是指违反宪法、法律、法规、规章等的行为。违法行为的外延非常广泛,可涵盖各种不同行为,包括行政违法行为、民事违法行为和刑事违法行为。然而,并非所有违法行为都构成犯罪行为。犯罪行为是一种更特定和更严重的违法行为,须符合《刑法》明确的定义和规定。换言之,违法行为必须对社会造成一定程度的危害,才能被视为犯罪行为。危害社会的行为必须同时触犯《刑法》中明确的规定,才能构成犯罪。只有危害社会的行为应受《刑法》处罚,才能被认定为犯罪。当然,违反治安管理行为与犯罪行为有时在行为表现上完全相同,不易辨析,在实务中可从以下几方面对二者进行区分:

(1)情节是否严重。行为情节严重的,是犯罪行为;行为情节不严重的,是违反治安管理行为。例如,强拿硬要或者任意损毁、占用公私财物的行为等。

（2）情节是否恶劣。行为情节恶劣的,是犯罪行为;行为情节不恶劣的,是违反治安管理行为。例如,虐待家庭成员的行为、遗弃没有独立生活能力的被扶养人的行为等。

（3）后果是否严重。行为后果严重的,是犯罪行为;行为后果不严重的,是违反治安管理行为。例如,故意伤害他人身体的行为,致人轻伤或者重伤的行为,是犯罪行为;致人轻伤以下的行为,是违反治安管理行为。

（4）数额是否较大。行为涉及数额较大的,是犯罪行为;行为涉及数额不大的,是违反治安管理行为。

（5）次数是否多次。多次实施的行为,是犯罪行为;没有多次实施的行为,是违反治安管理行为。

（6）是否使用暴力、威胁方法。使用暴力、威胁方法的行为,是犯罪行为;未使用暴力、威胁方法的行为,是违反治安管理行为。例如,阻碍国家机关工作人员依法执行职务的行为等。

（7）主体是否特定。有些行为只有在特定主体实施时才是犯罪行为。例如,明知自己患有梅毒、淋病等严重性病仍卖淫、嫖娼的,是犯罪行为;其他人卖淫、嫖娼的,是违反治安管理行为。

（8）对象是否特定。有些行为只有在针对特定对象实施时才是犯罪行为。例如,嫖娼行为,嫖宿不满14周岁幼女的是犯罪行为,嫖宿其他人的是违反治安管理行为。

（9）是否以此为业。有些行为只有当行为人以此为业时,才是犯罪行为。例如,赌博行为,以赌博为业的,是犯罪行为;不以赌博为业,但参与赌博且赌资较大的,是违反治安管理行为。

另外,有些违反治安管理行为的表现形态与犯罪行为几乎一致,在后果、次数、情节、数额等方面区别不大。例如,《治安管理处罚法》第85条规定的"引诱、教唆、欺骗或者强迫他人吸食、注射毒品"行为,与《刑法》第353条第1款规定的"引诱、教唆、欺骗他人吸食、注射毒品"行为,在行为表现上完全一致,只是个别措辞有细微差别。此时,依照《刑法》第13条"但是情节显著轻微危害不大的,不认为是犯罪"的规定,综合考虑行为的性质、情节以及社会危害程度,准确判定该行为是犯罪行为还是违反治安管理行为。

[关联法规]

《刑法》第13条;《公安机关执行〈中华人民共和国治安管理处罚法〉有关问题的解释(二)》第3条

第四条 【处罚应适用的程序】治安管理处罚的程序,适用本法的规定;本法没有规定的,适用《中华人民共和国行政处罚法》、《中华人民共和国行政强制法》的有关规定。

[条文注释]

本法所规定的治安管理处罚在性质上属于行政处罚的一种,本法是一部集实体规范与程序规范于一体的法律。本法没有专门规定的程序,依照《行政处罚法》的有关程序规定。行政处罚是行政机关对尚未构成犯罪的违法行为使用的制裁手段,具体是指行政机关依法对违反行政管理秩序的公民、法人或者其他组织,以减损其权益或者增加其义务的方式予以惩戒的行为。《行政处罚法》由1996年3月第八届全国人民代表大会第四次会议通过,自1996年10月1日起施行,历经2009年、2017年两次修正,2021年一次修订,共86条,其中规定了诸多行政处罚程序。从条文来看,《行政处罚法》对行政处罚的设定、管辖、调查、听证、决定、执行等各个环节需要遵守的程序都作了明确规定。作为行政处罚领域的基本法,《行政处罚法》对行政管理领域所有的行政处罚设定与实施作出调整,自然能够对治安管理处罚程序发挥指引作用。

《行政强制法》是为规范行政强制的设定和实施,保障和监督行政机关依法履行职责,维护公共利益和社会秩序,保护公民、法人和其他组织的合法权益,根据《宪法》而制定的法律。《行政强制法》于2011年6月30日通过,自2012年1月1日起施行,其中规定了行政强制的种类和设定、行政强制实施程序等重点内容。行政强制包括行政强制措施和行政强制执行两种方式。行政强制措施包括限制公民人身自由、查封场所、设施或者财物、扣押财物等;行政强制执行则包括加处罚款或者滞纳金、划拨存款、汇款、拍卖或者依法处理查封、扣押的场所、设施或者财物等。其中,行政强制执行模式分为三类:第一类是行政机关执行模式;第二类是司法执行模式;第三类是混合执行模式,行政机关和法院都有对行政决定的强制执行权。我国体制属于第三类,行政强制执行主体以法院为主,以行政机关为辅。在行政强制制度体系下,公安机关在行使治安管理职权时,为当事人设定了各种作为或不作为的义务,遇有当事人拒不履行该义务时,可以采取强制措施迫使当事人履行。如《治安管理处罚法》第96条中规定:"对无正当理由不接受传唤或者逃避传唤的人,经公安机关办案部门负责人批准,可以强制传唤。"公安机关在作出限制公民人身自由等行政强制措施或行政强制执行时,自然要适用《行政强制法》的有关规定。

本法的程序性条款按照《行政处罚法》《行政强制法》的基本原则与规定,结合治安管理处罚自身特点所确立。公安机关在具体实施行政处罚时,如果本法已经作出了专门性规定,那么应遵循该规定;如果本法对某个事项未作专门性规定,则应当适用《行政处罚法》《行政强制法》的相关程序规定。本法中的程序性规定,主要是根据《行政处罚法》所确立的基本准则,结合治安管理处罚的具体情形作了适当变通。如此既有利于具体案件的程序处理,又可防范立法疏漏而导致的无法可依问题。另外,公安部于2003年颁布了《公安机关办理行政案件程序规定》,针对管辖、回避、证据、期间与送达、简易程序和快速办理、调查取证、听证程序、行政处理决定、治安调解、案件终结等相关程序作了翔实的规定,该规定最新一次修改是在2020年。该规定以《行政处罚法》《治安管理处罚法》等相关法律为依据制定,为公安机关作出治安管理处罚提供了具体的程序指引。

适用要点

[如何选择适用《治安管理处罚法》与《行政处罚法》]

《行政处罚法》是行政机关对违反行政管理秩序的行为进行处罚的依据;本法是公安机关对危害社会治安管理的行为实施行政处

罚的法律依据。《行政处罚法》是行政处罚(包括治安管理处罚)实施的一般规定,属于该领域的基本法,所有行政处罚的设定和实施都应当以《行政处罚法》的规定为基础,不得逾越其中的基本规定与程序规则,除非有"另有规定的除外""另有规定的,从其规定"等特殊规定。例如,违法行为的处罚时效,《行政处罚法》第36条第1款规定:"违法行为在二年内未被发现的,不再给予行政处罚;涉及公民生命健康安全、金融安全且有危害后果的,上述期限延长至五年。法律另有规定的除外。"而本法第25条第1款规定,违反治安管理行为在6个月内没有被公安机关发现的,不再处罚。因而,本法与《行政处罚法》是特别法与一般法的关系。本法没有规定的,适用《行政处罚法》有关规定,两部法律存在不一致的地方时,基于"特别法优于一般法"原则,应当优先适用本法。

关联法规

《行政处罚法》;《行政强制法》;《公安机关办理行政案件程序规定》

第五条 【适用范围】在中华人民共和国领域内发生的违反治安管理行为,除法律有特别规定的外,适用本法。

在中华人民共和国船舶和航空器内发生的违反治安管理行为,除法律有特别规定的外,适用本法。

在外国船舶和航空器内发生的违反治安管理行为,依照中华人民共和国缔结或者参加的国际条约,中华人民共和国行使管辖权的,适用本法。

条文注释

本条第1款是关于本法在我国领域内适用范围的规定,采取属地原则。中华人民共和国领域内的全部区域,是指我国行使国家主权的地域,包括领陆、领水和领空。法律的适用范围是法律的效力范围,包括法律的时间效力,即法律在什么时间段内发生效力;法律的空间效力,即法律适用的地域范围;法律对人的效力,即法律对自然人、法人和其他组织的适用。本条的适用范围重点涉及空间效力范围。在空间效力上，除法律有特别规定的外，本法适用于我国行使国家主权的整个地域内。这里的"法律有特别规定的"，主要存在两种情形：一种是《外交特权与豁免条例》《领事特权与豁免条例》的特别规定，即享有外交特权和豁免权、领事特权和豁免权的人；另一种是我国香港特别行政区、澳门特别行政区基本法中的例外规定。对于上述两种情形并非不需要追究法律责任，而是根据其他规定处理。

本条第2款是关于在我国船舶和航空器内发生的违反治安管理行为，除法律有特别规定的，适用本法的规定。根据国际惯例和国际法准则，各国所属的船舶、航空器虽然航行、停泊于其领域外，但其应视为各国领土的延伸部分，各国仍对其行使主权，包括对发生在其中的违法行为的管辖权。船舶和航空器（包括飞机和其他航空器），既包括军用也包括民用，我国船舶、航空器即使航行或停泊在我国领域以外，也仍由我国管辖。

本条第3款是关于在外国船舶和航空器内发生的违反治安管理行为，依照我国缔结或者参加的国际条约，我国有权行使管辖权的，适用本法相关规定。根据我国立法实践，我国缔结或者参加国际公约，应当经过全国人大常委会批准。为有效打击严重的国际违法行为，维护国际秩序，有关国际组织先后制定了一系列旨在加强国际合作、有效惩处违法犯罪的国际公约。本条款新增规定某种程度上借鉴了《刑法》中的普通管辖原则，对于加强国际合作，共同开展打击违反治安管理行为有着积极意义。

适用要点

[公安机关对外国驻华领事馆内发生的治安案件是否有管辖权]

由于外国驻华领事馆的地位特殊，对其内部发生的治安案件，公安机关应当依照有关国际条约和我国法律，区别情况行使管辖权。如果违反治安管理的行为人享有领事特权与豁免权，公安机关应当在进行必要的调查后，层报公安部商外交部通过外交途径解决;如果违反治安管理的行为人不享有领事特权与豁免权,公安机关应依照有关国际条约和我国法律查处。根据《领事特权与豁免条例》第22条第2款的规定,外国驻华领事馆服务人员如果是中国公民,除没有义务就其执行职务所涉及事项作证外,不享有其他领事特权与豁免。因此,对外国驻华领事馆的中国籍服务人员在领事馆内打伤中国公民的案件,公安机关应依法查处,但须注意方式方法。根据《维也纳领事关系公约》和《领事特权与豁免条例》有关规定,公安机关未经领事馆同意,不得进入领事馆执行公务。公安机关有必要对领事馆的中国籍服务人员依法采取传唤等措施的,应视情况通知该领事馆。

关联法规

《行政处罚法》第22条;《外交特权与豁免条例》;《领事特权与豁免条例》;《公安机关办理行政案件程序规定》第238—257条

第六条 【基本原则】治安管理处罚必须以事实为依据,与违反治安管理的事实、性质、情节以及社会危害程度相当。

实施治安管理处罚,应当公开、公正,尊重和保障人权,保护公民的人格尊严。

办理治安案件应当坚持教育与处罚相结合的原则,充分释法说理,教育公民、法人或者其他组织自觉守法。

条文注释

1. 以事实为依据原则

本条第1款首先确立了应当遵循的"以事实为依据"原则。以事实为依据是公安机关执法办案的重要经验,是正确办理案件、防止错案、保障无辜者不受法律追究的重要原则。行为人是否违反治安管理、违反治安管理行为的情节轻重,都要以事实为根据。事实,是指公安机关实施治安管理处罚的根据,必须是客观存在的、经过调查属实的、有证据证明的事实,而不是主观臆测的事实,主要包括生活事实、法律事实和案件事实。以事实为根据原则要求公安机关在办理治安案件时,应依法及时、客观、全面地收集证据,了解违反治安管理的情况、经过和原因,查清事实真相,并以客观存在的案件事实作为定案的根据,避免主观片面地猜测。只有查清客观存在的案件事实,才能为公正合法处理治安案件奠定基础。与此同时,人民警察要严格按照法定程序进行事实调查,严禁采取威胁、引诱、欺骗等非法手段收集证据。

2. 过罚相当原则

本条第 1 款还规定了过罚相当原则。过罚相当是行政处罚的基本原则之一,指行政机关对违法行为人适用行政处罚,所科处罚种类和幅度要与违法过错程度相适应,既不轻过重罚,也不重过轻罚,避免畸轻畸重的不合理、不公正的情况。例如,不能对轻微的违反治安管理行为给予行政拘留 15 日等严厉的处罚;反之,也不能对严重违反治安管理行为给予很轻的处罚,如处以罚款或者警告了事。过罚相当原则是《刑法》中的罪刑相适应原则在治安管理处罚中的借鉴运用。《刑法》第 5 条规定了罪责刑相适应原则,即"刑罚的轻重,应当与犯罪分子所犯罪行和承担的刑事责任相适应"。倘若过罚不相当,则违背法律的公平正义原则。

3. 公开原则、公正原则、尊重和保障人权原则

本条第 2 款确立了治安管理处罚的公开原则、公正原则、尊重和保障人权原则。一是公开原则。公开原则一般是指治安案件的相关信息要向案件的当事人公开,具体包括实施治安管理处罚的人员的身份;作出治安管理处罚的事实、理由及依据,处罚决定;公安机关办理治安案件的程序。二是公正原则。公正,即公平正直,是指在实施治安管理处罚时,应平等地对待各方当事人,坚持以同一标准对待不同案件的当事人,不偏袒任何人,也不歧视任何人。公正是法治的灵魂,是执法者应当具备的品质,具体到治安案件办理过程中包括:第一,凡是与警察本人有关的治安案件不能由其自断。如果办案人员与案件或者案件的当事人有利害关系应当回避。《人民警察法》规定的回避制度是确保执法公正的有效制度,适用于公安机关办理治安案件的全过程。第二,必须认真、充分听取双方当

事人的意见,此为正当法律程序的必然要求。三是尊重和保障人权原则。人权是指人依其自然属性和社会属性所应当享有的权利,其核心是使每个人的人性、人格、精神、道德和能力都获得充分发展,充分保障人格尊严的实现。1997年9月,党的十五大提出"尊重和保障人权"。2002年11月,党的十六大再次强调"尊重和保障人权"。2004年3月,第十届全国人民代表大会第二次会议将"国家尊重和保障人权"写入《宪法》。《宪法》第38条规定:"中华人民共和国公民的人格尊严不受侵犯。禁止用任何方法对公民进行侮辱、诽谤和诬告陷害。"尊重和保障人权原则要求公安机关及其人民警察,严格依法查处治安案件,维护社会治安秩序,保障公共安全,保护公民、法人和其他组织的合法权益,不得体罚、虐待、侮辱实施违反治安管理行为的人员,确保公民的人格尊严不受侵犯,真正践行严格执法、执法为民的要求。

4. 教育与处罚相结合原则

本条第3款规定了教育与处罚相结合原则,该原则也是行政处罚的基本原则之一。对一般违法行为人不能实施单纯的惩戒主义。治安管理处罚是一种手段,其目的在于纠正违反治安管理的行为。教育公民、法人和其他组织自觉守法,即通过实施治安管理处罚,促使违反治安管理行为人引以为戒,防止其发展成为犯罪,同时教育潜在主体不要效仿违法者。治安管理处罚并非法律的目的,对违法的行为施以处罚,其目的在于使违法行为人认识到自己的错误,并按照法律规范的要求调整自己的行为,自觉守法。公安机关在办理治安案件时,要防止重处罚轻教育,为处罚而处罚的简单化做法。教育和处罚是相辅相成的,在办理治安案件,对待违反治安管理行为人时,两者都不可偏废,特别是治安调解等非行政处罚手段的不断完善,体现出化解矛盾、增进社会和谐的意涵。

2025年修订新增"充分释法说理"的规定,要求公安机关在办理案件时重视说理,此为行政执法规范化建设的重点要求,也是化解行政争议的重要途径。通过说理让当事人明白其违法的原因与根源,以"理"服人,从而达到更好的教育效果。

适用要点

[治安案件中释法说理的方法]

治安案件释法说理,要阐明事理,说明所认定的案件事实及其根据和理由,展示案件事实认定的客观性、公正性和准确性;要释明法理,说明处罚所依据的法律规范以及适用该法律规范的理由;要讲明情理,体现法理情相协调,符合社会主流价值观;要讲究文理,语言规范,表达准确,逻辑清晰,合理运用说理技巧,增强说理效果。

治安管理处罚决定文书释法说理,应立场正确、内容合法、程序正当,符合行政处罚的精神与要求;围绕证据判断、事实认定、法律适用进行说理,反映推理过程,做到层次分明;针对当事人主张和争议焦点,结合查明事实进行说理,做到有的放矢;根据案件社会影响、侦查程序、办案阶段等不同情况进行繁简适度的说理,简案略说、繁案精说,力求恰到好处。

关联法规

《行政处罚法》第5、6条;《公安机关办理行政案件程序规定》第3—5条

第七条 【主管和管辖】国务院公安部门负责全国的治安管理工作。县级以上地方各级人民政府公安机关负责本行政区域内的治安管理工作。

治安案件的管辖由国务院公安部门规定。

条文注释

1.治安管理工作的主管部门

按照《人民警察法》第6条的规定,公安机关的职责非常广泛,公安机关是治安管理工作的主管部门。为统筹好治安管理工作的各项职责,须有一个强有力的部门负责治安管理工作,中央层面是国务院公安部门,地方层面是县级以上地方各级人民政府公安机关。国务院公安部门即公安部,全称是中华人民共和国公安部,其是中央人民政府即国务院的部委之一,是国务院主管全国公安工作

的职能部门。治安管理工作是公安工作的重要组成部分。公安部负责研究制定有关治安管理工作的方针、政策、规章,部署全国治安管理工作。因此,本条规定国务院公安部门负责全国的治安管理工作。公安部设有办公厅、交通管理局、公共安全局、治安管理局、法制局、国际合作局等众多内设机构。其中,治安管理局专门负责指导全国公安机关的治安管理工作。

县级以上地方各级人民政府公安机关具体分为三级:一是省级政府公安机关,即省、自治区、直辖市公安厅、局;二是设区的市级或者地(市)级政府公安机关,即地区行署、市、自治州、盟公安处、局;三是县级政府公安机关,即县、自治县、县级市、旗公安局和市辖区公安分局。县级以上地方各级人民政府公安机关负责本行政区域内的治安管理工作。

2.治安案件的管辖规定

治安案件的管辖是确定治安案件管辖权限的法律制度;是明确公安机关分工的法律制度;是对公安机关办理治安案件的权限进行划分,明确公安机关之间的分工的重要措施;是解决公安机关在行政职权范围内各司其职、各尽其责的主要依据。鉴于治安案件的管辖主要是公安机关的内部事项,且《行政处罚法》已对行政处罚管辖作了规定。《行政处罚法》第22条规定:"行政处罚由违法行为发生地的行政机关管辖。法律、行政法规、部门规章另有规定的,从其规定。"因此,本法对此未再作出专门具体的规定。关于此方面的规定,可参见《公安机关办理行政案件程序规定》第二章。根据该章的规定,治安管理案件一般由违法行为地的公安机关管辖。本条虽然授权公安部对治安案件的管辖作出规定,但公安部的规定不能违反《行政处罚法》的管辖规定。

适用要点

[铁路公安机关的管辖权]

在铁路公安机关管辖的列车上,火车站工作区域内,铁路系统的机关、厂、段、所、队等单位内发生的治安案件,以及在铁路线上放置障碍物或者损毁、移动铁路设施等可能影响铁路运输安全、盗窃铁路设施的行政案件由铁路公安机关管辖。倒卖、伪造、变造火车票案件,由最初受理的铁路或者地方公安机关管辖,必要时,可移送主要违法行为发生地的铁路或者地方公安机关管辖。

关联法规

《行政处罚法》第22—25条;《公安机关办理行政案件程序规定》第10—16条

第八条 【民事责任与刑事责任】违反治安管理行为对他人造成损害的,除依照本法给予治安管理处罚外,行为人或者其监护人还应当依法承担民事责任。

违反治安管理行为构成犯罪,应当依法追究刑事责任的,不得以治安管理处罚代替刑事处罚。

条文注释

违反治安管理行为作为一种侵权行为,除依照本法给予治安管理处罚外,行为人或行为人的监护人还应承担相应的法律责任。其中,行政法律责任应由违法行为人自己承担,此为责任自负法律原则的体现。但在特定情况下,需要由违法行为人的监护人依法承担民事责任。针对违反治安管理的行为,公安机关依法予以治安管理处罚的依据是行政法律规范。但该行为对他人造成民事损害的,不能因为已经对该行为作出了行政处罚便免除行为人的民事责任。民事责任既是违反民事义务造成的法律后果,也是救济民事权利损害的必要措施,还是保护民事权利的直接手段。根据《民法典》的规定,行为人不需要承担民事责任的情况有两种:一是违反治安管理行为人是未成年人;二是违反治安管理行为人是精神病人。本条只是原则性规定,承担责任的范围、方式等具体事项需要依民事法律规定进行。《治安管理处罚法》在法律性质上属于行政法,主要规定了各种违法行为以及其对应的行政处罚,本条第1款是关于违法行为人实施违反治安管理行为所引起的民事责任的规定,与民事侵权法律相互衔接,保证被侵害人因违反治安管理行为所遭受的民事损害能够得到及时赔偿。

2025年修订新规定,违反治安管理行为构成犯罪的,行为人应当接受刑事处罚。刑事处罚是行为人违反《刑法》应当受到的《刑法》制裁,简称刑罚。根据《刑法》的规定,刑事处罚包括主刑和附加刑两部分。主刑有管制、拘役、有期徒刑、无期徒刑和死刑。治安管理处罚与刑事处罚的性质不同,不得以治安管理处罚代替刑事处罚。公安机关对治安案件进行调查时,发现违法行为构成犯罪的,应将案件移送至主管机关,依法追究行为人的刑事责任。

适用要点

[违反治安管理行为人需要承担的民事责任有哪些]

根据《民法典》的规定,公民、法人由于过错侵害国家的、集体的财产,侵害他人财产、人身的,应当承担民事责任。《民法典》规定承担侵权责任的方式有:排除妨碍、消除危险、停止侵害、赔礼道歉、返还财产、恢复原状、继续履行、赔偿损失等。在承担民事责任方面,违反治安管理行为人最常承担的责任形式是损害赔偿。损害赔偿包括财产损失和非财产损失。财产损失可以是积极的损失,也可以是消极的损失;可以是直接的损失,也可以是间接的损失。无民事行为能力人或限制民事行为能力人造成损害的,由其监护人依法承担民事责任。

关于治安案件中的被侵害人是否可以要求精神损害赔偿的问题,根据《最高人民法院关于确定民事侵权精神损害赔偿责任若干问题的解释》第1条的规定:"因人身权益或者具有人身意义的特定物受到侵害,自然人或者其近亲属向人民法院提起诉讼请求精神损害赔偿的,人民法院应当依法予以受理。"可见,被侵害人可以要求精神损害赔偿。

关联法规

《民法典》第176—187条;《刑法》第13—21条;《最高人民法院关于审理人身损害赔偿案件适用法律若干问题的解释》

第九条 【调解】对于因民间纠纷引起的打架斗殴或者损毁他人财物等违反治安管理行为,情节较轻的,公安机关可以调解处理。

调解处理治安案件,应当查明事实,并遵循合法、公正、自愿、及时的原则,注重教育和疏导,促进化解矛盾纠纷。

经公安机关调解,当事人达成协议的,不予处罚。经调解未达成协议或者达成协议后不履行的,公安机关应当依照本法的规定对违反治安管理行为作出处理,并告知当事人可以就民事争议依法向人民法院提起民事诉讼。

对属于第一款规定的调解范围的治安案件,公安机关作出处理决定前,当事人自行和解或者经人民调解委员会调解达成协议并履行,书面申请经公安机关认可的,不予处罚。

条文注释

2025年修订明确提出调解处理治安案件应当注重教育和疏导,促进化解矛盾纠纷,增进社会和谐。调解制度的建构,切实体现了这一要求。调解是我国法律制度的一大特色,指的是在第三人的主持和疏导下,促使双方当事人交换意见、互谅互让、以一定条件和解,从而解决纠纷的一种方法。在我国,调解主要分为人民调解、司法调解、行政调解和仲裁调解等类型。公安机关对因民间纠纷引起的治安案件的调解,属于行政调解,也可以将这种调解称为"治安调解"。治安调解,是指对于因民间纠纷引起的打架斗殴或者损毁他人财物等违反治安管理、情节较轻的治安案件,在公安机关的主持下,以国家法律、法规和规章为依据,在查清事实、分清责任的基础上,劝说、教育并促使双方交换意见,达成协议,对治安案件作出处理的活动。民间纠纷是群众之间发生的一般纠纷,一般是公民之间、公民个人与非法人单位之间及非法人单位内部因民事权益受到侵犯或者发生争执而产生的纠纷,如婚姻家庭纠纷、邻里纠纷、房屋纠纷,以及在生产经营方面发生的简易纠纷等。并非所有治安案件都适用调解,其中的打架斗殴或者损毁他人财物纠纷,是群众在根本利益一致的基础上产生的局部、个别的权益纠纷,情节比较简单、争议数额不大,适合通过调解方式化解。调解是对违反治安管理行为人有针对性地进行遵纪守法和遵守公德的教育,促使行为人对其违法行为主动认错,以得到对方的谅解,或者双方取得相互谅解,达到消除隔阂、解决纠纷的目的。如果双方当事人不能相互谅解,公安机关应当依法处理违反治安管理的人员。对于双方当事人之间的民事侵权纠纷,应依照民事争议的处理方式予以解决。

2025年修订新规定,因民间纠纷引起的打架斗殴或者损毁他人财物等违反治安管理行为,当事人之间在公安机关作出处理规定前自行和解的或经人民调解委员会调解达成协议并履行的,公安机关不再处罚。当然,这要求当事人主动书面向公安机关申请,并得到公安机关的认可。考虑到治安调解的目的就是化解矛盾,促进社会和谐,对于案件当事人申请人民调解或者自行和解,达成协议并履行的治安案件,只要符合其治安调解条件且是双方自愿达成的调解或和解意见,公安机关应当依照治安调解的相关法律规定办理,即认可人民调解协议、和解协议,不再对违反治安管理行为人进行处罚。

适用要点

[治安案件调解的时限和次数]

根据《公安机关治安调解工作规范》第9条的规定:"治安调解一般为一次,必要时可以增加一次。对明显不构成轻伤、不需要伤情鉴定以及损毁财物价值不大,不需要进行价值认定的治安案件,应当在受理案件后的3个工作日内完成调解;对需要伤情鉴定或者价值认定的治安案件,应当在伤情鉴定文书和价值认定结论出具后的3个工作日内完成调解。对一次调解不成,有必要再次调解的,应当在第一次调解后的7个工作日内完成。"可见,治安调解不是无期限无休止的,其有以下限制:(1)治安调解的时限一般是3个工作日;(2)如果一次调解不成,有必要的,可以组织二次调解,但应在第一次调解后的7个工作日内完成;(3)需要伤情鉴定或者价值认定的,鉴定或者认定期间不计算在内,但需在伤情鉴定文书和价值认定结论出具后的3个工作日内完成调解;(4)调解一般一次完成,如有必要可以组织第二次。

关联法规

《人民调解法》第2条;《行政诉讼法》第60条;《公安机关办理行政案件程序规定》第178—186条;《公安机关执行〈中华人民共和国治安管理处罚法〉有关问题的解释》第1条;《公安机关治安调解工作规范》第9条

第二章　处罚的种类和适用

第十条　【处罚种类】治安管理处罚的种类分为:

(一)警告;

(二)罚款;

(三)行政拘留;

(四)吊销公安机关发放的许可证件。

对违反治安管理的外国人,可以附加适用限期出境或者驱逐出境。

条文注释

1. 警告

警告属于一种最轻微的治安管理处罚,属于申诫罚,是指对违反治安管理行为人提出告诫、指出危害、促其警觉,使其不再重犯的治安管理处罚。警告主要适用于初次实施比较轻微的违反治安管理行为、情节轻微、认错态度较好的当事人。警告有两个特点:一是充分体现了教育与处罚相结合原则。警告与批评教育从内容到形式有许多相似之处,都要摆事实、讲道理。但是警告作为一种治安管理处罚,由公安机关决定,并制作处罚决定书,向违反治安管理行为人宣布并交其本人。二是警告适用的灵活性。警告处罚的执行只需出具处罚决定书,不需要其他任何设施和物质条件。对于轻微的违反治安管理行为,民警可以当场作出警告处罚,公安派出所也有权作出警告处罚。

2. 罚款

罚款,是指公安机关要求违反治安管理行为人在一定期限内向国家交纳一定数量的货币,而使其遭受一定经济利益损失的处罚形式。罚款是适用最广泛的处罚种类,其目的是通过经济惩戒手段,使违法行为人受到警示教育,促使其改正违法行为,以后不再实施违反治安管理行为。本条对罚款的幅度未作规定,在本法第三章规定具体违反治安管理的行为和处罚处,对罚款幅度分别作了详细规定。公安机关在适用罚款处罚时,要力求客观合理,严格遵循罚款的法律程序。

3. 行政拘留

行政拘留,是指公安机关对违反治安管理行为人,依法给予的暂时剥夺其人身自由的治安管理处罚。行政拘留适用于违反治安管理且情节严重的行为人。本条对行政拘留的幅度未作具体规定,在本法第三章规定违反治安管理行为和处罚处,对行政拘留的幅度作了详细规定:5日以下;5日以上10日以下;5日以上15日以下;10日以上15日以下。适用行政拘留,应该注意其与司法拘留、刑事拘留的区别。除本法外,还有很多法律也规定了行政拘留。如《反电信网络诈骗法》第38条规定:"组织、策划、实施、参与电信网络诈骗活动或者为电信网络诈骗活动提供帮助,构成犯罪的,依法追究刑事责任。前款行为尚不构成犯罪的,由公安机关处十日以上十五日以下拘留……"

4. 吊销公安机关发放的许可证件

吊销公安机关发放的许可证件,是指公安机关依法收回违反治安管理行为人已获得的从事某项活动的权利或者资格的证书,从而禁止行为人从事某种需要特许权利或者资格的活动的治安管理处罚。该处罚是一种资格罚,其目的在于取消被处罚人的一定资格和剥夺、限制其拥有的某项特许权利。许可证件一般由颁发许可证件的机关予以吊销,所以公安机关只能吊销其颁发的许可证,而不能吊销其他行政机关颁发的许可证件。适用该项处罚时应注意公安行政审批制度改革的要求。近年来各级公安机关贯彻中央的部署和要求,积极稳妥地开展了行政审批制度改革,从公安部到各地公安机关普遍清理了行政审批项目,取消了一批缺乏法律、法规、规章依据的行政许可证件,提升了行政许可管理标准化规范化水平。

5. 限期出境、驱逐出境

限期出境与驱逐出境这两种附加处罚仅适用于外国人,包括无国籍人,不适用于我国公民。限期出境,是指公安机关对违反治安管理的外国人,限定其在一定期限内离开我国国境的治安管理处罚。驱逐出境,是指公安机关对违反治安管理的外国人,强迫其离开我国国境的治安管理处罚,是比限期出境更为严厉的一种处罚。限期出境或者驱逐出境只能附加适用,不能独立适用,且都只能由公安机关和法律规定的其他机关适用,而不能由其他任何行政机关适用。限期出境或者驱逐出境应在警告、罚款、行政拘留执行完毕后执行。适用限期出境与驱逐出境是"可以",而非"应当"。这表明,对违反治安管理的外国人不是一律适用这两种处罚,而是由公安机关根据案件情况、国际形势等进行裁量,决定是否适用。

适用要点

[罚款与罚金的区别]

本法规定的"罚款"与《刑法》规定的"罚金"不同。罚款适用于违反治安管理,尚不构成犯罪的行政违法行为人,由公安机关依法作出;罚金则是一种刑罚,适用于已经构成犯罪的犯罪分子,由人民法院依法判处。本法规定的"罚款"在本质上属于行政处罚,与其他法律、法规、规章规定的作为行政处罚的"罚款"的主要区别是适用对象不同和作出决定的机关不同。此外,这里的"罚款"与《刑事诉讼法》《民事诉讼法》中规定的"罚款"也不同。后者是对妨害刑事诉讼、民事诉讼的诉讼参与人采取的司法处分,目的是维护正常诉讼程序,保障诉讼活动的顺利进行。

[行政拘留]

行政拘留是一种暂时剥夺人身自由的治安管理处罚,适用时应注意以下几点:一是行政拘留的适用对象不能随意扩大。二是行政拘留的期限不能随意延长。三是行政拘留的程序不能随意改变。对一般违反治安管理行为人作出行政拘留决定的,应当经县级以上人民政府公安机关负责人批准。四是人大代表的特殊事项。根据《全国人民代表大会和地方各级人民代表大会代表法》第39条的规定,对县级以上的各级人民代表大会代表决定行政拘留,应当经该级人民代表大会主席团或者人民代表大会常务委员会许可。对乡、民族乡、镇的人民代表大会代表决定行政拘留,公安机关在决定后应当立即报告乡、民族乡、镇的人民代表大会。

[其他行政案件中可以作出行政拘留处罚决定的主体]

《行政处罚法》第18条规定,"限制人身自由的行政处罚权只能由公安机关和法律规定的其他机关行使"。根据《公安部关于公安机关适用行政处罚若干问题的指导意见》的规定,"法律规定的其他机关",是指国家安全机关和海警机构。对于《消防法》《环境保护法》《食品安全法》《农产品质量安全法》《中医药法》《土壤污染防治法》《疫苗管理法》《药品管理法》《固体废物污染环境防治法》等法律规定的行政拘留处罚,消防救援机构和其他行政主管部门将案件移送公安机关后,由县级以上公安机关依法作出行政拘留处罚决定。

[涉外治安案件处罚种类的确定]

对外国人依法适用限期出境、驱逐出境处罚的,由承办案件的公安机关逐级上报公安部或者公安部授权的省级人民政府公安机关决定,由承办案件的公安机关执行。对外国人依法决定行政拘留的,由承办案件的县级以上公安机关决定,不再报上一级公安机关批准。对外国人依法决定警告、罚款、行政拘留,并附加适用限期出境、驱逐出境处罚的,在警告、罚款、行政拘留执行完毕后再执行限期出境、驱逐出境。

关联法规

《行政处罚法》第9—12条;《反间谍法》第66条;《境外非政府组织境内活动管理法》第50条;《出境入境管理法》第62条

> **第十一条 【违禁品、工具和违法所得财物的处理】**办理治安案件所查获的毒品、淫秽物品等违禁品,赌具、赌资,吸食、注射毒品的用具以及直接用于实施违反治安管理行为的本人所有的工具,应当收缴,按照规定处理。
>
> 违反治安管理所得的财物,追缴退还被侵害人;没有被侵害人的,登记造册,公开拍卖或者按照国家有关规定处理,所得款项上缴国库。

条文注释

1. 违禁品与工具的收缴

公安机关办理治安案件"所查获的毒品、淫秽物品等违禁品,赌具、赌资,吸食、注射毒品的用具以及直接用于实施违反治安管理行为的本人所有的工具",可以统称为非法财物。违禁品,是指国家法律、法规明确规定,禁止私自制造、销售、购买、持有、使用、储存和运输的物品,主要有毒品、淫秽物品、枪支、弹药、爆炸物品、迷信宣传品等。赌具,是指赌博行为人直接用于赌博的本人所有的工具,如麻将牌、扑克牌、纸牌等。赌资,是指赌博活动中用作赌注的款物、换取筹码的款物和通过赌博赢取的款物。吸食、注射毒品的用具,常见的有用于吸食鸦片,注射吗啡、海洛因的吸管、托盘、针管、注射器等器具。妥善处理这些物品是治安案件的要点,公安机关须严格按照本条规定处理违禁品、工具和违法所得财物,不得擅自违法处理。

2. 违法所得财物的追缴

违法所得,是指违反治安管理行为人实施违法行为所取得的款项,包括赃款、赃物和非法利益等。当违法所得表现为一定的物品时,违法所得还可能包括该物可能产生的孳息,以及治安管理行为人利用该物进行经营所获得的物质利益。比如,盗窃怀孕的母牛,则该母牛所生的小牛为其孳息,属于违法所得。对违法所得财物的处理,分为两种方式:一是有被侵害人的,应当追缴退还被侵害人。追缴是指将违反治安管理行为人因实施违反治安管理行为所得的非法财物追回,先上缴到公安机关,然后退还被侵害人。二是没有被侵害人的,应登记造册,公开拍卖或者按照国家有关规定处理,所得款项上缴国库。任何单位和个人不得私自挪用、截留、私分违法所得,具体规定参照《公安机关涉案财物管理若干规定》。公安机关应妥善保管追缴的财物,避免不必要的损耗。

适用要点

[公安机关对收缴和追缴的财物的分类处理]

《公安机关办理行政案件程序规定》第196条规定:"对收缴和追缴的财物,经原决定机关负责人批准,按照下列规定分别处理:(一)属于被侵害人或者善意第三人的合法财物,应当及时返还;(二)没有被侵害人的,登记造册,按照规定上缴国库或者依法变卖、拍卖后,将所得款项上缴国库;(三)违禁品、没有价值的物品,或者价值轻微,无法变卖、拍卖的物品,统一登记造册后销毁;(四)对无法变卖或者拍卖的危险物品,由县级以上公安机关主管部门组织销毁或者交有关厂家回收。"第197条规定:"对应当退还原主或者当事人的财物,通知原主或者当事人在六个月内来领取;原主不明确的,应当采取公告方式告知原主认领。在通知原主、当事人或者公告后六个月内,无人认领的,按无主财物处理,登记后上缴国库,或者依法变卖或者拍卖后,将所得款项上缴国库。遇有特殊情况的,可酌情延期处理,延长期限最长不超过二个月。"

关联法规

《拍卖法》第9条;《公安机关办理行政案件程序规定》第187—197条;《公安机关涉案财物管理若干规定》;《公安机关缴获毒品管理规定》

第十二条 【未成年人违法的处罚】已满十四周岁不满十八周岁的人违反治安管理的,从轻或者减轻处罚;不满十四周岁的人违反治安管理的,不予处罚,但是应当责令其监护人严加管教。

条文注释

未成年人违反《治安管理处罚法》应承担治安责任的能力分为两种。

1. 不完全具有治安责任能力

已满14周岁不满18周岁的未成年人违反治安管理的,从轻或者减轻处罚。换言之,已满14周岁不满18周岁的未成年人需要承担不完全治安责任。该年龄段的未成年人已基本具备与成年人相当的理解和判断能力,因此其实施违反行为应当负法律责任。但是其仍然处于成长发育期,其控制行为和辨别能力相对较弱。从违反治安管理的未成年人的情况来看,他们还有很强的可塑性,易于教育与矫治。因此,与世界上许多国家和地区的法律一样,本法对于未成年人的处罚,以注重教育、促进其改过自新为主,相应地规定特殊的处罚条款,因而有必要对其从轻或者减轻处罚。

2. 无治安责任能力

在我国,不满14周岁且未经最高人民检察院核准追诉的是完全不负刑事责任的情形。不满14周岁的未成年人实施违反治安管理行为的,不给予治安管理处罚。不予处罚,是指因具有法律法规所规定的特殊事由,公安机关对某些形式上虽然违反治安管理但实质上不应当承担法律责任的人,不适用治安管理处罚的情况。任何不满14周岁的人实施法律规定的任何违反治安管理行为,公安机关都不予处罚。不满14周岁的人违反《治安管理处罚法》的,不追究其行政责任,公安机关不能对其作出警告、罚款、行政拘留处罚,此为原则性规定。当然,公安机关应当责令其监护人严加管教。监护人的范围根据《民法典》的相关规定确定。监护人须认真履行监护职责,对违反治安管理的被监护人严加管教。不满14周岁的未成年人如果造成他人人身或财产损失的,需要由其监护人承担民事责任,常见的承担民事责任的方式赔偿损失。

适用要点

[减轻处罚与从轻处罚的差异]

在治安管理处罚中,减轻处罚和从轻处罚虽然在表面上看起来类似,但二者实际存在法律界限与实践应用的差异。减轻处罚是指公安机关在法定处罚种类和法定处罚幅度外,对违法行为人处以比"减轻"更轻的处罚,是"法外处罚"。减轻处罚是法定处罚种类或法定处罚幅度之外的处罚,是介于从轻处罚和不予处罚之间的一种特殊情形。如规定"处二百元以上五百元以下罚款"或者"处五日以上十日以下拘留",减轻是处 200 元以下罚款或者处 5 日以下拘留。对于法定幅度之外的减轻,只有法律设定了减轻的空间才有可操作性,否则只能从轻而不能减轻。

而从轻处罚是指在法定的处罚种类和幅度范围内,处于比依其违法的性质和情节轻重本应受处罚较轻的处罚。比如本法规定,盗窃的,处 10 日以上 15 日以下拘留,某公安机关对某违法行为人依其违法性质和情节决定予以其 11 日拘留。在法律界限方面,减轻处罚通常需要依据法律法规和执法依据进行判断,而从轻处罚则可能更多地考虑到实际情况和执法实践。实践应用方面,减轻处罚可能会更多地注重对未成年人的教育,从轻处罚可能更加注重对未成年人的警示和教育。综上所述,减轻处罚和从轻处罚有所区别,但二者在治安管理中都是为了维护社会秩序、保护公共利益而存在的重要机制。

关联法规

《行政处罚法》第 30 条;《公安机关办理行政案件程序规定》第 157 条

第十三条 【精神病人违法的处罚】精神病人、智力残疾人在不能辨认或者不能控制自己行为的时候违反治安管理的,不予处罚,但是应当责令其监护人加强看护管理和治疗。间歇性的精神病人在精神正常的时候违反治安管理的,应当给予处罚。尚未完全丧失辨认或者控制自己行为能力的精神病人、智力残疾人违反治安管理的,应当给予处罚,但是可以从轻或者减轻处罚。

条文注释

所谓精神病人,是指各种外界的有害因素所导致的大脑功能紊乱,临床表现为精神活动异常的人,具体表现为感知、思维、注意、记忆、情感、行为和意志智能以及意识等方面不同程度的障碍。由于心理活动障碍,患者扭曲地反映客观现实,丧失了社会适应能力,或伤害自身或扰乱社会秩序者统称为精神病人。智力残疾,在教育学、心理学、社会学、医学界亦称"智力落后""智力低下""弱智""智力迟钝""心理逊常""心理缺陷""精神发育迟滞"等。智力残疾人的智力明显低于一般人的水平,并且其显示出适应行为的障碍。确定精神病人、智力残疾人是否应当对自己实施的违反治安管理行为负法律责任,应以其实施行为时是否具有辨认和控制自己行为的能力为根据。如果其实施行为时不具有辨认和控制自己行为的能力,即处于精神病状态的不负法律责任,公安机关对其不予处罚。也就是说,精神病人实施违反治安管理行为,必须是基于病理的因素,是因为其患精神病并由此失去辨认和控制自己行为的能力,而不由自主地实施违反治安管理行为。精神病人、智力残疾人在主观上对其所实施的违反治安管理行为不存在故意或者过失,不具备承担法律责任的能力。

当然,并非任何精神病人、智力残疾人在任何时候实施违反治安管理行为都不负法律责任。精神病人的精神状态不是一成不变的,精神病人分为非间歇性精神病人和间歇性精神病人。在实践中如何识别精神病人的状态至关重要,必要时须借助医学手段予以鉴定。非间歇性精神病人的精神一贯是处于无法辨认和控制自己行为的状态,他们是真正的无民事行为能力人,他们在任何时候实施违反治安管理行为,都不会受到处罚。而间歇性精神病人辨认和控制自己行为的能力时有时无,其实施违反治安管理行为是否应当受到处罚,要看其实施行为时的精神状态。如果该行为人在实施违反治安管理行为时精神状态正常,尚未完全丧失辨认或者控制自己行为的能力,那么应当依法对其予以处罚,但是可以从轻或者减轻处罚;反之,则不予处罚。对于依法不予治安管理处罚的精神病人、智力残疾人,公安机关应当责令其监护人加强看护管理和治疗。监护人应当认真履行监护职责,不得放任不管。

适用要点

[行为人精神状态及责任能力的判断]

在判断或证明行为人在实施违反治安管理行为时的精神状态及行政责任能力时,一般有三种方式。

一是委托或聘请具有鉴定资质的机构进行精神疾病鉴定。依据《精神疾病司法鉴定暂行规定》的要求,鉴定时应当提交的材料有:被鉴定人及其家庭情况;案件有关材料;被鉴定人的工作单位提供的有关材料;知情人对被鉴定人精神状态的有关证言;被鉴定人的医疗记录和其他有关检查结果。被鉴定人的一般情况通常涉及有无同胞、自幼生长发育情况,与同龄儿有无差别,上学期间的表现及后续工作、生活中的表现,有无无理哭闹、骂人行为,家族中有无其他精神异常史者等。羁押表现一般涉及入所之初的目光有无呆滞、精神状态是否欠佳、有无与同监室人员交流,意识情况如何,有无陷入自言自语的狂躁状态,监室生活中有无洗漱、洗澡等个人卫生情况等。鉴定材料中的询问笔录除涉案笔录外,一般还要求涵盖亲属、邻居在内的三人以上的笔录。

二是调查该精神病人是否曾被人民法院宣告为无民事行为能力人或者限制民事行为能力人。《民法典》规定,精神病人的利害关系人(包括近亲属、所在单位和其他利害关系人)可以向人民法院申请宣告精神病人为无民事行为能力人或者限制民事行为能力人。如果违反治安管理的精神病人是被人民法院宣告为无民事行为能力人或者限制民事行为能力人的人,则公安机关可以据此宣告,结合行为人及其实施违反治安管理行为当时的情况、医疗机构的诊断情况,以及向其家属、邻居、同事、居(村)民委员会主任等有关人员调查了解的情况,综合作出认定。

三是综合考虑相关因素。综合考虑的内容可包含精神检查,辅助性检查,门诊病历,住院记录,诊断证明书,精神残疾证,残联或医疗部门意见,家属、邻居等了解情况的人的证言。

[行为人拒不配合鉴定的处理]

对于涉嫌精神异常的行为人及其家属拒不配合鉴定,且不能提供证明行为人有精神病的证明材料的情况,《精神卫生法》第28条规定,"除个人自行到医疗机构进行精神障碍诊断外,疑似精神障碍患者的近亲属可以将其送往医疗机构进行精神障碍诊断。对查找不到近亲属的流浪乞讨疑似精神障碍患者,由当地民政等有关部门按照职责分工,帮助送往医疗机构进行精神障碍诊断。疑似精神障碍患者发生伤害自身、危害他人安全的行为,或者有伤害自身、危害他人安全的危险的,其近亲属、所在单位、当地公安机关应当立即采取措施予以制止,并将其送往医疗机构进行精神障碍诊断。医疗机构接到送诊的疑似精神障碍患者,不得拒绝为其作出诊断"。因此,如果没有相关法律规定的情形,行为人及其近亲属要求不作精神病鉴定的,公安机关不能决定强制鉴定。行为人实施违反治安管理行为的,公安机关应依法对其进行处罚。有非法财物、违法所得的,应当依照本法规定予以收缴、追缴。收缴和追缴不是治安管理处罚,对于精神病人违反治安管理的,可以适用。

关联法规

《行政处罚法》第31条;《刑法》第18条;《民法典》第28条;《公安机关办理行政案件程序规定》第158条

第十四条 【盲人或聋哑人违法的处罚】盲人或者又聋又哑的人违反治安管理的,可以从轻、减轻或者不予处罚。

条文注释

本条借鉴了《刑法》第19条"又聋又哑的人或者盲人犯罪,可以从轻、减轻或者免除处罚"的规定。法律对这类生理上有缺陷的人作特殊规定,主要考虑到生理缺陷可能会影响辨认和控制自己行为的能力,但不会导致辨认和控制能力的丧失。所以,治安案件中盲人或者又聋又哑的人违反治安管理的,公安机关"可以"从轻、减轻或者不予处罚,而不是"应当"。这里的"不予处罚"与本法第12条和第 13 条对未成年人和精神病人规定的"不予处罚"不同,它是指公安机关依照法律法规的规定,考虑到有法定特殊情况存在,对依法本应给予治安管理处罚的行为人不予适用治安管理处罚。因而,公安机关在办理盲人或者又聋又哑的人违反治安管理的治安案件时,要结合违反治安管理行为人的生理情况和案件的具体情况,依法合理地决定是否对其从轻、减轻或者不予处罚,以及是选择从轻处罚、减轻处罚,还是选择不予处罚。

适用要点

[盲人和又聋又哑的人的认定及处罚要点]

盲人,是指双目均丧失视力的人。通俗地讲,盲人就是双眼看不见东西的人。又聋又哑的人,简称聋哑人,是指同时丧失听觉能力和口头语言能力的人。盲或又聋又哑既包括先天的,也包括后天的。盲人或者又聋又哑的人,尽管其生理有严重缺陷,但如果他们是成年人且智力和精神状况正常,即并未丧失辨认或者控制自己行为的能力,对自己行为的性质和后果会有正确的判断,则他们不属于无民事行为能力人,应当对他们违反治安管理的行为负责任。实践中要根据行为人的生理缺陷状况和其实施违反治安管理行为的情节等具体情况,决定对其处罚的轻重程度。应注意的是,只聋不哑或者只哑不聋的人以及盲人、又聋又哑的人之外的有生理缺陷的人,如肢体有残疾的人等,不适用本条规定。

关联法规

《行政处罚法》第 32 条;《刑法》第 19 条

第十五条 【醉酒的人违法的处罚】醉酒的人违反治安管理的,应当给予处罚。

醉酒的人在醉酒状态中,对本人有危险或者对他人的人身、财产或者公共安全有威胁的,应当对其采取保护性措施约束至酒醒。

条文注释

一方面,醉酒的人违反治安管理的,应当给予处罚。醉酒是行为人在清醒状态时放纵自己所致,是饮酒过量而不能自制的人导致自己的辨别、控制能力下降的状态。由于醉酒后的人并未完全失去辨别是非和控制自己行为的能力,而且应当预见到自己酒后的行为和后果,其违反治安管理的行为主要是其主观过失造成,其应对自己违反治安管理的行为负责,应当接受处罚。

另一方面,应当对醉酒的人采取保护性措施约束至酒醒。保护性措施,是法律赋予公安机关及其人民警察的一种紧急处置权。醉酒的人在醉酒状态中意识不清醒,有些人醉酒后的生理反应容易对其本人造成危险,如酒精中毒,呕吐导致窒息等;有些人会因为酒精的刺激而处于行为失控的状态,会耍酒疯、破坏公物,殴打他人等。根据本条规定,若醉酒的人没有上述社会危险性,如其已有家人陪伴处于安全的环境,则不必对其进行约束。如此规定,既是对醉酒公民人身的保护,也是对社会治安秩序的保护。此处规定的"约束至酒醒",不是对醉酒人的一种处罚,而是对其的一种保护性强制措施,待其酒醒后,确认其意识清楚,其可以自由离开或者根据其违反治安管理的行为接受处罚。在《道路交通安全法》中,对醉酒后驾驶机动车的,也规定要由公安机关交通管理部门将其约束至酒醒。

适用要点

[对醉酒的人采取的保护性措施]

醉酒的人在醉酒状态中,对其本人有危险或者对他人的人身、财产或者公共安全有威胁的,可以对其采取保护性措施约束至酒醒,也可以通知其家属、亲友或者所属单位将其领回看管,必要时将其送至医院醒酒。对行为举止失控的醉酒人,可以使用约束带或者警绳等进行约束,但是不得使用手铐、脚镣等警械。使用约束带或者警绳时,要注意捆绑的方式、方法和力度。约束过程中,应当指定专人对醉酒的人严加看护。确认醉酒人酒醒后,应当立即解除约束,并进行询问。约束时间不计算在询问查证时间内。

[公安机关如何办理醉酒类治安案件]

在办理醉酒类治安案件时,公安机关会根据醉酒人员的醉酒程度、是否实施违法犯罪行为、是否有家人或同行人员在场、是否需要救治等不同状况,分别采取相应的处置措施。公安机关进入现场处置时应打开执法记录仪,同步配合使用照相机、摄像机、录音笔等工具记录物品损毁、人身伤害等相关证据;在对醉酒人员采取控制手段的同时,公安机关应注意收集旁观者、受害人关于醉酒人员状态等证言,情况紧急、来不及询问证人的,公安机关须记录现场人员姓名、联系方式等信息,以便跟进调查取证;对现场人员先前拍摄的有关醉酒人员活动情况的照片、视频应及时调取,用作后期处理证据;对于暴力抗法甚至袭警的醉酒人员,公安机关应视情况依据国家标准进行酒精含量检测,形成书面证据,增强执法依据。

关联法规

《公安机关办理行政案件程序规定》第58条;《道路交通安全法》第91条

第十六条　【多种违反治安管理行为的处罚】有两种以上违反治安管理行为的,分别决定,合并执行处罚。行政拘留处罚合并执行的,最长不超过二十日。

条文注释

分别决定,是指对于一个违反治安管理行为人有两种或者两种以上违反治安管理行为的,就其每一个违反治安管理行为分别依法进行决定,确定其每个行为应当被给予的治安管理处罚。分别决定有利于分清违反治安管理行为的事实和具体责任。合并执行处罚,是指将分别决定的治安管理处罚合并起来,并将同一种处罚的数额和期限相加在一起,最后决定给予违反治安管理行为人何种处罚及给予多重的处罚。执行,是指公安机关依照法定程序,对已经发生法律效力的决定和要求予以实施的行为。需要指出的是,分别决定的前提是违反治安管理行为人实施了不同违法行为,如果行为人实施的是同种行为,则不能适用分别决定的规定,不存在合并处罚的现象,而应该分别处罚。

本条规定的"合并执行处罚"与《刑法》规定的"数罪并罚"应属同一原则在行政法与刑法中的不同表述。数罪并罚是指对犯两个以上罪行的犯人，就其所犯各罪分别定罪量刑后，按一定原则判决宣告执行的刑罚模式。其还可根据不同原则的指导确定最终的刑罚，如并科原则、吸收原则、限制加重原则。《行政处罚法》《治安管理处罚法》与《刑法》本同属于公法范畴，可以认为三者只是对当事人权利不同程度的依法剥夺。因此，合并执行在很大程度上是对并科原则的规定，并以限制加重原则为补充的折中规定。

适用要点

[适用"合并执行"的注意事项]

一方面须有两种以上违反治安管理行为。此条表述的"两种"应理解为两种不同类别的违法行为，而非同类别的违法行为。例如，甲于某日上午殴打了乙，下午对丙进行了盗窃，其行为属于本法规定的应当受到处罚的情形。由于甲的两种行为不属于同一种违法行为，即"殴打他人"与"盗窃"属于两种违法行为，适用合并执行处罚的情形。另一方面关于合并执行时间的规定。《公安机关办理行政案件程序规定》第162条规定："行政拘留处罚合并执行的，最长不超过二十日。行政拘留处罚执行完毕前，发现违法行为人有其他违法行为，公安机关依法作出行政拘留决定的，与正在执行的行政拘留合并执行。"此条对于合并执行的适用进行了时间的限制。例如，张三因殴打他人已被公安机关行政拘留5日，在执行期间公安机关发现张三还有盗窃违法行为，经查证属实，在前述处罚执行完毕前对张三作出处罚决定，对其处以10日的行政拘留。该项行政拘留应该与前项行政拘留合并执行。换言之，适用合并执行，除"两种违法行为"外，两种处罚决定不一定要求同时作出，后一份行政处罚决定于执行期间作出的，仍适用行政拘留的合并执行。

关联法规

《行政处罚法》第29条;《刑法》第69条;《公安机关办理行政案件程序规定》第161条

第十七条 【共同违反治安管理行为的处罚】共同违反治安管理的,根据行为人在违反治安管理行为中所起的作用,分别处罚。

教唆、胁迫、诱骗他人违反治安管理的,按照其教唆、胁迫、诱骗的行为处罚。

条文注释

共同违反治安管理,是指两个或者两个以上的行为人,出于共同的违反治安管理的故意,实施了共同的违反治安管理的行为。共同违反治安管理一般符合以下特征:(1)行为主体是两个人或者两个以上的人;(2)几个行为人必须要有共同的故意。违法行为人对于自己实施的违法行为持故意的心理状态,其明知自己的行为会发生危害社会的后果并希望或有意放任这种结果的发生,同时几个违法行为人相互明知各自在实施违反治安管理的行为;(3)几个行为人必须有共同的违反治安管理的行为。违法行为人各自的行为都是在共同故意支配下,围绕共同的侵害对象,为实现共同的违法目的而实施的。对于共同违反治安管理的行为人,结合其在违反治安管理行为中所起的作用,分别对其处罚。具体看违法行为人的组织、指挥、参与作用,分别确定主要、次要或者辅助作用。考虑每个人的不同作用进行区别对待,体现了过罚相当原则。

第2款是关于教唆、胁迫、诱骗他人违反治安管理的,如何对其处罚的规定。教唆,是指唆使、怂恿他人实施违反治安管理的行为;胁迫,是指对他人进行威胁、恐吓等精神强制,使他人不敢不实施违反治安管理的行为;诱骗,是指以隐瞒后果等手段,诱导、欺骗他人实施违反治安管理的行为。教唆、胁迫、诱骗三种行为只要存在一种即可处罚。三种行为必须是故意实施,如果是过失引起,则不属于此类行为。

适用要点

[分别处罚的具体操作]

本条规定,对共同违反治安管理的,根据行为人在违反治安管理行为中所起的作用,分别处罚。实践中,行为人在共同违反治安管理行为中所起的作用是有不同的,有起主要作用的人和次要作用的人,有策划者,组织者,参与者,教唆者,被教唆、被胁迫、被诱骗者等。一般来说,在实施违反治安管理行为中起组织、策划、指挥作用,或者在实施违反行为时起主要作用的,应当受到较重的处罚;在实施违反治安管理行为中起次要作用或者辅助作用的,应当受到较轻的处罚。例如,对于起主要作用的行为人,按照其所参与的全部违反治安管理行为给予其处罚;对于起次要作用的行为人,应比照处罚最轻的"起主要作用"的行为人的法律责任,对其予以从轻或减轻处罚。

关联法规

《刑法》第29条;《公安机关办理行政案件程序规定》第160条

第十八条 【单位违反治安管理行为的处罚】单位违反治安管理的,对其直接负责的主管人员和其他直接责任人员依照本法的规定处罚。其他法律、行政法规对同一行为规定给予单位处罚的,依照其规定处罚。

条文注释

单位违反治安管理,是指机关、团体、公司、企业、事业单位实施了依法应当给予治安管理处罚的危害社会的行为。本条没有明确规定"单位"的范围。《刑法》规定的"单位",包括公司、企业、事业单位、机关、团体。根据《公安机关执行〈中华人民共和国治安管理处罚法〉有关问题的解释》第4条的规定,鉴于《治安管理处罚法》与《刑法》的衔接,这里的"单位"应与《刑法》规定的"单位"范围一致。单位违反治安管理有两个基本特征:

一是单位违反治安管理的主体包括公司、企业、事业单位、机关、团体。公司、企业、事业单位,是指所有的公司、企业、事业单位,既包括国有、集体所有的公司、企业、事业单位,也包括依法设立的合资经营、合作经营企业和具有法人资格的独资、私营等公司、企业、事业单位。其中,公司是指依公司法成立的具有法人资格的企业。企业,是指将人的要素和物的要素结合起来,独立地从事商品生产经营活动和商业服务的营利性经济组织,包括国有企业、集体企业、私营企业和三资企业(中外合资企业、中外合作企业、外资企业)。事业单位,是指从事教育、科技、文化、卫生等活动的社会服务组织。机关,即国家机关,是指以国家预算拨款作为独立活动经费,从事国家管理和行使权力等公共事务管理活动的中央和地方的各级组织。团体,是指由某一行业、某一阶层或者其他某一方面的若干成员基于共同的目的,自主自愿组成并经过政府核准登记成立的社会组织,包括人民团体和社会团体。

二是单位违反治安管理行为必须是在单位意志的支配下,由单位成员实施的违反治安管理行为,即单位作为一个"拟制"的人违反治安管理。单位违反治安管理行为必须经单位集体研究决定或者由其负责人员决定实施。单位集体研究决定或者由其负责人员决定,是单位整体违反治安管理意志的体现形式。单位集体研究决定,是指经过法律和章程规定的有权代表单位的机构研究决定。负责人员决定,是指经过法律或者章程规定的有权代表单位的个人决定。单位违反治安管理行为的实施是出于单位的利益或目的,非法利益归单位所有。

针对单位违反治安管理的处罚,采取以自然人处罚为主,以单位处罚为辅的双罚制。如果其他法律、行政法规对同一行为规定给予单位处罚,依照其规定处罚。

适用要点

[何为直接负责的主管人员]

直接负责的主管人员,是指在单位违反治安管理行为中负有直接责任的单位负责人,即直接责任人员中的主管人员。在执法实践中直接负责的主管人员主要包括单位的法定代表人、单位的主要负责人、单位的一般负责人、单位的部门负责人。但上述人员并非任何情况下都要对单位违反治安管理行为承担法律责任。只有当上述人员在单位违反治安管理行为中起组织、指挥、决策作用,且其实施的行为与单位违反治安管理行为的结果之间存在法律上的因果关系时,其才对单位违反治安管理行为的后果负责。

关联法规

《刑法》第30条;《公安机关执行〈中华人民共和国治安管理处罚法〉有关问题的解释》第4条

第十九条 【制止不法侵害行为及限度】为了免受正在进行的不法侵害而采取的制止行为,造成损害的,不属于违反治安管理行为,不受处罚;制止行为明显超过必要限度,造成较大损害的,依法给予处罚,但是应当减轻处罚;情节较轻的,不予处罚。

条文注释

2025年修订明确公民有权对不法侵害行为采取制止、防卫性措施。本条规定实现了本法与《刑法》上正当防卫理论的衔接,从法律层面确定了正当防卫理论在治安管理处罚领域的运用。近年来,一系列正当防卫案件激活了正当防卫在刑事司法领域的适用,让"法不能向不法让步"的理念深入人心。由于实施正当防卫需要满足存在不法侵害、不法侵害正在进行或已经形成现实紧迫危险、针对不法侵害人展开、有防卫意图、不超过必要限度等严格要件,现实中一些人遭受不法侵害时,因忌惮防卫过当总是对行使正当防卫望而却步。特别是《刑法》与《治安管理处罚法》的衔接不够紧密,一些公安机关在认定正当防卫时,存在不敢于认定、不善于认定的情形。2022年最高人民检察院、公安部联合发布《关于依法妥善办理轻伤害案件的指导意见》,其中准确区分正当防卫与互殴型故意伤害的论述虽未明确表示可以适用于治安案件,但相关表述已体现民间纠纷引起的打架适用正当防卫原理,并列举常见的两种打架适用正当防卫的情形:一是过错方先动手且明显过激的;二是一方先动手的(不一定是过错方),对方努力避免冲突情况下仍继续的。

根据本条规定,实施该项制止措施须同时符合四个条件:第一,只能在本人或他人的合法权利受到不法侵害时;第二,必须是在不法侵害正在进行的时候;第三,必须是对不法侵害者本人实施防卫,不能对无关的第三者实施;第四,制止行为不能超过必要限度,造成较大损害。否则,超过必要限度,造成较大损害的,依法给予处罚,但应当减轻处罚;情节较轻的,不予处罚。本条正当防卫性措施的设定,一方面有利于构建衔接治安管理处罚与刑事处罚的规范体系,为公民制止不法侵害提供明确的法律依据;另一方面有助于震慑不法分子,弘扬见义勇为精神,促进社会公平正义。

关联法规

《刑法》第20条;《突发事件应对法》第101条

第二十条 【从轻、减轻或者不予处罚情形】 违反治安管理有下列情形之一的,从轻、减轻或者不予处罚:

(一)情节轻微的;
(二)主动消除或者减轻违法后果的;
(三)取得被侵害人谅解的;
(四)出于他人胁迫或者诱骗的;
(五)主动投案,向公安机关如实陈述自己的违法行为的;
(六)有立功表现的。

条文注释

本条明确了六种适用减轻、从轻或不予处罚的情形。从轻处罚是本条新增的表述,是指在治安管理处罚的法定种类和法定幅度内适用较轻的种类或选择法定幅度中较低的部分予以处罚。减轻处罚,是指公安机关在法律、法规和规章规定的处罚方式和处罚幅度最低限以下,对违反治安管理行为人适用治安管理处罚。不予处罚,与本法第14条对盲人或者又聋又哑的人规定的"不予处罚"一致,都是指公安机关依照法律、法规的规定,考虑到有法定特殊情况存在,对依法本应给予治安管理处罚的行为人不予适用治安管理处罚。

本条规定从轻、减轻或者不予处罚的适用条件主要有以下几种：第一，情节轻微。这是指行为人实施的违反治安管理行为情节轻微，没有造成危害后果或危害后果很轻，社会危害性没有达到应受到治安管理处罚的程度。第二，主动消除或者减轻违法后果。如果行为人及时主动消除或减轻危害后果，表明其在主观上认识到了错误，在客观上减小了对社会的危害。第三，取得被侵害人谅解。被侵害人表示已经原谅违反治安管理行为人。这种情况有利于消除矛盾，增进社会和谐。第四，出于他人胁迫或者诱骗。行为人在精神上受到强制或上当受骗后，在错误认识下违法，尽管有行为过程，但其主观恶性相对较小。第五，主动投案，向公安机关如实陈述自己的违法行为。主动投案，是指行为人在其违法行为尚未被公安机关发现之前，出于悔过、惧怕等原因，主动到公安机关交代违法行为并自愿接受处罚的情形。如实陈述的内容应包括时间、地点、当事人、作案时间等。第六，有立功表现。立功主要指行为人在实施违法行为后，有揭发、检举其他违法行为人，或阻止他人违法犯罪或提供线索、证据等情形。

公安机关实施处罚制度，应结合案件情节与基本原则确定。对违反治安管理行为人给予治安管理处罚，是贯彻执行本法、加强治安管理的重要手段。为维护社会治安秩序，对少数违反治安管理行为人依法给予治安管理处罚，是十分必要的。本法的目的不是处罚，而是纠正违法行为，在处罚的同时对违反治安管理行为人进行教育。鉴于此，本条规定了六种法定减轻、从轻或者不予处罚情形，此为践行教育与处罚相结合原则的体现。

适用要点

[被侵害人自主决定是否对违法行为人给予谅解]

治安案件中的违反治安管理行为人虽然尚未构成犯罪而免于遭受刑事追诉，但是仍需要受到处罚。被侵害人的谅解是公安机关对违法行为人给予从宽处理的正当理由，而且从宽幅度无下限——从轻、减轻，甚至不予处罚都符合规定。不过，违反治安管理行为人是否能取得谅解，在于被侵害人的主观意愿。此过程中，被侵害人有权自主决定是否给予谅解。

[减轻处罚的适用]

根据《公安机关执行〈中华人民共和国治安管理处罚法〉有关问题的解释(二)》的规定,违反治安管理行为人具有《治安管理处罚法》第12、14、19条规定的减轻处罚情节的,按下列规定适用:(1)法定处罚种类只有一种,在该法定处罚种类的幅度以下减轻处罚;(2)法定处罚种类只有一种,在该法定处罚种类的幅度以下无法再减轻处罚的,不予处罚;(3)规定拘留并处罚款的,在法定处罚幅度以下单独或者同时减轻拘留和罚款,或者在法定处罚幅度内单处拘留;(4)规定拘留可以并处罚款的,在拘留的法定处罚幅度以下减轻处罚;在拘留的法定处罚幅度以下无法再减轻处罚的,不予处罚。

关联法规

《行政处罚法》第32条;《公安机关办理行政案件程序规定》第159条

第二十一条 【认错认罚从宽】违反治安管理行为人自愿向公安机关如实陈述自己的违法行为,承认违法事实,愿意接受处罚的,可以依法从宽处理。

条文注释

本条是本法2025年修订新增的内容,构建了认错认罚从宽制度。本条规定借鉴了《刑事诉讼法》认罪认罚从宽制度,该法第15条规定:"犯罪嫌疑人、被告人自愿如实供述自己的罪行,承认指控的犯罪事实,愿意接受处罚的,可以依法从宽处理。"认错认罚从宽制度中的"认错",是指违反治安管理行为人自愿向公安机关如实陈述自己的违法行为,对指控的违法事实没有异议。"认罚",是指违反治安管理行为人真诚悔过,愿意接受处罚。"从宽"处理既包括实体上从宽处罚,也包括程序上从简处理。"可以从宽",是指应体现法律规定和政策精神,予以从宽处理。但可以从宽不是一律从宽,公安机关对违法行为、情节和后果严重的,以及社会影响特别恶劣的人员,依法不予从宽处罚。

创新构建认错认罚从宽制度,是坚持过罚相当原则、教育与处罚相结合原则的体现。现实中不少轻微违法行为往往是"无心之失",违法者无主观恶意,违法行为社会危害性较小。倘若一律严厉打击此类违法行为,既不利于公民权利的保护,也可能带来适得其反的效果。该项新制度的引入对准确及时打击违法行为,保障公民、法人和其他组织合法权益,推动治安案件繁简分流、节约执法资源、化解社会矛盾,都具有积极意义。如此能在打击违法和保护权利之间找到平衡点,实现情理法的融合。需要注意的是,认错认罚从宽没有适用范围的限制,任何违反治安管理的行为都可以适用。另外,从宽处理通常不意味着免除处罚。

适用要点

[**怎样理解"如实陈述自己的违法行为"**]

如实陈述自己的违法行为,即违反治安管理行为人自动投案后,如实交代自己所犯的全部违法行为。在具体认定属于"认错"时注意以下几点:一是有数个违法行为人仅如实陈述所犯违反中部分的,只对如实陈述部分违法事实的行为,认定为认错。二是在共同违法案件中,作为一般共同违法的人员,如果要如实陈述自己的违法行为,必须交代自己所知的共同案件的其他违法行为人,否则对"自己的违反行为"的陈述不可能"如实"。三是违法行为人自动投案如实陈述自己违法后又反悔的,不能认定为认错;但在公安机关处罚决定前又能如实陈述的,应当认定。四是由于客观因素,不能全部交代所有的违法事实,但如实陈述自己的主要事实的,也属于如实陈述。但如果隐瞒主要违法事实,或者以交代较轻违法试图掩盖较重违法行为的目的,则不是如实陈述。五是行为人自动投案如实陈述违法行为后,为自己进行申辩,提出异议和意见,或者更正、补充某些事实的,应当允许,不能将这些行为视为没有如实陈述。

关联法规

《行政处罚法》第5条;《刑事诉讼法》第15条;《公安机关办理

刑事案件程序规定》第203条;《最高人民法院、最高人民检察院、公安部、国家安全部、司法部关于适用认罪认罚从宽制度的指导意见》

第二十二条　【从重处罚情形】违反治安管理有下列情形之一的,从重处罚:
（一）有较严重后果的;
（二）教唆、胁迫、诱骗他人违反治安管理的;
（三）对报案人、控告人、举报人、证人打击报复的;
（四）一年以内曾受过治安管理处罚的。

条文注释

从重处罚,是指公安机关在法律、法规和规章规定的处罚方式和处罚幅度内,对违反治安管理行为人在几种可能的处罚方式中选择适用较重的处罚方式,或者在同一种处罚方式允许的幅度内选择较高限度进行处罚。例如,对于一种行为可以处以罚款或拘留的,选择拘留的方式就是从重处罚。具体来看,对违反治安管理行为人从重处罚的情形包括四种:

1. 有较严重后果

后果的轻重是决定处罚轻重的重要依据。违法行为所造成的后果,是确定违法性质和确定如何进行法律制裁的重要依据。轻微后果的社会危害性较小,严重后果的社会危害性较大。对于有些行为来说,后果是否严重还是区分罪与非罪的标准或者界限。例如,故意伤害他人身体的行为,如果造成他人轻伤或者重伤,就构成故意伤害罪;如果造成的伤害在轻伤以下,就不构成犯罪,而构成违反治安管理行为。这里的"有较严重后果",以已构成违反治安管理行为为前提。

2. 教唆、胁迫、诱骗他人违反治安管理

如前文所述,教唆是指采用授意、劝说、挑拨、怂恿或者其他方法,故意唆使他人实施违反治安管理的行为。胁迫,是指采用暴力、威胁、逼迫等方法,迫使他人实施违反治安管理的行为。诱骗,是指采用引诱、欺骗等方法,使他人上当受骗而实施违反治安管理的行为。教唆、胁迫、诱骗他人违反治安管理的危害性在于,不仅行为人自身违反治安管理,同时其促使他人也违反治安管理,所以法律规定要对其从重处罚。特别是对教唆未成年人违反治安管理的行为人,更要从重处罚。《未成年人保护法》第54条第2款作了特别规定:"禁止胁迫、引诱、教唆未成年人参加黑社会性质组织或者从事违法犯罪活动。"

3. 对报案人、控告人、举报人、证人打击报复

公民对违反治安管理行为进行报案、控告、举报、举证,是维护国家法治权威、维护社会治安秩序、协助公安机关履行职责、保护自己的合法权益的积极行为。对报案人、控告人、举报人、证人进行打击报复的行为,不仅侵犯报案人、控告人、举报人、证人的合法权益,扰乱公安机关正常的办案工作,而且可能导致其他公民以后不敢实施相关行为。因此,对此种违法行为应当从重处罚,从而有效支持广大公民主动同违法行为作斗争。

4. 一年以内曾受过治安管理处罚

违反治安管理行为人实施违反治安管理行为被公安机关给予治安管理处罚后1年以内再次实施的,说明其恶性较深、没有悔改,公安机关应当就其再次实施行为对其从重处罚,以起到警示作用,促使其悔改。2012年《治安管理处罚法》规定的是6个月,2025年修订改为1年,相对更为宽松。另外,《公安机关办理行政案件程序规定》第160条还规定了应当从重处罚的情形:1年内因同类违法行为受到两次以上公安行政处罚的;刑罚执行完毕3年内,或者在缓刑期间,违反治安管理的等。

适用要点

[1年内曾受过治安管理处罚但有其他减轻、从轻情节的处理方式]

根据《公安部关于实施公安行政处罚裁量基准制度的指导意见》的规定,对具有多个裁量情节的,在调节处罚幅度时一般采取同

向情节相叠加、逆向情节相抵减的方式,也可以将对整个案情影响较大的情节作为主要考虑因素。对违法行为轻微并及时纠正,没有造成危害后果的,即使同时具有《公安机关办理行政案件程序规定》第160条关于曾受过治安管理处罚的从重情节,也应当作出不予行政处罚决定。对于有从重情节的违法行为人,同时有立功、主动投案并如实陈述自己违法行为等情节,需要在"减轻或者不予处罚"之间选择认定的,原则上认定为"减轻处罚"。

关联法规

《刑法》第29条;《公安机关办理行政案件程序规定》第160条

> **第二十三条 【不执行行政拘留的人员】**违反治安管理行为人有下列情形之一,依照本法应当给予行政拘留处罚的,不执行行政拘留处罚:
> (一)已满十四周岁不满十六周岁的;
> (二)已满十六周岁不满十八周岁,初次违反治安管理的;
> (三)七十周岁以上的;
> (四)怀孕或者哺乳自己不满一周岁婴儿的。
> 前款第一项、第二项、第三项规定的行为人违反治安管理情节严重、影响恶劣的,或者第一项、第二项规定的行为人在一年以内二次以上违反治安管理的,不受前款规定的限制。

条文注释

不执行行政拘留处罚,是指公安机关依法对违反治安管理行为人作出行政拘留决定,但考虑到行为人具有法定的特殊情况,而实际上对其不执行行政拘留。《宪法》和法律对保护公民的人身自由都作了明确规定,对未成年人、老年人和妇女的人身自由等合法权益的保护尤为重视,因此基于人道主义考虑,我国专门制定了《未成年人保护法》《老年人权益保障法》《妇女权益保障法》。例如《妇女权益保障法》第47条第2款规定,妇女在经期、孕期、产期、哺乳期受特殊保护。为体现对弱势群体的保护,本条规定的主体包括四种群体：一是已满14周岁不满16周岁的；二是已满16周岁不满18周岁，初次违反治安管理的；三是70周岁以上的；四是怀孕或者哺乳自己不满1周岁婴儿的。给予行政拘留处罚体现的是对行为人所实施的违反治安管理行为的否定性评价，只是不实际执行，表明对上述四种群体的特殊保护。

值得注意的是，2025年修订新增但书条款，即第1款第1项、第2项、第3项规定的行为人违反治安管理情节严重、影响恶劣的，或已满14周岁不满16周岁的行为人、70周岁以上的行为人，1年以内二次以上违反治安管理的，不受本条第1款规定的限制。之所以新增本款规定，对此种情形加大惩罚力度，即"一少一老"两类群体1年以内二次以上违反治安管理的，不受本条第1款规定的限制即可以执行行政拘留处罚。修订的原因在于，实践中此类行为人根据自身年龄情况，挑战不执行行政拘留制度，随意实施违反治安管理行为，扰乱社会秩序。此情形下符合前述条件的老少群体1年以内两次违反治安管理的，以前不执行拘留，但2025年修订后可以执行拘留，填补相关漏洞，旨在教育与惩戒并重，从而达到加大违法行为打击力度、挽救教育的多元目的。

适用要点

["初次违反治安管理"的认定]

根据《公安机关执行〈中华人民共和国治安管理处罚法〉有关问题的解释(二)》的规定，"初次违反治安管理"，是指行为人的违反治安管理行为第一次被公安机关发现或者查处。但具下列情形之一的，不属于"初次违反治安管理"：(1)曾违反治安管理，虽未被公安机关发现或者查处，但仍在法定追究时效内的；(2)曾因不满16周岁违反治安管理，不被行政拘留的；(3)曾违反治安管理，经公安机关调解结案的；(4)曾被专门矫治教育的；(5)曾因实施扰乱公共秩序，妨害公共安全，侵犯人身权利、财产权利，妨害社会管理的行为被人民法院判处刑罚或者免除刑事处罚的。

关联法规

《行政处罚法》第33条;《公安机关办理行政案件程序规定》第164条

第二十四条 【矫治教育措施】对依照本法第十二条规定不予处罚或者依照本法第二十三条规定不执行行政拘留处罚的未成年人,公安机关依照《中华人民共和国预防未成年人犯罪法》的规定采取相应矫治教育等措施。

条文注释

本条规定是2025年修订新增的内容,借鉴了相关法律法规的立法经验。《预防未成年人犯罪法》第41条规定,对有严重不良行为的未成年人,公安机关可以根据其具体情况,对其采取予以训诫、责令具结悔过等矫治教育措施。《监察法实施条例》第207条第1款规定,对于涉嫌行贿等犯罪的非监察对象,情节较轻,经审批不予移送起诉的,应当采取批评教育、责令具结悔过等方式处置。本条适用的条件包括三个方面:一是适用前提为存在不予处罚或者不执行行政拘留处罚的情形;二是适用主体为未成年人;三是适用措施为公安机关采取相应矫治教育等措施。

常见的矫治教育措施有训诫和责令具结悔过两种。训诫是指行为人实施了妨害社会管理或司法秩序等的行为,但程度较为轻微,尚不需要执行行政处罚的,由公安机关对其进行批评、教育,并责令其改正、不得再犯的一种措施。责令具结悔过,是公安机关以书面方式责令违法者保证悔改的一种比较轻微的措施,目的是使违法者认识到自己行为的违法性和危害性并加以改正,保证不再犯。训诫与责令具结悔过,是对违反治安管理行为人进行处罚以外的其他处置方式,虽不涉及当事人的人身权利,却是一种影响当事人声誉的处置方式。这两种措施都是责令当事人对自己的过错进行反省,回忆检查自身在思想和行为上所犯的错误,进一步反思错误原因,保证今后不再犯错的矫治教育措施。除此之外,根据《预防未成年人犯罪法》第41条规定,矫治教育措施还包括:责令赔礼道歉、赔偿损失;责令定期报告活动情况;责令遵守特定的行为规范,不得实施特定行为、接触特定人员或者进入特定场所;责令接受心理辅导、行为矫治;责令参加社会服务活动;责令接受社会观护,由社会组织、有关机构在适当场所对未成年人进行教育、监督和管束;其他适当的矫治教育措施。

适用要点

[对被拘留人依法采取训诫、责令具结悔过的情形]

《拘留所条例》第23条第1款规定,被拘留人有下列违法行为之一的,拘留所可以予以训诫、责令具结悔过或者使用警械:(1)哄闹、打架斗殴的;(2)殴打、欺侮他人的;(3)故意损毁拘留所财物或者他人财物的;(4)预谋或者实施逃跑的;(5)严重违反管理的其他行为。

关联法规

《刑法》第37条;《预防未成年人犯罪法》第41条

第二十五条 【追究时效】违反治安管理行为在六个月以内没有被公安机关发现的,不再处罚。

前款规定的期限,从违反治安管理行为发生之日起计算;违反治安管理行为有连续或者继续状态的,从行为终了之日起计算。

条文注释

须在法律规定的期限内,追究违反治安管理行为人的法律责任。本条第1款明确规定了违反治安管理行为的追究时效。追究时效又称追溯期,是指对违法犯罪行为追究法律责任的有效期限。违反治安管理行为的追究时效为6个月,即违反治安管理行为在6个月以内没有被公安机关发现的,不再处罚。所谓"被公安机关发现",不仅包括公安机关直接发现;还包括被公安机关间接发现,如受害人向公安机关报告,单位或群众举报等。因此,对于未过追究时效的违反治安管理行为,公安机关必须依法追究行为人的法律责任、给予治安管理处罚,体现了法律的尊严和执法的严肃性。对于已过追究时效的违反治安管理行为,公安机关不再追究法律责任,体现了治安管理处罚的教育与处罚相结合的原则,彰显维护了法律秩序安定性的价值取向。

本条第2款规定了追究时效的计算方法。"违反治安管理行为发生之日",是指违反治安管理行为完成或停止之日。其中的"连续状态",是指基于同一的或者概括的违反治安管理故意,连续实施数个独立的违反治安管理行为,构成性质同一的违反治安管理行为的状态。对于有连续状态的违反治安管理行为,从最后一个违反治安管理行为终了之日起计算追究时效。例如,行为人连续盗窃的,应从其最后一个盗窃行为实施完毕之日起开始计算追究时效。"继续状态"又称持续状态,是指违反治安管理行为及其所造成的不法状态在一定时间内处于持续状态。对于有继续状态的违反治安管理行为,从持续的违反治安管理行为终了之日起计算追究时效。比如非法拘禁的,应当从非法拘禁行为停止之日起开始计算追究时效。

适用要点

[违反治安管理行为人超过法定追究时效的后果]

根据《公安机关执行〈中华人民共和国治安管理处罚法〉有关问题的解释》的规定,公安机关对超过追究时效的违反治安管理行为不再处罚,但有违禁品的,应当依法予以收缴。可见,对违法行为不予追究,不代表不会产生任何法律后果。

关联法规

《行政处罚法》第36条;《公安机关办理行政案件程序规定》第154条

第三章 违反治安管理的行为和处罚

第一节 扰乱公共秩序的行为和处罚

第二十六条 【对扰乱单位、公共场所、公共交通和选举秩序行为的处罚】有下列行为之一的,处警告或者五百元以下罚款;情节较重的,处五日以上十日以下拘留,可以并处一千元以下罚款:

(一)扰乱机关、团体、企业、事业单位秩序,致使工作、生产、营业、医疗、教学、科研不能正常进行,尚未造成严重损失的;

(二)扰乱车站、港口、码头、机场、商场、公园、展览馆或者其他公共场所秩序的;

(三)扰乱公共汽车、电车、城市轨道交通车辆、火车、船舶、航空器或者其他公共交通工具上的秩序的;

(四)非法拦截或者强登、扒乘机动车、船舶、航空器以及其他交通工具,影响交通工具正常行驶的;

(五)破坏依法进行的选举秩序的。

聚众实施前款行为的,对首要分子处十日以上十五日以下拘留,可以并处二千元以下罚款。

条文注释

本条关于扰乱单位、公共场所、公共交通和选举秩序行为的认定具体分为六种情形。

1.扰乱单位秩序行为的认定

该行为侵犯的客体是单位秩序,指机关、团体的工作秩序,企业、事业单位的生产、营业、医疗、教学、科研秩序。该行为侵犯的对象是机关、团体、企业、事业单位。行为人往往企图通过实施这种行为给机关、团体、企业、事业单位施加压力。该行为在客观方面表现为扰乱机关、团体、企业、事业单位秩序,影响其工作、生产、营业、医疗、教学、科研的正常进行,尚未造成严重损失的行为。所谓"造成严重损失",是指妨碍了重要的公务活动,致使上述单位工作、生产、营业、医疗、教学、科研等秩序无法及时恢复,或者造成恶劣的社会影响等情形。扰乱,是指对单位的正常工作秩序进行干扰和破坏,影响其工作的正常进行。如果行为人的扰乱行为经有关人员劝阻后停止,没有造成影响和损失,则不受处罚。

2. 扰乱公共场所秩序行为的认定

该行为侵犯的客体是公共场所秩序。所谓"公共场所",是供公众从事社会生活的各种场所的总称。公共场所是提供给公众进行工作、学习、经济、文化、社交、娱乐、体育、参观、医疗、卫生、休息、旅游和满足部分生活需求所使用的一切公用建筑物、场所及其设施的总称。公共场所秩序,是指保证公众安全顺利的出入、使用公共场所所规定的公共行为准则。具体的公共场所有车站、港口、码头、机场、商场、公园、展览馆或者其他公共场所等。其他公共场所包括礼堂、公共食堂、游泳池、宾馆、饭店等供不特定多数人随时出入、停留、使用的场所。公共场所具有人员流动量大的特征,如果其秩序受到破坏,将会出现混乱状态,影响其他人的正常活动和公共场所的正常秩序。该行为在客观上表现为扰乱公共场所的秩序,常见表现有聚众起哄闹事、进行非法游行或者静坐示威、造成交通阻塞等。

3. 扰乱公共交通工具秩序行为的认定

该行为侵犯的直接客体是公共汽车、电车、城市轨道交通车辆、火车、船舶、航空器等公共交通工具的秩序。该行为在客观方面表现为扰乱公共汽车、电车、城市轨道交通车辆、火车、船舶、航空器或者其他公共交通工具的秩序。本条所称的公共交通工具,是指正在运行的公共汽车、电车、城市轨道交通车辆、火车、船舶、航空器或者其他公共交通工具,而不是指停放在车库内或停留在车站、码头待用的公共交通工具。扰乱,主要指不遵守有关公共交通工具秩序的规定,如无理取闹等。

4.妨碍交通工具正常行驶行为的认定

该行为侵犯的客体是机动车、船舶、航空器等交通工具的正常行驶秩序,在客观上表现为非法拦截或者强登、扒乘机动车、船舶、航空器以及其他交通工具,影响交通工具的正常行驶。机动车、船舶、航空器以及其他交通工具的范围,可结合法律规定确认。根据《道路交通安全法》第119条第3项的规定,机动车是指以动力装置驱动或者牵引,上道路行驶的供人员乘用或者用于运送物品以及进行工程专项作业的轮式车辆。

5.破坏选举秩序行为的认定

破坏选举秩序行为,是指在选举各级人大代表和国家机关领导人员时,以及在其他依照法律规定进行的选举过程中,以威胁、欺骗、贿赂、伪造选举文件、虚报选举票数、殴打选民、撕毁选举资料等手段,破坏选举或者妨害选民和代表自由行使选举权和被选举权,破坏依法进行的选举活动,尚不够刑事处罚的行为。该行为侵犯的客体是依法进行的选举活动的正常选举秩序,侵犯的对象是选举工作人员或选民、代表等。

6.聚众实施本条规定行为的处罚

根据本条第2款的规定,聚众实施前述五种行为的,对首要分子处10日以上15日以下拘留,可以并处2000元以下罚款。所谓首要分子,是指在聚众实施前款行为中起组织、策划作用的主要人员。

值得注意的是,2025年修订加大了处罚力度。将情节较轻的处罚幅度从"警告或者二百元以下罚款"改为"警告或者五百元以下罚款",将情节较重的处罚幅度从"可以并处五百元以下罚款"改为"可以并处一千元以下罚款"。

适用要点

[扰乱单位秩序"情节较重"的典型方式]

实践中判断该行为的情节轻重时,应结合行为人的动机、手段、目的、行为的次数、造成的后果等综合考虑。行为具有下列情形之一的,可以认定为"情节较重":(1)多次扰乱单位秩序的;(2)扰乱单位秩序过程中故意损毁办公用品、设施,或者损毁重要文件、档案材料,无法弥补的;(3)无理推拉、纠缠、辱骂、围攻他人,造成一定后果或者恶劣影响,或者有殴打他人的行为的;(4)围堵、封闭单位的主要出入通道,造成通道长时间堵塞的;(5)占据重要工作场所,时间较长,不听劝阻的。

[**违反治安管理的破坏选举秩序的行为与破坏选举罪如何界分**]

破坏选举罪,是指在选举各级人大代表和国家机关领导人员时,以暴力、威胁、欺骗、贿赂、伪造选举文件,虚报选举票数等手段,破坏选举或者妨害选民和代表自由行使选举权与被选举权,情节严重的行为。二者的主要区别在于,情节的轻重与危害的后果。情节不恶劣,没有造成严重后果的,如没有造成重大不良社会、政治影响,不构成破坏选举罪。

[**依法进行的选举的法律依据**]

依法进行的选举,是指依照《全国人民代表大会组织法》《全国人民代表大会和地方各级人民代表大会选举法》《地方各级人民代表大会和地方各级人民政府组织法》《村民委员会组织法》《城市居民委员会组织法》等法律、法规进行的选举活动。

关联法规

《刑法》第290条;《铁路法》第63条;《教育法》第72条;《道路交通安全法》第99条

第二十七条 【对扰乱考试秩序行为的处罚】在法律、行政法规规定的国家考试中,有下列行为之一,扰乱考试秩序的,处违法所得一倍以上五倍以下罚款,没有违法所得或者违法所得不足一千元的,处一千元以上三千元以下罚款;情节较重的,处五日以上十五日以下拘留:

(一)组织作弊的;

(二)为他人组织作弊提供作弊器材或者其他帮助的;

（三）为实施考试作弊行为，向他人非法出售、提供考试试题、答案的；

（四）代替他人或者让他人代替自己参加考试的。

条文注释

本条是2025年修订新增的内容。借鉴了《刑法》第284条之一关于组织考试作弊罪的规定，"在法律规定的国家考试中，组织作弊的，处三年以下有期徒刑或者拘役，并处或者单处罚金；情节严重的，处三年以上七年以下有期徒刑，并处罚金。为他人实施前款犯罪提供作弊器材或者其他帮助的，依照前款的规定处罚"。"规定的国家考试"，是指全国人民代表大会及其常务委员会、国务院制定的法律、行政法规所规定的考试。"作弊"，是指在考试中通过一系列隐瞒的手段使考生的成绩符合硬性标准的行为过程，属于一种非法过关、违规过关的行为。之所以新增本条规定，既是为了规制现实中比较严峻的考试作弊现象，也旨在与《刑法》中的组织考试作弊罪，非法出售、提供试题、答案罪，代替考试罪相衔接，发挥治安管理处罚的威慑、处罚与教育功能。

适用要点

[法律、行政法规规定的国家考试类型]

国家考试作为国家教育统一考试，是由各省级教育考试机构在省级考委和教育行政部门的领导下，组织与管理本地区的实施工作。根据有关法律规定，以下考试属于典型的"法律、行政法规规定的国家考试"：

（1）普通高等学校招生考试、研究生招生考试、高等教育自学考试、成人高等学校招生考试等国家教育考试；

（2）中央和地方公务员录用考试；

（3）国家统一法律职业资格考试、国家教师资格考试、注册会计师全国统一考试、会计专业技术资格考试、资产评估师资格考试、医师资格考试、执业药师职业资格考试、注册建筑师考试、建造师执业

资格考试等专业技术资格考试;

(4)其他依照法律由中央或者地方主管部门以及行业组织的国家考试。

法律规定的国家考试的类型非常广泛,一般难以穷尽式列举,基本的识别方法是从全国人民代表大会及其常务委员会制定的法律、国务院制定的行政法规中进行查找。考试作弊行为侵害考试秩序与教育公平,公安机关应依法对此类违法行为加以约束。

关联法规

《刑法》第284条之一;《教育法》第80条;《国家统一法律职业资格考试违纪行为处理办法》第8条

第二十八条 【对扰乱体育、文化等大型群众性活动秩序行为的处罚】有下列行为之一,扰乱体育、文化等大型群众性活动秩序的,处警告或者五百元以下罚款;情节严重的,处五日以上十日以下拘留,可以并处一千元以下罚款:

(一)强行进入场内的;

(二)违反规定,在场内燃放烟花爆竹或者其他物品的;

(三)展示侮辱性标语、条幅等物品的;

(四)围攻裁判员、运动员或者其他工作人员的;

(五)向场内投掷杂物,不听制止的;

(六)扰乱大型群众性活动秩序的其他行为。

因扰乱体育比赛、文艺演出活动秩序被处以拘留处罚的,可以同时责令其六个月至一年以内不得进入体育场馆、演出场馆观看同类比赛、演出;违反规定进入体育场馆、演出场馆的,强行带离现场,可以处五日以下拘留或者一千元以下罚款。

条文注释

根据《大型群众性活动安全管理条例》第2条第1款的规定,大型群众性活动是指法人或者其他组织面向社会公众举办的每场次预计参加人数达到1000人以上的活动,包括体育比赛活动,演唱会、音乐会等文艺演出活动,展览、展销等活动,游园、灯会、庙会、花会、焰火晚会等活动,人才招聘会、现场开奖的彩票销售等活动。本条规定了六种违反治安管理处罚的行为:

1. 强行进入场内

这是指不符合主办方等有关方面确定的入场条件而强行进入场内的情形。大型活动的主办方会设定一定的条件,确定其与其他参与者之间的权利义务关系,并确定入场的条件及凭证,没有此类凭证的不得入场。或虽持有票证,但不服从安全检查工作人员的安全检查而强行进入的情形。此为针对有封闭活动场所的大型活动所作的规定。

2. 违反规定在场内燃放烟花爆竹或者其他物品

在大型群众性活动场内擅自燃放烟花爆竹容易引发火灾或者导致现场秩序混乱,从而危及公共安全,发生群死群伤的事件。因此,对于文化、体育等大型群众性活动,应从管理规范上健全这一防范性要求,禁止在大型群众性活动场内擅自燃放烟花爆竹。其他物品包括衣物、报刊等。实践中一部分情绪激动的行为人,在大型活动现场有燃烧衣物、起哄闹事等行为,扰乱了现场秩序。

3. 展示侮辱性标语、条幅等物品

此种行为多发生在体育比赛等对抗性强的大型活动中,展示侮辱性标语、条幅等易挑起双方观众的对立情绪,伤害受侮辱一方运动员的比赛积极性,引发球员之间、观众之间的冲突,同时也对他人的人格权造成了侵害,必须从法律上对该行为加以禁止。

4. 围攻裁判员、运动员或者其他工作人员

围攻是指众人包围、攻击他人的行为。这是一种比较严重的扰乱大型群众性活动秩序的行为,直接影响到比赛等大型群众性活动的正常进行。实施此类行为的人员应当受到严厉的处罚。如果围攻行为导致他人轻微受伤,则在扰乱大型活动秩序和故意伤害中择一重行为处罚。如果对他人造成比较重的伤害,达到了刑事案件的立案标准,应依法追究行为人的刑事责任。

5.向场内投掷杂物,不听制止

在体育比赛等大型群众性活动中,观众情绪往往随着活动的进行而发生变化,有的观众为了发泄不满情绪向场内投掷矿泉水瓶、食品等杂物。这种行为容易对其他观众或者运动员造成伤害,同时也影响了比赛等大型活动的正常秩序。如果行为人向场内投掷杂物,不听工作人员制止,将给予其治安管理处罚。

6.扰乱大型群众性活动秩序的其他行为

其他行为包括在大型活动场内实施起哄滋事、煽动观众不满情绪,用恶意语言攻击运动员、裁判员等行为,妨碍大型活动正常进行,尚不构成刑事处罚的行为。

本条在2025年修改时作了更严格的处理,规定因扰乱体育比赛、文艺演出活动秩序被处以拘留处罚的,公安机关可以同时责令其6个月至1年以内不得进入体育场馆、演出场馆观看同类比赛,是对2012年《治安管理处罚法》中规定12个月不得进入的最新修订。同时新增规定,违反规定进入体育场馆、演出场馆的,强行带离现场,可以处5日以下拘留或者1000元以下罚款。

适用要点

[如何理解责令禁止观看比赛与强行带离现场]

本规定赋予公安机关采取两种行政强制措施的权力,包括禁止进入特定场所和强行带离现场。在适用这两种行政强制措施时应注意以下问题:(1)适用的条件之一是扰乱体育比赛秩序,条件之二是被处以行政拘留处罚,两者缺一不可。如果因扰乱体育比赛以外的其他大型活动秩序而被处以行政拘留,则不得适用禁止观看比赛的行政强制措施,或者因扰乱体育比赛秩序,情节不严重,只受到警告或罚款处罚的,也不能适用禁止观看同类比赛的行政强制措施。(2)因扰乱体育比赛秩序被处以拘留处罚的,可以同时责令其6个月至1年以内不得进入体育场馆观看同类比赛,也可以不责令,由公安机关根据行为人的主观恶性或者违法行为的严重程度来决定。此处还要注意对"同时"的理解,一般来说,责令禁止观看同类比赛,应与行政拘留处罚同时作出,不能事隔一段时间后再施以该种强制措施。(3)只能责令行为人不得进入体育场馆观看同类比赛。如某行为人因扰乱足球比赛秩序而受到行政拘留处罚,公安机关只能禁止其6个月至1年以内不得进入体育场馆观看足球比赛,但是行为人可以进入体育场馆观看篮球、排球、网球等其他比赛。

对于违反禁令进入体育场馆观看同类比赛的行为人,公安机关可以将其强行带离比赛现场。强行带离现场,是指公安机关及其人民警察在依法履行治安管理和制止违法犯罪职责时,将危害社会治安秩序或者威胁公共安全的人强行带离违法或者突发事件现场,或者再进行审查的行政强制措施。本条规定的"强行带离现场"只是带离,并未规定进行审查。执行该行政强制措施时,人民警察只要将行为人强行带离现场,达到禁止其观看同类比赛的目的即可。强行带离现场不一定都要使用强制手段,对于服从公安机关带离命令的可以不使用强制手段;对于拒不接受带离的,要使用强制手段,但在具体操作中公安机关应规范执法。

第二十九条 【对以故意散布谣言、谎报险情、投放虚假危险物质和扬言实施危险行为等形式扰乱社会秩序的行为的处罚】有下列行为之一的,处五日以上十日以下拘留,可以并处一千元以下罚款;情节较轻的,处五日以下拘留或者一千元以下罚款:

(一)故意散布谣言,谎报险情、疫情、灾情、警情或者以其他方法故意扰乱公共秩序的;

(二)投放虚假的爆炸性、毒害性、放射性、腐蚀性物质或者传染病病原体等危险物质扰乱公共秩序的;

(三)扬言实施放火、爆炸、投放危险物质等危害公共安全犯罪行为扰乱公共秩序的。

条文注释

与2012年《治安管理处罚法》相比,本条从严规定了处罚的力度,罚款数额从500元以下调整为1000元以下,具体规定了三种违

反治安管理的行为:

第一,故意散布谣言,谎报险情、疫情、灾情、警情或者以其他方法故意扰乱公共秩序的行为。该行为侵犯的客体是公共秩序,在客观上表现为散布谣言,谎报险情、疫情、警情或者以其他方法扰乱公共秩序。散布谣言,是指捏造没有事实根据的谣言并向他人进行传播的行为。如捏造并传播将要发生地震、战争的谣言。谎报险情、疫情、警情,是指编造火灾、水灾、地震、传染病暴发、火警、治安警情等虚假险情,向有关部门报告的行为。上述行为干扰了国家机关以及其他单位的正常工作,扰乱了公共秩序。

第二,投放虚假危险物质扰乱公共秩序的行为。危险物质,是指爆炸性、毒害性、放射性、腐蚀性物质和传染病病原体等物质。爆炸性物质,是指能在瞬间发生剧烈的化学反应,放出大量的高温高压气体,对周围介质产生巨大的破坏作用的物质。毒害性物质,是指少量或微量进入人体或动物机体内便能迅速发生中毒反应,很快致人或动物死亡的物质。放射性物质,是指通过原子核裂变能够自发的放出射线,发生放射性衰变的物质。腐蚀性物质,是指能够灼伤皮肤引起表层红肿、腐烂,误食会迅速破坏肠胃等组织器官,严重的可在短时间内导致死亡的物质。常见的腐蚀性物质,有硫酸、盐酸、硝酸等。传染病病原体,是指能够引起传染病的细菌、病毒等病原体物质。该行为在客观上主要表现为投放虚假的爆炸性、毒害性、放射性、腐蚀性物质和传染病病原体,行为人一般以邮寄、放置、丢弃等方式将虚假的类似于爆炸性、毒害性、放射性、腐蚀性物质和传染病病原体物质置于他人或者公众面前或者生活、工作场所周围。行为人投放的危险物质一定是虚假的,且产生的后果是扰乱了公共秩序,引起了一定范围内公众的恐慌,但没有严重扰乱公共秩序,否则将构成犯罪。

第三,扬言实施放火、爆炸、投放危险物质等危害公共安全犯罪行为扰乱公共秩序。扬言实施,既可以是口头的也可以是书面的,如通过书信、电子邮件等。行为人虽然并未实施放火、爆炸、投放行为,但其公开表达的方式使人相信其将实施上述行为,并且该行为造成了一定后果,如引起了一定范围人群的恐慌,扰乱了有关单位的正常生产、经营、科研秩序。行为人有的是出于报复目的,有的是故意制造事端,散布恐怖信息,扰乱社会秩序。

适用要点

[报警信息不准确与谎报警情的区别]

在日常生活中,公安机关及其人民警察承担着维护社会治安秩序,保护公民的人身和财产安全的重要法定职责。当遇到紧急危险时,第一时间向公安机关报警求助是多数人的首要选择。报警信息表述有误是否构成谎报警情违法行为,应结合事发现场情况,从报警行为的合法性和合理性两方面进行综合考量。如报警人主观上不存在谎报警情、故意扰乱公共秩序的意图,客观上表述的报警信息与事发现场情况基本吻合,不宜认定其构成谎报警情。

关联法规

《刑法》第291条;《互联网上网服务营业场所管理条例》第14条;《重大动物疫情应急条例》第48条

第三十条 【对寻衅滋事行为的处罚】有下列行为之一的,处五日以上十日以下拘留或者一千元以下罚款;情节较重的,处十日以上十五日以下拘留,可以并处二千元以下罚款:

(一)结伙斗殴或者随意殴打他人的;

(二)追逐、拦截他人的;

(三)强拿硬要或者任意损毁、占用公私财物的;

(四)其他无故侵扰他人、扰乱社会秩序的寻衅滋事行为。

条文注释

寻衅滋事是指行为人结伙斗殴、随意殴打他人、追逐、拦截他人,强拿硬要或者任意损毁、占用公私财物,横行霸道,以及其他寻衅滋事的行为。寻衅滋事多发生在公共场合,常常给公民的人身、人格或公私财产造成损害。寻衅滋事的原因多样,有的是为了填补精神上的空虚,有的是为了寻求刺激、发泄对社会的不满,或是在当地称霸一方,为了义气进行报复等。但寻衅滋事行为侵犯的不是特定的人身、人格或公私财产,而是社会秩序。值得注意的是,公民因民事纠纷等原因,追逐、拦截他人的,属于事出有因,并非无端生事,一般不宜将该行为认定为寻衅滋事行为。

实践中应注意区分寻衅滋事行为与寻衅滋事罪的界限,两者的关键区别在于情节是否恶劣,后果是否严重。寻衅滋事行为是一种普通违法行为,而寻衅滋事罪是刑事犯罪。构成寻衅滋事罪需要满足一定的构成要件,即情节恶劣、情节严重或者造成公共场所秩序严重混乱。根据《刑法》第293条的规定,寻衅滋事罪的刑期为5年以下有期徒刑、拘役或者管制。如果多次实施寻衅滋事行为,严重破坏社会秩序,刑期将达到5年以上10年以下有期徒刑,并可以并处罚金。而寻衅滋事行为的治安处罚标准为,处5日以上10日以下拘留或者1000元以下罚款;情节较重的,处10日以上15日以下拘留,可以并处2000元以下罚款。

适用要点

[如何理解结伙斗殴中的"斗殴"]

斗殴,即相争为斗、相击为殴,指双方或多方通过拳脚、器械等武力以求制胜的行为。对结伙斗殴中"斗殴"的理解,主要分歧在于"斗殴"是否包括仅有"殴打"的行为,即仅有一方具有斗殴的故意,而另一方并不具有斗殴的故意,能否认定为斗殴。实务中,对于仅有单方具有斗殴故意并实施殴打行为的情形,存在可供借鉴的处理规定。如《江苏省高级人民法院、江苏省人民检察院、江苏省公安厅关于办理聚众斗殴案件适用法律若干问题的意见》第1条第5项规定,一方有互殴的故意,并纠集三人以上,实施了针对对方多人或其中不特定一人的殴斗行为,而对方没有互殴故意的,对有互殴故意的一方也可以认定为聚众斗殴。因此,仅一方中有几人具有结伙情节且具有斗殴的故意,也存在被认定为结伙斗殴的可能性。

[结伙斗殴和聚众斗殴罪的辨析]

认定结伙斗殴行为,注意区分和聚众斗殴罪的区别。聚众斗殴是指组织、策划、指挥或者积极参加聚众斗殴,破坏社会秩序的行为。聚众斗殴情节恶劣的情形包括:多次聚众斗殴的;聚众斗殴次数少,但人数多、规模大、社会影响恶劣的;在公共场所或者交通要道聚众斗殴,造成社会秩序严重混乱的;持械聚众斗殴的;聚众斗殴,致人重伤、死亡或者造成其他严重后果的。聚众斗殴必须要有组织者、策划者,也就是平时说的召集人,且斗殴成员必须有一定的固定性。结伙斗殴不存在组织者、策划者,只要几个人凑在一起,就可以形成"结伙"这一情节。因而"聚众斗殴"比"结伙斗殴"的社会危害程度要严重,处罚也要更严厉。

关联法规

《刑法》第293条;《教育法》第72条;《预防未成年人犯罪法》第38条;《公安机关办理行政案件程序规定》第179条

第三十一条 【对利用封建迷信、会道门进行非法活动的行为的处罚】有下列行为之一的,处十日以上十五日以下拘留,可以并处二千元以下罚款;情节较轻的,处五日以上十日以下拘留,可以并处一千元以下罚款:

(一)组织、教唆、胁迫、诱骗、煽动他人从事邪教活动、会道门活动、非法的宗教活动或者利用邪教组织、会道门、迷信活动,扰乱社会秩序、损害他人身体健康的;

(二)冒用宗教、气功名义进行扰乱社会秩序、损害他人身体健康活动的;

(三)制作、传播宣扬邪教、会道门内容的物品、信息、资料的。

条文注释

本条包括三种违反治安管理的行为。

一是组织、教唆、胁迫、诱骗、煽动他人从事邪教活动、会道门活动、非法的宗教活动或者利用邪教组织、会道门、迷信活动,扰乱社会秩序、损害他人身体健康。组织,是指为组成、建立邪教组织、会道门、非法的宗教而展开的鼓动、纠集、纠合他人参加等组织活动。

教唆,是指行为人通过劝说、请求等方式唆使他人参加邪教、会道门、非法的宗教活动。胁迫,是指行为人通过暴力威胁或者精神威胁迫使他人参加邪教、会道门、非法的宗教。诱骗,是指行为人通过利诱、欺骗等手段拉拢他人参加邪教、会道门活动。煽动,是指行为人通过语言、文字鼓动他人从事邪教、会道门、非法的宗教活动。所谓会道门,是会门和道门等封建迷信组织的总称,在旧时代比较盛行,1949年以后受到严厉打击和坚决取缔。利用邪教组织、会道门、迷信活动,扰乱社会秩序、损害他人身体健康,是利用了人们的迷信心理。迷信,是在生产力低下、文化落后、群众知识缺乏的封建社会产生的以科学的对立物形式出现的一种信奉鬼神的唯心主义的宿命论。其信仰、崇拜和活动的形式带有浓厚的封建色彩,宣扬"得道升天""殉道"等异端邪说。该行为利用邪教、会道门、迷信活动,扰乱社会秩序、损害他人身体健康。该行为情节不严重,后果较小的,尚不构成刑事处罚。

二是冒用宗教、气功名义进行扰乱社会秩序、损害他人身体健康。冒用宗教、气功名义,是指行为人打着宗教、气功的幌子,实际上是进行迷信活动或者其他非法活动,扰乱社会秩序,损害他人身体健康。具体来说,冒用宗教、气功名义传播迷信反动思想,攻击我国《宪法》确立的国家制度;冒用宗教、气功名义蛊惑群众放弃工作、生产、学习,扰乱正常社会秩序;冒用宗教、气功名义制造、散布邪说,蒙骗其成员或者其他人实施绝食、自残、自虐等行为或者阻止病人进行正常的治疗,利用迷信、巫术等给他人治病,损害他人身体健康。

三是制作、传播宣扬邪教、会道门内容的物品、信息、资料。该款是2025年本法新增的内容,针对实践中存在的制作、传播宣扬邪教、会道门内容的物品、信息和资料的现象,本法作出相应调整。

另外,《宪法》规定了公民的宗教自由,正常的宗教活动以及以强身健体为目的的气功活动受国家保护。但冒用气功名义进行破坏社会秩序、损害公民身体健康的活动则是违法的,应承担法律责任。近年来在我国消失已久的会道门、非法的宗教和邪教组织在一些地方死灰复燃,其成员打着宗教或者练气功的幌子,大肆传播封建迷信思想,煽动反社会、反人类情绪,蛊惑人心,蒙骗群众,严重扰乱了社会秩序,并给人民群众的生命财产造成严重损害。为此,《刑法》规定了组织、利用会道门、邪教组织、利用迷信破坏法律实施罪和组织、利用会道门、邪教组织、利用迷信致人重伤、死亡罪。

适用要点

[传播邪教、会道门信息与散布封建迷信观点的差异]

邪教组织、会道门是指冒用宗教、气功或者其他名义建立,神化首要分子,利用制造、散布邪说等手段蛊惑、蒙骗他人,发展、控制成员,危害社会的非法组织。邪教组织有严格的管理制度,以各种控制方式甚至暴力犯罪等手段达到"教主"实施专制、满足个人野心、为所欲为的目的。制作、传播、为传播而持有宣扬邪教、会道门内容的物品、信息、资料的危害性很大,本条第3项对此种行为进行了明确禁止。而传统封建迷信没有组织形式和组织机构,封建迷信内容的传播者、制作者不存在危害社会的违法情节,与前者有所不同。因此,对于部分欠缺科学知识而制作、传播封建迷信物品、信息、资料,没有扰乱社会秩序、损害他人身体健康的行为,一般不进行处罚。

关联法规

《刑法》第300条;《违反公安行政管理行为的名称及其适用意见》第44—46条

第三十二条 【对干扰无线电通讯秩序行为的处罚】违反国家规定,有下列行为之一的,处五日以上十日以下拘留;情节严重的,处十日以上十五日以下拘留:

(一)故意干扰无线电业务正常进行的;

(二)对正常运行的无线电台(站)产生有害干扰,经有关主管部门指出后,拒不采取有效措施消除的;

(三)未经批准设置无线电广播电台、通信基站等无线电台(站)的,或者非法使用、占用无线电频率,从事违法活动的。

条文注释

本条是2025年修订的内容。与2012年《治安管理处罚法》相比，2025年修订侧重于加强对故意干扰无线电业务正常进行、未经批准设置无线电广播电台、通信基站等无线电台(站)的处罚力度，有利于增强与《刑法》中扰乱无线电通讯管理秩序罪的衔接。

一是对故意干扰无线电业务正常进行的行为的处罚。根据本条规定，干扰无线电业务正常进行，尚不够刑事处罚的，公安机关给予拘留处罚。根据无线电干扰所产生的危害程度和紧急程度，可将故意干扰无线电分级进行管理：一级为危及国家安全、公共安全、生命财产安全以及影响重大活动正常用频的无线电干扰，二级为严重影响党政机关、民用航空、广播电视和水上业务部门等重要用户依法开展无线电业务的无线电干扰，三级为其他无线电干扰。

二是对正常运行的无线电台(站)产生有害干扰，经有关主管部门指出后，拒不采取有效措施消除的处罚。依据本条第2项作出行政处罚的前提，是行为人拒不接受有关主管部门的责令改正而采取有效措施消除有害干扰。本条规定，公安机关给予拘留处罚，未设定其他行政处罚，但不完全意味着对行为人不能予以其他处罚。《无线电管理条例》第73条规定，使用无线电发射设备、辐射无线电波的非无线电设备干扰无线电业务正常进行的，由无线电管理机构责令改正，拒不改正的，没收产生有害干扰的设备，并处5万元以上20万元以下的罚款，吊销无线电台执照；对船舶、航天器、航空器、铁路机车专用无线电导航、遇险救助和安全通信等涉及人身安全的无线电频率产生有害干扰的，并处20万元以上50万元以下的罚款。

三是未经批准设置无线电广播电台、通信基站等无线电台(站)的，或者非法使用、占用无线电频率，从事违法活动的处罚。适用情形如下：未经批准设置无线电广播电台，即俗称的"黑广播"，非法使用广播电视专用频段的频率；未经批准设置通信基站，即俗称的"伪基站"，强行向不特定用户发送信息，非法使用公众移动通信频率；未经批准使用卫星无线电频率，从事违法活动。

另外，本条所指的"国家规定"，主要指《无线电管理条例》《无线电管制规定》等法律法规和相关法律制度。

2018年公安部发布的《公安机关对部分违反治安管理行为实施处罚的裁量指导意见》规定，有下列情形之一的，属于本条规定的"情节严重"：(1)造成较重危害后果或者较大社会影响的；(2)对事关国家安全、公共安全、国计民生的无线电业务、无线电台(站)进行干扰的；(3)长时间故意干扰无线电业务正常进行，或者对正常运行的无线电台(站)产生有害干扰的；(4)违法所得达到有关司法解释认定构成《刑法》第288条第1款规定的扰乱无线电通讯管理秩序罪"情节严重"标准50%以上的；(5)其他情节严重的情形。

适用要点

[对干扰无线电通讯秩序的行为的处罚]

根据本条的规定，干扰无线电通讯秩序，尚不够刑事处罚的，公安机关只能给予拘留处罚，未设定其他行政处罚。但这不意味着对行为人不能予以其他行政处罚。《无线电管理条例》第73条规定，使用无线电发射设备、辐射无线电波的非无线电设备干扰无线电业务正常进行的，由无线电管理机构责令改正，拒不改正的，没收产生有害干扰的设备，并处5万元以上20万元以下的罚款，吊销无线电台执照；对船舶、航天器、航空器、铁路机车专用无线电导航、遇险救助和安全通信等涉及人身安全的无线电频率产生有害干扰的，并处20万元以上50万元以下的罚款。

[如何区分该行为与扰乱无线电通讯管理秩序罪的界限]

该行为与扰乱无线电通讯管理秩序罪所侵犯的客体、行为的主观方面相同，两者的主要区别在于情节和后果不同。根据《刑法》第288条的规定，扰乱无线电通讯管理秩序罪的具体行为方式是法定的，包括擅自设置、使用无线电台(站)，或者擅自使用无线电频率，情节严重和特别严重的。故意干扰无线电通讯秩序的违反治安管理行为，未达到情节严重的，可予以一般治安管理处罚；情节严重的，应注意与刑事处罚的必要区分。

关联法规

《刑法》第288条;《无线电管理条例》第6条;《业余无线电台管理办法》第32条;《违反公安行政管理行为的名称及其适用意见》第47—48条

第三十三条 【对侵害计算机信息系统安全行为的处罚】 有下列行为之一,造成危害的,处五日以下拘留;情节较重的,处五日以上十五日以下拘留:

(一)违反国家规定,侵入计算机信息系统或者采用其他技术手段,获取计算机信息系统中存储、处理或者传输的数据,或者对计算机信息系统实施非法控制的;

(二)违反国家规定,对计算机信息系统功能进行删除、修改、增加、干扰的;

(三)违反国家规定,对计算机信息系统中存储、处理、传输的数据和应用程序进行删除、修改、增加的;

(四)故意制作、传播计算机病毒等破坏性程序的;

(五)提供专门用于侵入、非法控制计算机信息系统的程序、工具,或者明知他人实施侵入、非法控制计算机信息系统的违法犯罪行为而为其提供程序、工具的。

条文注释

本条规定的是对侵犯计算机信息系统安全行为的处罚。该行为包括:

第一,违反国家规定,侵入计算机信息系统或者采用其他技术手段,获取计算机信息系统中存储、处理或者传输的数据,或者对计算机信息系统实施非法控制。侵入,主要指未取得国家有关部门的授权或批准,通过计算机终端访问计算机信息系统或进行数据截取的行为,实践中通常表现通过破译、窃取、刺探、骗取电脑安全密码的手段,操作计算机进入上述信息系统。该行为违反了国家有关保护计算机安全的规定,如《计算机信息系统安全保护条例》《互联网上网服务营业场所管理条例》。

第二,违反国家规定,对计算机信息系统功能进行删除、修改、增加、干扰。删除,是指将原有的计算机信息系统功能删掉,使之不能正常运转。修改,是指对原有的计算机信息系统功能进行改动,使之不能正常运转。增加,是指在原有的计算机信息系统里增加某种功能,致使原有的功能受到影响或者破坏,无法正常运转。干扰,是指用删除、修改、增加以外的其他方法,破坏计算机信息系统功能,使之不能正常运转。

第三,违反国家规定,对计算机信息系统中存储、处理、传输的数据和应用程序进行删除、修改、增加。删除,是指将计算机信息系统中存储、处理、传输的数据和应用程序全部或者一部分删除。修改,是指将计算机信息系统中存储、处理、传输的数据和应用程序进行改动。增加,是指在计算机信息系统中增加新的数据和应用程序。

第四,故意制作、传播计算机病毒等破坏性程序。计算机病毒,是指破坏计算机功能,或者毁坏计算机信息系统内存储的数据,影响计算机使用,并可自我复制的一组计算机指令或程序代码。破坏性程序,是指隐藏在可执行程序中或者数据文件中,在计算机内部运行的一种干扰程序。

第五,提供专门用于侵入、非法控制计算机信息系统的程序、工具,或者明知他人实施侵入、非法控制计算机信息系统的违法犯罪行为而为其提供程序、工具。"提供"既包括出售等有偿提供,也包括提供免费下载等行为;既包括直接提供给他人,也包括在网上供他人下载等。根据本项规定,为他人提供实施侵入、非法控制计算机信息系统的程序、工具的行为包括两种情形:一是提供专用程序、工具。这是指行为人所提供的程序、工具只能用于实施非法侵入、非法控制计算机信息系统的用途。二是行为人明知他人实施侵入、非法控制计算机信息系统的违法犯罪行为而为其提供程序、工具,是指从行为人所提供的程序、工具本身的属性看,其可以用于非法用途,也可以用于合法用途,即仅凭程序、工具本身的性质尚不能够完全确定行为人所实施行为的违法性。这是本次修订新增加的规定,与《刑法》规定的提供侵入、非法控制计算机信息系统程序、工具罪相衔接。

适用要点

[实践中本条常见的"情节较重"情形]

(1)造成被侵入系统单位的商业秘密、公民个人信息泄露、数据丢失等较大危害的;(2)侵入国家机关、涉密单位、防范恐怖袭击重点目标单位或者治安保卫重点单位的计算机信息系统,造成危害的。

关联法规

《刑法》第285条;《计算机信息系统安全保护条例》第20—27条;《电信条例》第57条

第三十四条 【对组织、领导传销活动和胁迫、诱骗他人参加传销活动的处罚】组织、领导传销活动的,处十日以上十五日以下拘留;情节较轻的,处五日以上十日以下拘留。

胁迫、诱骗他人参加传销活动的,处五日以上十日以下拘留;情节较重的,处十日以上十五日以下拘留。

条文注释

本条是2025年修订新增的内容,旨在规制仍未完全消除的传销活动。传销是指组织者发展人员,通过对被发展人员以其直接或者间接发展的人员数量或者业绩为依据计算和给付报酬,或者以要求被发展人员以交纳一定费用为条件取得加入资格等方式获得财富的违法行为。

本条分为两项内容。一是组织、领导传销活动。组织、领导传销活动是指组织、领导以推销商品或提供服务等经营活动为名,要求参加者以缴纳费用或者购买商品、服务等方式获得加入资格,而且按照一定顺序组成层级,直接或者间接以发展人员的数量作为计酬或者返利依据,实施引诱、胁迫参加者继续发展他人参加,骗取财物,扰乱经济社会秩序的活动。二是胁迫、诱骗他人参加传销活动。

胁迫,是指行为人通过暴力威胁或者精神威胁迫使他人参加传销活动。诱骗,是指行为人通过利诱、欺骗等手段拉拢他人参加传销活动。

适用要点

[传销活动组织者、领导者的认定]

根据《最高人民法院、最高人民检察院、公安部关于办理组织领导传销活动刑事案件适用法律若干问题的意见》第2条第1款的规定,下列人员可以认定为传销活动的组织者、领导者:一是在传销活动中起发起、策划、操纵作用的人员;二是在传销活动中承担管理、协调等职责的人员;三是在传销活动中承担宣传、培训等职责的人员;四是曾1年以内因组织、领导传销活动受过行政处罚,又直接或者间接发展参与传销活动人员在15人以上且层级在三级以上的人员;五是其他对传销活动的实施、传销组织的建立、扩大等起关键作用的人员。

关联法规

《刑法》第224条;《禁止传销条例》第13条

第三十五条 【对亵渎英雄烈士,美化侵略,公共场所佩戴宣扬、美化侵略行为服饰等行为的处罚】有下列行为之一的,处五日以上十日以下拘留或者一千元以上三千元以下罚款;情节较重的,处十日以上十五日以下拘留,可以并处五千元以下罚款:

(一)在国家举行庆祝、纪念、缅怀、公祭等重要活动的场所及周边管控区域,故意从事与活动主题和氛围相违背的行为,不听劝阻,造成不良社会影响的;

(二)在英雄烈士纪念设施保护范围内从事有损纪念英雄烈士环境和氛围的活动,不听劝阻的,或者侵占、破坏、污损英雄烈士纪念设施的;

(三)以侮辱、诽谤或者其他方式侵害英雄烈士的姓名、肖像、名誉、荣誉,损害社会公共利益的;

（四）亵渎、否定英雄烈士事迹和精神，或者制作、传播、散布宣扬、美化侵略战争、侵略行为的言论或者图片、音视频等物品，扰乱公共秩序的；

（五）在公共场所或者强制他人在公共场所穿着、佩戴宣扬、美化侵略战争、侵略行为的服饰、标志，不听劝阻，造成不良社会影响的。

【条文注释】

本条是2025年修订新增的重点内容，核心目标是发挥《治安管理处罚法》保护英雄烈士和社会公德的作用，弘扬中华民族精神。英雄烈士的事迹和社会公德是中华民族共同的历史记忆和宝贵的精神财富，英雄不容亵渎、先烈不容诋毁。近年来社会上不乏有些人通过网络、书刊等丑化、诋毁、贬损、质疑英雄烈士，歪曲历史特别是近现代历史，侵害英雄烈士的姓名、肖像、名誉、荣誉，并损害英雄烈士纪念设施，造成了恶劣社会影响。鉴于此，2018年第十三届全国人民代表大会常务委员会第二次会议全票通过《英雄烈士保护法》，该法重在宣示国家和人民永远铭记、尊崇一切为国家和民族作出牺牲和贡献的英雄烈士，表明捍卫英雄烈士的鲜明价值导向。本法新增关于英雄烈士保护的相关规定，旨在传承弘扬英雄烈士精神，培育和践行社会主义核心价值观。

本条明确了违法行为的场景、条件和事由。如"在国家举行庆祝、纪念、缅怀、公祭等重要活动的场所及周边管控区域"以及"在英雄烈士纪念设施保护范围内"，使法律条文更具针对性。本条重点包括了损害英雄烈士纪念设施、美化侵略战争、侵略行为等有损中华民族感情和中华民族精神的处罚规定。中华民族精神是一个涵盖了历史、文化、政治等多个方面的复杂概念。中华民族精神是以爱国主义为核心，以改革创新为要求，以团结奋斗为保障，以和平发展为目标的综合体现。近年来借助穿着、佩戴相关服饰、标志，发表、传播言论，歌颂军国主义、极端主义、侵略主义的倾向有所"抬头"，2025年修订加强了对这些方面的约束，具体从五个方面作出禁止性规定,涉及个人自由、权利限度、公共利益、中华民族精神等多个方面的要点,目的是保护国家安全、社会稳定和弘扬中华民族精神。实施上述行为将被视为违法,可能会被处以最高3000元的罚款和最长15日的行政拘留。以上法律条款的具体化,提供了更清晰的行为指引和处罚标准。

适用要点

["英雄烈士"的判断]

根据《英雄烈士保护法》《刑法》的规定,"英雄烈士"主要是指近代以来,为了争取民族独立和人民解放,实现国家富强和人民幸福,促进世界和平和人类进步而毕生奋斗、英勇献身的英雄烈士。治安管理处罚适用中对英雄烈士的认定,须重点注意把握以下几点:

(1)英雄烈士的时代范围主要为"近代以来",重点是中国共产党、人民军队和中华人民共和国历史上的英雄烈士。英雄烈士既包括个人,也包括群体;既包括有名英雄烈士,也包括无名英雄烈士。

(2)经依法评定为烈士的,应当认定其为《刑法》第299条之一规定的"英雄烈士";已牺牲、去世,尚未评定为烈士,但其事迹和精神为我国社会普遍公认的英雄模范人物或者群体,可以被认定为"英雄烈士"。

(3)侮辱、诽谤或者以其他方式侵害健在的英雄模范人物或者群体名誉、荣誉,构成违反治安管理秩序的,适用本法其他相关规定追究法律责任。但是被侵害群体中既有已经牺牲的烈士,也有健在的英雄模范人物的,可以统一适用本条规定。

关联法规

《刑法》第299条之一;《英雄烈士保护法》第10条;《爱国主义教育法》第6条

第二节 妨害公共安全的行为和处罚

第三十六条 【对违反危险物质管理规定行为的处罚】违反国家规定,制造、买卖、储存、运输、邮寄、携带、使用、提供、处置爆炸性、毒害性、放射性、腐蚀性物质或者传染病病原体等危险物质的,处十日以上十五日以下拘留;情节较轻的,处五日以上十日以下拘留。

条文注释

违反危险物质管理规定行为侵犯的客体是公共安全和国家对危险物质的管理制度,行为人在客观上表现为违反国家有关危险物质的管理规定,制造、买卖、储存、运输、邮寄、携带、使用、提供、处置危险物质。这类行为之所以要受到处罚,其前提条件是违反"国家规定",具有社会危害性。"国家规定",主要指与危险物质的制造、买卖、储存、运输、使用、进出口以及其他管理有关的法律、行政法规,如《传染病防治法》《放射性污染防治法》《民用爆炸物品安全管理条例》《危险化学品安全管理条例》等。对于危险物质的制造、买卖、储存、运输、邮寄、携带、使用、提供和处置,已有明确的法律规定,如《危险化学品安全管理条例》第4条第2款规定:"生产、储存、使用、经营、运输危险化学品的单位(以下统称危险化学品单位)的主要负责人必须对本单位的危险化学品安全管理工作全面负责。"应指出的是,行为人实施的上述行为必须情节较轻尚不够刑事处罚,才能根据本条规定给予治安处罚。如果上述行为危及公共安全,即有危害不特定多数人生命、健康和重大公私财产的现实危险性,则构成犯罪,按照《刑法》规定的非法制造、买卖、运输、储存危险物质罪和非法携带危险物品危及公共安全罪等追究刑事责任。

本条规定的"制造",是指行为人违反国家规定私自以各种方法生产爆炸性、毒害性、放射性、腐蚀性物质或者传染病病原体等危物质的行为。"买卖",是指行为人非法购买或者出售爆炸性、毒害性、放射性、腐蚀性物质和传染病病原体等危险物质的行为。"储存"是指行为人明知他人非法制造、买卖、运输、邮寄上述危险物品而为其存放的行为。"携带",是指行为人违反国家有关规定,随身携带上述危险物质进入公共场所或者乘坐公共交通工具的行为。"使用",是指行为人违反国家有关规定,擅自使用上述危险物质的行为。"提供",是指行为人非法出借、进出口或者赠予他人危险物质的行为。"处置",是指将危险物质焚烧和用其他改变危险物质的物理、化学、生物特性的方法,达到减少已产生的危险物质数量、缩小危险物质体积、减少或者消除其危险成分的行为,或者将危险物质最终置于符合环境保护规定要求的填埋场的行为,如将放射性废物在处置设施中放置、封闭等。

适用要点

[如何区分违反危险物质管理的治安管理行为与犯罪行为]

违反危险物资管理的违法行为必须是情节较轻且尚不够刑事处罚的行为。如果该行为危及公共安全,即有危害不特定多数人生命、健康和重大公私财产的现实危险性,则构成犯罪,按照《刑法》第125条规定的非法制造、买卖、运输、储存危险物质罪等定罪量刑。根据2018年公安部发布的《公安机关对部分违反治安管理行为实施处罚的裁量指导意见》的规定,有下列情形之一的属于"情节较轻":(1)违反国家规定,制造、买卖、储存、运输、携带危险物质数量较少或者未达到有关刑事立案追诉标准10%的;(2)违反国家规定,制造、买卖、储存、运输危险物质造成直接经济损失未达到有关刑事立案追诉标准10%的;(3)违反国家规定,处置危险物质数量未达到有关司法解释认定构成《刑法》第388条规定的"严重污染环境"标准10%的;(4)违反国家规定,处置危险物质违法所得或者致使公私财产损失未达到有关司法解释认定构成《刑法》规定的"严重污染环境"标准10%的;(5)其他情节较轻的情形。

关联法规

《刑法》第125、130条;《传染病防治法》第3条;《反恐怖主义

法》第 22 条

第三十七条 【对危险物质被盗、被抢、丢失不报行为的处罚】爆炸性、毒害性、放射性、腐蚀性物质或者传染病病原体等危险物质被盗、被抢或者丢失,未按规定报告的,处五日以下拘留;故意隐瞒不报的,处五日以上十日以下拘留。

条文注释

爆炸性、毒害性、放射性、腐蚀性物质和传染病病原体等危险物质被盗、被抢或者丢失,流失在社会上会给群众的生命财产安全带来巨大隐患。单位或个人在其所有的危险物质被盗、被抢或者丢失后因怕承担责任,而不按照规定向公安机关报告,甚至隐瞒不报的行为,是一种较为严重的危害公共安全的行为,除了依照相关法规给予处罚,还须给予行政拘留,以示惩戒。具体来说,危险物质是指具有爆炸性、毒害性、放射性、腐蚀性的物质和传染病病原体等物质。常见的爆炸性物质包括雷管、导火索、导爆管、非电导爆系统等各种起爆器材。毒害性物质包括氰化物、磷化物、砷化物等;有机剧毒物品,如氯苯乙酮、苯肼化二氯、阿托品、吗啡、海洛因及其盐类化合物、部分农药。放射性物质,是指通过原子核裂变能够放出射线,发生放射性衰变的物质。常见的腐蚀性物质有硫酸、盐酸、硝酸等。传染病病原体,是指能够引起传染病的细菌、病毒等病原体物质。故意隐瞒不报,是指危险物质被盗、被抢或者丢失后,隐瞒实际情况,而不如实报告的行为。

当前不少法律对这类危险物质作出了规定。如《危险化学品安全管理条例》第 23 条第 1 款规定,发现剧毒化学品、易制爆危险化学品丢失或者被盗的,应当立即向当地公安机关报告。《易制爆危险化学品治安管理办法》第 20 条中规定:"易制爆危险化学品在道路运输途中丢失、被盗、被抢或者出现流散、泄漏等情况的,驾驶人员、押运人员应当立即采取相应的警示措施和安全措施,并向公安机关报告"。《放射性污染防治法》第 33 条第 1 款规定:"生产、销售、使用、贮存放射源的单位,应当建立健全安全保卫制度,指定专人负责,落实安全责任制,制定必要的事故应急措施。发生放射源丢失、被盗和放射性污染事故时,有关单位和个人必须立即采取应急措施,并向公安部门、卫生行政部门和环境保护行政主管部门报告。"

适用要点

[民用爆炸物品从业单位发现民用爆炸物品丢失、被盗、被抢不报的定性和处罚]

本条与《民用爆炸物品安全管理条例》第50条发生竞合。民用爆炸物品丢失、被盗、被抢不报的,违法行为名称表述为"危险物质(民用爆炸物品)被盗、被抢、丢失不报"。对单位进行处罚的法律依据适用《民用爆炸物品安全管理条例》第50条;对其直接负责的主管人员和其他直接责任人员作出拘留处罚的法律依据适用本条。

关联法规

《刑法》第130条;《放射事故管理规定》第21—28条;《药品类易制毒化学品管理办法》第43条

第三十八条 【对非法携带管制器具行为的处罚】非法携带枪支、弹药或者弩、匕首等国家规定的管制器具的,处五日以下拘留,可以并处一千元以下罚款;情节较轻的,处警告或者五百元以下罚款。

非法携带枪支、弹药或者弩、匕首等国家规定的管制器具进入公共场所或者公共交通工具的,处五日以上十日以下拘留,可以并处一千元以下罚款。

条文注释

该行为侵犯的是公共安全和国家对枪支、弹药等管制器具的管理制度。该行为在客观上主要表现为,非法携带枪支、弹药或者弩、匕首等国家规定的管制器具以及非法携带枪支、弹药或者弩、匕首等国家规定的管制器具进入公共场所、公共交通工具。携带,是指随身携带或者放入行李、包裹中托运物品的行为,包括公开携带和秘密隐藏携带。非法携带,是指违反有关法规、规章携带上述物品的行为。相关法律规范包括《枪支管理法》《民用航空法》《公安部对部分刀具实行管制的暂行规定》等。根据《枪支管理法》第46条的规定,枪支是指以火药或者压缩气体等为动力,利用管状器具发射金属弹丸或者其他物质,足以致人伤亡或者丧失知觉的各种枪支。管制器具,是指弩、管制刀具等其他需要进行管制的物品。弩,是指利用弹簧装置发射箭头、钢球的器具,一般用于狩猎,由于其杀伤力较强,可以致人重伤或者死亡。非法携带上述物品的行为,必须是情节轻微且没有严重危及公共安全的,如果情节严重,则构成犯罪。

适用要点

[如何界分该行为与非法携带枪支、弹药、管制刀具、危险物品危及公共安全罪]

非法携带枪支、弹药、管制刀具、危险物品危及公共安全罪,是指行为人非法携带枪支、弹药、管制刀具或者其他危险物品,进入公共场所或者公共交通工具,危及公共安全,情节严重的行为。两者的界限主要在于非法行为情节的轻重。非法携带枪支、弹药、爆炸物进入公共场所或者公共交通工具,危及公共安全,具有下列情形之一的,属于"情节严重":(1)携带枪支或者手榴弹的;(2)携带爆炸装置的;(3)携带炸药、发射药、黑火药500克以上或者烟火药1000克以上、雷管20枚以上,或者导火索、导爆索20米以上的;(4)携带的弹药、爆炸物在公共场所或者公共交通工具上发生爆炸或者燃烧,尚未造成严重后果的;(5)具有其他严重情节的。

[关于少数民族佩带刀具乘坐火车的处理]

针对部分少数民族有长期佩带刀具的习惯,根据2001年《公安部关于对少数民族人员佩带刀具乘坐火车如何处理问题的批复》的规定,少数民族人员只能在民族自治地区佩带、销售和使用藏刀、腰刀、靴刀等民族刀具;在非民族自治地区,只要少数民族人员所携带的刀具属于管制刀具范围,公安机关就应当严格按照相应规定予以管理。凡公安工作中涉及的此类有关少数民族的政策、法律规定,各级公安机关应当积极采取多种形式广泛宣传,特别是要加大在车站等人员稠密的公共场所及公共交通工具上的宣传力度。少数民族人员违反《铁路法》和《铁路安全管理条例》携带管制刀具进入车站、乘坐火车的，由公安机关依法予以没收，但在本少数民族自治地区携带具有特别纪念意义或者比较珍贵的民族刀具进入车站的，可以由携带人交其亲友带回或者交由车站派出所暂时保存并出具相应手续，携带人返回时领回；对不服从管理，构成违反治安管理行为的，依法予以治安处罚；构成犯罪的，依法追究其刑事责任。

关联法规

《刑法》第130条；《娱乐场所管理条例》第22条；《公安部关于严厉打击违反爆炸物品枪支弹药管理违法犯罪活动的通告》

第三十九条 【对盗窃、损毁公共设施行为的处罚】有下列行为之一的，处十日以上十五日以下拘留；情节较轻的，处五日以下拘留：

（一）盗窃、损毁油气管道设施、电力电信设施、广播电视设施、水利工程设施、公共供水设施、公路及附属设施或者水文监测、测量、气象测报、生态环境监测、地质监测、地震监测等公共设施，危及公共安全的；

（二）移动、损毁国家边境的界碑、界桩以及其他边境标志、边境设施或者领土、领海基点标志设施的；

（三）非法进行影响国（边）界线走向的活动或者修建有碍国（边）境管理的设施的。

条文注释

本条与《刑法》关于破坏边界管理和测量标志的犯罪、破坏电力设备罪等作了衔接。《刑法》第118条规定，破坏电力、燃气或者其他易燃易爆设备，危害公共安全，尚未造成严重后果的，处3年以上10年以下有期徒刑。涉及的盗窃、损毁油气管道、电力电信等公共设施的违反治安管理行为。《刑法》规定了破坏界碑、界桩罪，而这些破坏边界管理的行为尚不构成犯罪的，本法作了治安处罚规定。

1. 盗窃、损毁油气管道、电力电信等公共设施行为的认定

该行为在客观上表现为：盗窃、损毁油气管道设施、电力电信设施、广播电视设施，水利工程设施，公共供水设施、公路及附属设施，或者水文监测、测量、气象测报、生态环境监测、地质监测、地震监测等公共设施，危及公共安全。盗窃，是指以非法占有为目的，秘密窃取公私财物的行为。损毁，是指破坏物品、设施的完整性，使其失去正常的使用价值和功能的行为。行为人的动机是将盗窃的设备、设施变卖获得非法利益；有的是为了发泄不满，故意损坏上述设施。油气管道设施、电力电信设施、广播电视设施等公共设施具体范围，一般都有法律规范的明确规定。如《电力设施保护条例》第 8 条规定，发电设施、变电设施的保护范围：(1)发电厂、变电站、换流站、开关站等厂、站内的设施；(2)发电厂、变电站外各种专用的管道(沟)、储灰场、水井、泵站、冷却水塔、油库、堤坝、铁路、道路、桥梁、码头、燃料装卸设施、避雷装置、消防设施及其有关辅助设施；(3)水力发电厂使用的水库、大坝、取水口、引水隧洞(含支洞口)、引水渠道、调压井(塔)、露天高压管道、厂房、尾水渠、厂房与大坝间的通信设施及其有关辅助设施。

2. 移动、损毁国家边境标志、设施或者领土、领海基点标志设施行为的认定

该行为侵犯的客体是国家边境的正常秩序，侵犯的对象是国家的边境标志、设施或者领土、领海标志设施。该行为在客观上表现为：移动、损毁国家边境的界碑、界桩以及其他边境标志、边境设施或者领土、领海标志设施。移动，是指将界碑、界桩从其本来的位置移至其他位置，从而改变边境线的走向。损毁，是指将界碑、界桩砸毁、拆除、挖掉、盗走或者改变其原样，从而使其失去原有的意义和作用。界碑、界桩，是指我国政府与邻国按照条约规定或者历史上实际形成的管辖范围，在陆地接壤地区埋设的指示边境分界及走向的标志物。其他边境标志、边境设施，是指边境的地名标志、指示标志、铁丝网等。领土、领海基点标志设施，是指为了保护领土、领海不被风雨等自然因素损毁、吞噬而修建的设施。

3. 非法进行影响国(边)界线走向的活动或者修建有碍国(边)境管理设施行为的认定

该行为侵犯的客体是国家边境的正常管理秩序,侵犯的对象是国家的国(边)界线。该行为在客观上表现为:非法进行影响国(边)界线走向的活动或者修建有碍国(边)境管理的设施,如在国(边)界河非法进行采矿、挖沙等活动,导致河流改道而影响国(边)界线走向;在国(边)境一定的距离内修建房屋或者其他设施等情形。

适用要点

[违反治安管理的移动、损毁国家边境的界碑、界桩以及其他边境标志、边境设施行为与破坏界碑、界桩罪的界分]

破坏界碑、界桩罪是指明知是国家设立在边境上的界碑、界桩而故意加以破坏的行为。破坏行为,主要是指捣毁、盗窃、拆除、损坏、掩埋、移动位置等。不论采取什么方法,只要使国家边境的界碑、界桩失去原有作用的,都应视作破坏行为。二者的区别在于情节的严重性以及后果大小的不同等方面。如果行为人破坏国家边境的界碑、界桩的数量较多,破坏程度较大,属于情节严重,构成犯罪。

关联法规

《刑法》第118、124、323条;《电力设施保护条例》第8条

第四十条 【对妨碍航空器飞行安全、妨碍公共交通安全行为的处罚】 盗窃、损坏、擅自移动使用中的航空设施,或者强行进入航空器驾驶舱的,处十日以上十五日以下拘留。

在使用中的航空器上使用可能影响导航系统正常功能的器具、工具,不听劝阻的,处五日以下拘留或者一千元以下罚款。

盗窃、损坏、擅自移动使用中的其他公共交通工具设施、设备,或者以抢控驾驶操纵装置、拉扯、殴打驾驶人员等方式,干扰公共交通工具正常行驶的,处五日以下拘留或者一千元以下罚款;情节较重的,处五日以上十日以下拘留。

第三章 违反治安管理的行为和处罚 89

条文注释

　　航空设施是保证飞机安全起飞、降落和飞行的重要保障。建设完善的公共交通工具与航空设施需要大量的财力、物力和人力的投入，同时特别需要注意日常的养护。《民用航空法》《刑法》等相关法律对盗窃或者故意损毁、移动使用中的公共交通工具、航行设施，危及安全的行为已作出明确规定，对保障公共交通正常运转和航空器的飞行安全，以及维护人民群众的生命和财产安全，发挥积极作用。本条第2款是关于对在使用中的航空器上使用可能影响导航系统正常功能的器具、工具的处罚规定。这是指在使用中的航空器中，故意使用可能影响航空飞行安全的器具、工具，如移动电话、游戏机，不听劝阻的。

　　本条2025年修订新增对盗窃、损坏、擅自移动使用中的其他公共交通工具设施、设备，或者以抢控驾驶操纵装置等方式干扰公共交通工具正常行驶行为的处罚。公共交通工具是指从事旅客运输的各种公共汽车，大、中型出租车，火车，船只，飞机等正在运营中的出行工具。盗窃、损坏、擅自移动使用、强行闯入等行为对公共交通工具的正常运行危害特别大，容易干扰驾驶人员对公共交通工具的操控，影响驾驶人员安全驾驶，需要受到法律制裁。抢控驾驶操纵装置等行为是指非驾乘人员不听劝阻，进入公共交通工具干扰正常驾驶的行为。为保证驾驶人员不受任何干扰，驾驶舱与乘车空间是分离的。近年来部分乘客以抢夺方向盘或者拉扯、殴打驾驶人员等方式，干扰公共交通工具正常行驶的现象较为严重，危及社会公共安全，必须对其予以严厉处罚。因此，2025年修订对此作了专门规定。

适用要点

[**抢夺方向盘的行为受到的处罚**]

　　乘客抢夺司机方向盘的行为违反了《治安管理处罚法》和《刑法》的相关规定。只要在司机驾驶过程中乘客有抢方向盘的这种行为，在没有造成危害后果的情况下，依法按照本法对乘客进行行政拘留或罚款；如果情节严重，有可能涉嫌以危险方法危害公共安全罪。从抢夺方向盘的行为定性来看，其一定程度上既危害到车辆上其他乘客的安全,也危及道路上行人以及其他车辆的正常驾驶安全。根据《刑法》的规定,其侵犯的客体是公共安全,即不特定多数人的生命、健康或者重大公私财产安全。在实践中抢夺方向盘导致车辆发生交通事故的,很多是以危险方法危害公共安全罪进行定罪量刑。

关联法规

《刑法》第116、117条;《民用航空法》第88、197条

第四十一条 【对妨碍铁路、城市轨道交通行为的处罚】有下列行为之一的,处五日以上十日以下拘留,可以并处一千元以下罚款;情节较轻的,处五日以下拘留或者一千元以下罚款:

(一)盗窃、损毁、擅自移动铁路、城市轨道交通设施、设备、机车车辆配件或者安全标志的;

(二)在铁路、城市轨道交通线路上放置障碍物,或者故意向列车投掷物品的;

(三)在铁路、城市轨道交通线路、桥梁、隧道、涵洞处挖掘坑穴、采石取沙的;

(四)在铁路、城市轨道交通线路上私设道口或者平交过道的。

条文注释

本条规定的行为及其处罚分为四种:

第一,盗窃、损毁、擅自移动铁路、城市轨道交通设施、设备、机车车辆配件或者安全标志。该行为在客观上表现为盗窃、损毁、擅自移动铁路、城市轨道交通设施、设备、机车车辆配件或者安全标志。铁路设施、城市轨道交通设施设备、机车车辆配件和安全标志包括铁路钢轨、夹板、扣件等,机车的安全阀、电缆、闸瓦钎、拉杆等,信号灯、信号机变压器等。铁路设施是保障铁路正常运行不可或缺的设备,《铁路安全管理条例》已对盗窃、损毁铁路设施的行为作出规定进行惩戒。

第二,在铁路、城市轨道交通线路上放置障碍物,或者故意向列

车投掷物品。该行为在客观方面表现为在铁路、城市轨道交通线路上放置障碍物，或者故意向列车投掷物品。《铁路安全管理条例》第77条第3项规定，禁止在铁路线路上放置、遗弃障碍物，危害铁路安全。在铁路线路、城市轨道交通线路上放置障碍物，轻则延误列车时间，重则造成车毁人亡的事故，障碍物包括石头、木头等物品。

第三，在铁路、城市轨道交通线路、桥梁、隧道、涵洞处挖掘坑穴、采石取沙。该行为在客观方面表现为在铁路线路、城市轨道交通线路桥梁、隧道、涵洞处挖掘坑穴、采石取沙。《铁路法》第46条第1款规定，在铁路线路和铁路桥梁、涵洞两侧一定距离内，修建山塘、水库、堤坝，开挖河道、干渠，采石挖砂，打井取水，影响铁路路基稳定或者危害铁路桥梁、涵洞安全的，由县级以上地方人民政府责令停止建设或者采挖、打井等活动，限期恢复原状或者责令采取必要的安全防护措施。

第四，在铁路、城市轨道交通线路上私设道口或者平交过道。该行为在客观方面表现为在铁路线路上私设道口或者平交过道。《铁路安全管理条例》第46条规定，设置或者拓宽铁路道口、铁路人行过道，应当征得铁路运输企业的同意。私设，是指没有经过有关部门批准而擅自在铁路线路、城市轨道交通线路上设立道口或者平交过道。《铁路法》第47条第1款规定，禁止擅自在铁路线路上铺设平交道口和人行过道。私设道口或者平交过道会影响列车的行车安全，容易发生事故，造成人员伤亡。

适用要点

[该行为与破坏交通设施罪的区别]

破坏交通设施罪，是指故意破坏轨道、桥梁、隧道、公路、机场、航道、灯塔、标志或者进行其他破坏活动，足以使火车、汽车、电车、船只、航空器发生倾覆、毁坏危险的行为。二者的主要区别在于能否使火车、汽车、航空器等发生倾覆、毁坏危险。如果不能，则适用本条规定作出治安管理处罚的决定。

关联法规

《刑法》第116、117条；《铁路法》第46、47条；《铁路安全管理条

> 例》第 46 条

第四十二条 【对妨害火车、城市轨道交通安全的处罚】擅自进入铁路、城市轨道交通防护网或者火车、城市轨道交通列车来临时在铁路、城市轨道交通线路上行走坐卧,抢越铁路、城市轨道,影响行车安全的,处警告或者五百元以下罚款。

条文注释

本条规定了三种妨害火车、城市轨道交通安全的行为:一是擅自进入铁路、城市轨道交通防护网的行为。行为人明知防护网对于行车安全的重要性,是禁止进入的,但其为了个人便利,未经工作人员的允许而进入。二是火车、城市轨道交通列车来临时在线路上行走坐卧,影响行车安全的行为。行为人的主观心理可能是故意,也可能是过失,无论出于何种主观心理状态,这种行为已对火车、城市轨道交通列车的行车安全造成影响,须予以严惩。三是火车、城市轨道交通列车来临时抢越铁路、城市轨道,影响行车安全的行为。这种是常见的妨害行车安全行为。行为人往往心存侥幸,认为能抢在行车之前穿过。但行车速度超过行为人想象,致使交通事故发生。本条规定对妨碍行车安全的行为处于警告或者 500 元以下罚款。这样一方面体现了惩罚与教育相结合的原则,另一方面与这些行为的危害性相适应。

关联法规

《铁路法》第 51 条

第四十三条 【对违法安装电网、损毁公共设施、引发火灾事故危险以及高空抛物等行为的处罚】有下列行为之一的,处五日以下拘留或者一千元以下罚款;情节严重的,处十日以上十五日以下拘留,可以并处一千元以下罚款:

(一)未经批准,安装、使用电网的,或者安装、使用电网不

符合安全规定的;

(二)在车辆、行人通行的地方施工,对沟井坎穴不设覆盖物、防围和警示标志的,或者故意损毁、移动覆盖物、防围和警示标志的;

(三)盗窃、损毁路面井盖、照明等公共设施的;

(四)违反有关法律法规规定,升放携带明火的升空物体,有发生火灾事故危险,不听劝阻的;

(五)从建筑物或者其他高空抛掷物品,有危害他人人身安全、公私财产安全或者公共安全危险的。

【条文注释】

1.未经批准,安装、使用电网的,或者安装、使用电网不符合安全规定

违反安装、使用电网规定的行为,是指未经批准,安装、使用电网,或者安装、使用电网不符合安全规定,尚未造成严重后果的行为。电网是用金属线连接的,可以通电流的拦设物。电网可以用来防盗、防逃,但如果安装、使用不当,可能会危害人民生命安全,造成人畜触电伤亡和火灾事故。

2.在车辆、行人通行的地方施工,对沟井坎穴不设覆盖物、防围和警示标志的,或者故意损毁、移动覆盖物、防围和警示标志

这是指违反通行道路施工安全规定的行为。覆盖物、防围,是指在道路施工中为防止非机动车、行人跌落,用于遮盖沟井坎穴所设的铁板、护栏、帆布等。损毁、移动覆盖物、防围和警示标志,行为人存在主观故意的,才构成本行为,应当予以治安管理处罚;过失毁损、移动覆盖物、防围和警示标志的,不属于违反治安管理行为,不应处罚。

3.盗窃、损毁路面井盖、照明等公共设施

该行为侵害的客体是公共安全和国家财产所有权,侵害的对象是井盖、照明等公共设施。该行为不仅侵犯了国家的财产所有权,

而且还可能导致车辆、行人陷入或者跌入井坑,造成车毁人伤的后果。该行为在客观上表现为,盗窃、损毁路面井盖、照明等公共设施。盗窃,是指以非法占有为目的,秘密窃取公私财物的行为。损毁,是指破坏物品、设施的完整性,使其失去正常的使用价值和功能的行为。路面井盖、照明等公共设施包括自来水、热力、排污等管道井盖,路灯、广场照明、装饰灯具以及消防栓、铁算子、路口交通设施等其他公共设施。

4. 违法升放携带明火的升空物体

本项是 2025 年修订本法时新增内容。常见的升空物体有孔明灯。孔明灯属于高空明火飞行物,燃放后无法控制,极易引发火灾事故,对航空器、输变电、汽油站、高空建筑以及供暖、通信等重要设备设施安全构成极大威胁,直接危害公共安全。

5. 高空抛掷物品

本项也是 2025 年修订本法时新增内容。高空抛物现象曾被称为"悬在城市上空的痛",高空抛物不仅是一种不文明的行为,而且带来很大的社会危害,有危害他人人身安全、公私财产安全或者公共安全的危险。2019 年最高人民法院印发《关于依法妥善审理高空抛物、坠物案件的意见》,明确了对于故意高空抛物者,根据具体情形按照以危险方法危害公共安全罪、故意伤害罪或故意杀人罪论处,同时明确了物业服务企业的责任。《民法典》第 1254 条第 1 款规定,禁止从建筑物中抛掷物品。从建筑物中抛掷物品或者从建筑物上坠落的物品造成他人损害的,由侵权人依法承担侵权责任;经调查难以确定具体侵权人的,除能够证明自己不是侵权人的外,由可能加害的建筑物使用人给予补偿。可能加害的建筑物使用人补偿后,有权向侵权人追偿。

适用要点

[未经批准安装、使用电网中"情节严重"的情形]

根据 2018 年公安部发布的《公安机关对部分违反治安管理行为实施处罚的裁量指导意见》的规定,有下列情形之一的属于"情节严重":(1)在人畜活动较多的区域或者存储易燃易爆危险物品的场所附近安装、使用电网的;(2)造成人员受伤或者财物损失等危害后果的;(3)其他情节严重的情形。

[盗窃、损毁路面井盖仅受到的处罚]

井盖的重要程度不一,盗窃、损毁涉窨井盖可能受到刑事处罚。《最高人民法院、最高人民检察院、公安部关于办理涉窨井盖相关刑事案件的指导意见》规定,根据《刑法》等法律规定,提出以下意见:(1)盗窃、破坏正在使用中的社会机动车通行道路上的窨井盖,足以使汽车、电车发生倾覆、毁坏危险,尚未造成严重后果的,以破坏交通设施罪定罪处罚。过失造成严重后果的,以过失损坏交通设施罪定罪处罚。(2)盗窃、破坏人员密集往来的非机动车道、人行道以及车站、码头、公园、广场、学校、商业中心、厂区、社区、院落等生产生活、人员聚集场所的窨井盖,足以危害公共安全,尚未造成严重后果的,以以危险方法危害公共安全罪定罪处罚等。

关联法规

《民法典》第1254条;《刑法》第114、115条;《电力法》第18条;《建筑法》第39条

第四十四条 【对违反安全规定举办大型群众性活动的处罚】 举办体育、文化等大型群众性活动,违反有关规定,有发生安全事故危险,经公安机关责令改正而拒不改正或者无法改正的,责令停止活动,立即疏散;对其直接负责的主管人员和其他直接责任人员处五日以上十日以下拘留,并处一千元以上三千元以下罚款;情节较重的,处十日以上十五日以下拘留,并处三千元以上五千元以下罚款,可以同时责令六个月至一年以内不得举办大型群众性活动。

条文注释

举办文化、体育等大型群众性活动,容易发生安全事故危险。大型活动举办的特点是在一定时间和有限空间内,人员众多、身份复杂、物资聚集;涉及单位多、部门广,影响大,敏感性强;易发生重

大伤害事故。原《群众性文化体育活动治安管理办法》曾对人数较多的大型群众性文化体育活动实行许可制度。《大型群众性活动安全管理条例》第2条第1款规定,大型群众性活动是指法人或者其他组织面向社会公众举办的每场次预计参加人数达到1000人以上的下列活动:(1)体育比赛活动;(2)演唱会、音乐会等文艺演出活动;(3)展览、展销等活动;(4)游园、灯会、庙会、花会、焰火晚会等活动;(5)人才招聘会、现场开奖的彩票销售等活动。本条的"违反有关规定",是指除包括举办大型活动未经许可外,还包括活动条件不符合规定安全事项的法律、法规、规章及政府发布的决定、命令等,且经公安机关责令改正而拒不改正或者无法改正的。例如,参加者远超出场地人员的核定容量,没有迅速疏通人员的应急方案等存在严重安全隐患,可能危及人身财产安全的情况。

适用要点

[违反安全规定举办大型活动的情形]

举办文化、体育等大型群众性活动违反有关规定,有发生安全事故的危险。有关规定,是指有关举办大型群众性活动的法规、规章等。违反有关规定具体表现为:(1)未经许可,擅自举办大型群众性活动。(2)超过核准人数。如某大型群众性活动核准人数为2万人,而实际参加的有2.5万人。(3)场地及其附属设施不符合安全标准,存在安全隐患。如场地建筑不坚固,有发生倒塌坠毁的可能性;各种电线、线路老化,容易引发火灾。(4)消防设施不符合法定要求。如灭火器超过使用期限;没有按照规定安装火灾自动报警系统;消防通道和紧急通道被占用,一旦发生事故,消防车不能开进,人员无法逃离现场。(5)没有制订安全保卫工作方案。申请举办群众性文化体育活动的公民、法人和其他组织应当对活动的具体内容、安全保卫措施承担全部责任,制订安全保卫工作方案。

关联法规

《刑法》第135条;《消防法》第13、41条;《大型群众性活动安全管理条例》第2条

第四十五条 【对违反公安场所安全规定行为的处罚】旅馆、饭店、影剧院、娱乐场、体育场馆、展览馆或者其他供社会公众活动的场所违反安全规定,致使该场所有发生安全事故危险,经公安机关责令改正而拒不改正的,对其直接负责的主管人员和其他直接责任人员处五日以下拘留;情节较重的,处五日以上十日以下拘留。

条文注释

社会公众活动的场所,主要包括旅馆、饭店、影剧院、娱乐场、体育场馆、展览馆,以及歌舞厅、桑拿按摩、茶馆、酒吧、网吧等其他场所。直接负责的主管人员和其他直接责任人员,一般指对场所有直接管理责任的管理人员,如饭店的经理、总经理等。该行为主要表现为违反安全规定,明知有发生安全事故的危险,经公安机关责令改正但拒不改正,这三个条件需要同时具备,缺一不可。责令改正,是指公安机关通过下达整改通知书等通知,要求违反规定的社会公众场所采取措施消除事故危险。实践中一些供社会公众活动的场所,在未举办大型活动期间,也有相当一部分存在安全隐患,如座椅或看台设置年久失修、场馆出入口设置不合理等。如若缺乏日常的监管措施,待举办大型活动时再责令改正或停止活动,为时已晚,会给经营者和参加者带来更大的损失。因此,作为社会治安管理的主管部门,公安机关应加强对供社会公众活动的场所的管理和检查,及时发现安全问题,要求予以整改。

场所的经营管理人员,有义务为社会公众提供安全、舒适的活动场所。如果不重视公众活动场所的安全,一旦发生事故势必造成伤亡或重大财产损失,有必要对违反安全规定的经营管理人员进行处罚。本次修订明确了对社会公众活动场所直接负责的主管人员和其他直接责任人员的法律责任,即情节轻的处于5日以下拘留,情节较重的处5日以上10日以下拘留。

适用要点

[旅馆、饭店等公共场所的安全法律规定]

《旅馆业治安管理办法》第3条规定:"开办旅馆,要具备必要的防盗等安全设施。"

《娱乐场所管理条例》第20条规定:"娱乐场所的法定代表人或者主要负责人应当对娱乐场所的消防安全和其他安全负责。娱乐场所应当确保其建筑、设施符合国家安全标准和消防技术规范,定期检查消防设施状况,并及时维护、更新。娱乐场所应当制定安全工作方案和应急疏散预案。"第21条规定:"营业期间,娱乐场所应当保证疏散通道和安全出口畅通,不得封堵、锁闭疏散通道和安全出口,不得在疏散通道和安全出口设置栅栏等影响疏散的障碍物。娱乐场所应当在疏散通道和安全出口设置明显指示标志,不得遮挡、覆盖指示标志。"第22条规定:"任何人不得非法携带枪支、弹药、管制器具或者携带爆炸性、易燃性、毒害性、放射性、腐蚀性等危险物品和传染病病原体进入娱乐场所。迪斯科舞厅应当配备安全检查设备,对进入营业场所的人员进行安全检查。"

《互联网上网服务营业场所管理条例》第24条规定:"互联网上网服务营业场所经营单位应当依法履行信息网络安全、治安和消防安全职责,并遵守下列规定:(一)禁止明火照明和吸烟并悬挂禁止吸烟标志;(二)禁止带入和存放易燃、易爆物品;(三)不得安装固定的封闭门窗栅栏;(四)营业期间禁止封闭或者锁闭门窗、安全疏散通道和安全出口;(五)不得擅自停止实施安全技术措施。"

关联法规

《刑法》第139条;《消防法》第48条;《娱乐场所管理条例》第20—22条

第四十六条 【对违法升放行为的处罚】违反有关法律法规关于飞行空域管理规定,飞行民用无人驾驶航空器、航空运动器材,或者升放无人驾驶自由气球、系留气球等升空物体,情节较重的,处五日以上十日以下拘留。

飞行、升放前款规定的物体非法穿越国(边)境的,处十日以上十五日以下拘留。

条文注释

本条是2025年修订新增的内容。有关法律法规关于飞行空域管理规定是指《通用航空飞行管制条例》《民用无人驾驶航空器运行安全管理规则》《无人驾驶航空器飞行管理暂行条例》等法律、法规、规章。根据《无人驾驶航空器飞行管理暂行条例》第2条的规定,无人驾驶航空器,是指没有机载驾驶员、自备动力系统的航空器。无人驾驶航空器按照性能指标分为微型、轻型、小型、中型和大型。航空体育运动所用的航空器应按民航适航管理有关规定进行适航许可,办理必需相关证照。无人驾驶自由气球,指无动力驱动、无人操纵、轻于空气、总质量大于4千克可自由漂移的充气物体。系留气球,指使用缆绳将其拴在地面绞车上并可控制其在大气中飘浮高度的气球,其升空高度在2千米以下,主要应用于大气边界层探测。之所以对违法升放此类飞行器材的行为进行治安处罚,是因为随意升放此类飞行器材易侵害航空领域的飞行安全,应该规范无人驾驶航空器的飞行以及其有关活动,从严保障航空飞行和公民生命财产的安全。

适用要点

[违反规定低空飞行民用无人驾驶航空器的主要情形]

这就是俗称的无人机"黑飞"问题,即未取得私人飞行驾照或者无人机没有取得合法身份的飞行,也就是未经登记就飞行的行为。这种行为存在极大的安全隐患,威胁群众的人身安全,带来不可挽回的损失。这种行为的具体类型有:(1)未进行实名认证。《无人驾驶航空器飞行管理暂行条例》第10条第1款规定,所有无人机不管大小都需要进行实名认证。(2)未取得飞行执照。飞行执照是指无人机执照,其性质和汽车驾照一样。(3)在禁飞区域违规飞行。为避免无人机出现"黑飞"问题,通常会在特定区域限制起飞或限制飞行高度,以确保无人机仅在适飞区域飞行。(4)擅自使用无人机进行飞行活动。例如,在未获得航空管理部门的许可或未遵守公安机关相关规定的情况下,擅自从事商业无人机拍摄、无人机表演等活动,或者私自在机场、重要设施周边等禁飞区域内操作无人机。

关联法规

《无人驾驶航空器飞行管理暂行条例》第2条;《民用机场管理条例》第49条

第三节　侵犯人身权利、财产权利的行为和处罚

第四十七条　【对恐怖表演、强迫劳动、非法限制人身自由、侵入他人住宅行为的处罚】有下列行为之一的,处十日以上十五日以下拘留,并处一千元以上二千元以下罚款;情节较轻的,处五日以上十日以下拘留,并处一千元以下罚款:

(一)组织、胁迫、诱骗不满十六周岁的人或者残疾人进行恐怖、残忍表演的;

(二)以暴力、威胁或者其他手段强迫他人劳动的;

(三)非法限制他人人身自由、非法侵入他人住宅或者非法搜查他人身体的。

条文注释

1. 组织、胁迫、诱骗进行恐怖、残忍表演

这是指组织、胁迫、诱骗不满16周岁的未成年人或者残疾人进行恐怖、残忍表演,尚不够刑事处罚的行为。《残疾人保障法》第2条第1款规定:"残疾人是指在心理、生理、人体结构上,某种组织、功能丧失或者不正常,全部或者部分丧失以正常方式从事某种活动能力的人。"组织,是指行为人招募、雇用不满16周岁的未成年人或者残疾人进行恐怖、残忍表演的行为。胁迫,是指行为人以实施暴力或者其他有损身心健康的行为,强迫不满16周岁的未成年人或者残疾人按照其要求进行恐怖、残忍表演的行为,如以冻饿、罚跪等手段相

要挟。诱骗,是指行为人以许诺、诱惑、欺骗等手段诱使不满16周岁的未成年人或者残疾人进行恐怖、残忍表演的行为。恐怖表演,是指有关凶杀、暴力的表演,如表演碎尸万段、刀劈活人等。残忍表演,是指对人的身体进行残酷折磨的表演,如吞宝剑、吞铁球、汽车过人、油锤灌顶。残疾人,是指在心理、生理、人体结构上,某种功能丧失的人,包括视力残疾、听力残疾、言语残疾、肢体残疾、精神残疾的人。

2. 强迫劳动

这是指用人单位或者个人违反有关劳动法律法规,以暴力、威胁或者其他手段,强迫他人劳动,尚不够刑事处罚的行为。暴力,是指以殴打、体罚、捆绑等对人身实施打击和强制的行为。威胁,是指以扬言伤害、禁闭、没收押金或者集资款等方式相要挟,迫使他人满足其要求的行为。其他手段,是指暴力、威胁手段以外达到强迫他人劳动目的的手段。根据《劳动法》第96条第1款的规定,用人单位以暴力、威胁或者非法限制人身自由的手段强迫劳动的,由公安机关对责任人员处以15日以下拘留、罚款或者警告;构成犯罪的,对责任人员依法追究刑事责任。

3. 非法限制人身自由

这是指违反法律规定,限制他人人身自由,尚不够刑事处罚的行为。该行为侵犯的对象是享有人身权利的任何自然人,包括无辜公民、一般违法人员和犯罪嫌疑人。人身自由是指公民在法律范围内按照自己的意志决定自己身体行动的自由。《宪法》第37条第1款规定,我国公民的人身自由不受侵犯。

4. 非法侵入住宅

《宪法》第39条规定:"中华人民共和国公民的住宅不受侵犯。禁止非法搜查或者非法侵入公民的住宅。"这是指未经法定机关批准或者未经住宅主人同意,强行进入他人住宅,或者经要求退出而拒绝退出,妨害他人居住安全和正常生活,尚不够刑事处罚的行为。他人住宅是指行为人以外的其他人居住的住宅。他人,既可以是住宅所有权人,也可以是住宅的承租人、借用人。非法侵入尚未分配、出售或者出租,无人居住的住宅,不构成该行为。

5.非法搜查身体

这是指未经法律授权或者违反法定程序,对他人身体进行搜查,尚不够刑事处罚的行为。该行为有两种情形:一是无权搜查的机关、团体、单位的工作人员或者个人对他人的身体进行搜查;二是有权搜查的人未经法定机关批准,滥用职权,擅自对他人身体进行搜查。违反治安管理规定非法搜查他人身体,是指无权搜查的机关、单位的工作人员或者个人,非法对他人身体进行搜查的行为。

适用要点

[违反治安管理的非法限制他人人身自由行为与非法拘禁罪的区别]

该行为与非法拘禁罪侵犯的客体相同,即人身自由权。两者的区别主要是情节与后果的不同,在实践中应根据情节的轻重、危害大小、动机和目的、拘禁时间长短等因素综合分析确定行为的性质。该行为只是限制他人人身自由,他人的人身自由未受到完全剥夺,且情节较轻,没有造成严重后果。非法拘禁行为只有达到情节严重的程度才构成犯罪,即采取了非法拘留、禁闭、关押等其他严重强制手段,完全剥夺他人的人身自由,情节恶劣,后果严重。在实践中以拘禁或者其他强制方法非法剥夺他人人身自由,具有下列情形之一的,构成非法拘禁罪:一是非法剥夺他人人身自由,并实施捆绑、殴打、侮辱等行为;二是多次非法拘禁他人,或者非法拘禁多人,或者非法拘禁时间较长;三是非法拘禁致人重伤、死亡、精神失常或者自杀。

关联法规

《民法典》第1011条;《刑法》第238、245条;《劳动法》第96条

第四十八条 【对组织、胁迫未成年人从事有偿陪侍活动的处罚】 组织、胁迫未成年人在不适宜未成年人活动的经营场所从事陪酒、陪唱等有偿陪侍活动的,处十日以上十五日以下拘留,并处五千元以下罚款;情节较轻的,处五日以下拘留或者五千元以下罚款。

第三章 违反治安管理的行为和处罚

条文注释

本条是 2025 年《治安管理处罚法》新增的重点内容。实践中娱乐场所的经营活动日益多样,其中有偿陪侍现象有泛滥的趋势。"有偿陪侍"主要是指通过对情感等进行"陪护""陪伴"来换取报酬的行为,一般是在娱乐场所中服务人员以陪顾客喝酒、唱歌、聊天等方式提供陪伴服务,并收取相应报酬的行为。这种行为通常发生在歌舞厅、夜总会、酒吧等娱乐场所,陪侍人员通过与顾客的互动,满足顾客在娱乐过程中的陪伴需求,而顾客以金钱或其他财物作为对价支付给陪侍人员或娱乐场所。其中,陪酒、陪唱是有偿陪侍最常见的形式之一。在娱乐场所中,陪侍人员与顾客一同饮酒、唱歌,营造轻松愉快的娱乐氛围。陪侍人员通过与顾客的互动,如敬酒、点歌、陪唱等行为,收取报酬。在营业性质娱乐场所中,提供以营利为目的的陪酒、陪唱等有偿陪侍都属违法行为。而组织、胁迫未成年人从事相关违法行为的危害,危害后果更为严重。既在侵犯了未成年人的人身自由及身心健康的同时,也侵害了社会管理秩序。对此,2025 年修订加强对未成年的保护力度。

适用要点

[该行为与拐骗儿童罪、组织未成年人进行违反治安管理活动罪的联系]

组织、胁迫未成年人从事本条规定的违法行为,将与《刑法》的拐骗儿童罪、组织未成年人进行违反治安管理活动罪产生联系。组织,是指行为人招募、雇用未成年人在不适宜未成年人活动的经营场所从事陪酒、陪唱。胁迫,是指行为人以实施暴力或者其他有损身心健康的行为,强迫未成年人按照其要求进行有偿陪侍活动。组织未成年人进行违反治安管理活动罪,是组织未成年人进行违反治安管理活动罪是组织未成年人进行盗窃、诈骗、抢夺、敲诈勒索等违反治安管理活动的行为。在实务中,很多违法行为人以及不法分子会先拐骗一批未成年人,然后组织其进行违反治安管理的活动。其中,拐骗儿童罪的客体是不满 14 周岁的未成年人,而组织未成年人进行违反治安管理活动罪的客体是 18 周岁以下的未成年人。当行为人拐骗14周岁至18周岁的未成年人,又组织他们进行违反治安管理的活动时,将构成组织未成年人进行违反治安管理活动罪。因此,在具体适用中,注意对本行为治安管理处罚与组织未成年人进行违反治安管理活动罪的边界。

例如最高人民法院发布的一起典型案件,被告人赵某、谭某、谭某某等人预谋组织甲籍少女到乙市的KTV当陪唱。赵某以到丙市卖化妆品,月薪3000元为由,诱骗少女同意后先让她们到甲市,后由谭某及其弟、弟媳将被骗少女运送至乙市,组织她们在该市文化宫内的KTV从事有偿陪酒、陪唱。赵某在甲市还让他人帮忙为其找女孩到KTV当陪唱。最终,被告人赵某拐骗不满14周岁的未成年人,使其脱离家庭、监护人,其行为构成拐骗儿童罪。被告人赵某、谭某、谭某某组织未成年人在娱乐场所从事以营利为目的的陪侍,严重影响未成年人身和健康成长,使未成年人在陪侍过程中面临人身被侵害的现实风险,其行为按照组织未成年人进行违反治安管理活动罪处罚。

关联法规

《刑法》第262条;《未成年人保护法》第1条;《娱乐场所管理条例》第42条

第四十九条　【对胁迫利用他人乞讨和滋扰乞讨行为的处罚】胁迫、诱骗或者利用他人乞讨的,处十日以上十五日以下拘留,可以并处二千元以下罚款。

反复纠缠、强行讨要或者以其他滋扰他人的方式乞讨的,处五日以下拘留或者警告。

条文注释

本条规定了需处罚的两种行为:一是胁迫、诱骗或者利用他人乞讨。该行为侵犯的客体是被侵害人的人身权利,损害了被侵害人的身心健康及尊严,其中被侵害人多为未成年人和残疾人。所谓利用,比如行为人以各种不当手段让他人"自愿"地按其要求进行乞讨的行为。二是以滋扰方式乞讨。这是一种冒犯性的乞讨行为,是反复纠缠、强行讨要或者以其他滋扰他人的方式进行乞讨的总称。反复纠缠,是指乞讨者在遭到拒绝后,仍然采取尾随、拖拽衣服等令人反感的方式继续乞讨钱财。强行讨要,是指乞讨者以生拉硬拽,辱骂、抱腿、吐口水、拦车、拉扯,干扰他人经营、工作等蛮不讲理、令人厌恶的方式,迫使他人不得不给付钱物的行为。强行讨要到一定程度,将涉嫌《刑法》中的抢劫罪。

适用要点

[流浪乞讨人员与违法乞讨人员的差别对待]

反复纠缠、强行讨要或者以其他滋扰他人的方式乞讨的,是违法乞讨人员,与一般流浪乞讨人员不同。对于后者,公安机关根据《城市生活无着的流浪乞讨人员救助管理办法》第5条的规定执行。公安机关和其他有关机关的工作人员在执行职务时发现流浪乞讨人员的,应当告知其向救助站求助;对其中的残疾人、未成年人、老年人和行动不便的其他人员,还应引导、护送到救助站。

关联法规

《刑法》第262条之一;《违反公安行政管理行为的名称及其适用意见》第82、83条

第五十条 【对侵犯人身权利六项行为的处罚】有下列行为之一的,处五日以下拘留或者一千元以下罚款;情节较重的,处五日以上十日以下拘留,可以并处一千元以下罚款:

(一)写恐吓信或者以其他方法威胁他人人身安全的;

(二)公然侮辱他人或者捏造事实诽谤他人的;

(三)捏造事实诬告陷害他人,企图使他人受到刑事追究或者受到治安管理处罚的;

(四)对证人及其近亲属进行威胁、侮辱、殴打或者打击报复的;

(五)多次发送淫秽、侮辱、恐吓等信息或者采取滋扰、纠缠、跟踪等方法,干扰他人正常生活的;

(六)偷窥、偷拍、窃听、散布他人隐私的。

有前款第五项规定的滋扰、纠缠、跟踪行为的,除依照前款规定给予处罚外,经公安机关负责人批准,可以责令其一定期限内禁止接触被侵害人。对违反禁止接触规定的,处五日以上十日以下拘留,可以并处一千元以下罚款。

条文注释

1.写恐吓信或者以其他方法威胁他人人身安全行为的认定

该行为在客观方面表现为行为人写恐吓信或者以其他方法威胁他人人身安全。威胁的方法既包括写恐吓信,也包括其他方法如投寄恐吓物(如子弹、匕首)等;既可以是直接的威胁,也可以通过暗示方法威胁;既可以是行为人自己威胁,也可以通过第三人的转告来威胁;还有的行为人利用公开别人的隐私来威胁。不管用什么手段来威胁,不管有没有后果发生,都不影响该行为的成立。行为人的目的直接指向他人的生命健康安全,其动机多种多样,有的是为了发泄不满而报复,有的是为了获取不正当的政治、经济以及其他利益。如果行为人通过威胁获得了财物,则构成敲诈勒索的行为。

2.公然侮辱他人或者捏造事实诽谤他人行为的认定

该行为侵犯的客体是公民的人格权,人格权包括姓名权、肖像权、名誉权。《宪法》第38条规定:"中华人民共和国公民的人格尊严不受侵犯。禁止用任何方法对公民进行侮辱、诽谤和诬告陷害。"该行为在客观上表现为公然侮辱他人,但情节和后果尚不够刑事处罚。侮辱既可以是暴力倾向的,如以墨涂人,强迫他人做有损人格的动作等;也可以是文字的,如以大字报、小字报、漫画等形式攻击被侵害人人格;还可以是口头的,如以言语对被侵害人进行嘲笑、辱骂等;侮辱肖像也可以构成该行为,如涂划、玷污、践踏、损毁他人肖像。所谓"捏造"事实诽谤,是指无中生有,凭空捏造虚假事实。该行为侵犯的对象是自然人。该行为在客观方面表现为行为人实施捏造并散布某种虚构的"事实",损害他人人格、名誉。行为人诽谤他人必须以捏造事实为前提,如果散布的不是凭空捏造的,而是客观存在的事实,即使有损于他人的人格、名誉,也不构成该行为。散布,就是在社会上公开地扩散。该行为是针对特定的人进行的行为。针对特定的人,不一定要指名道姓,只要从诽谤的内容上能知道被侵害人是谁,就可以构成该行为。如果行为人散布的事实没有特定的对象,不可能损害某人的人格,则不构成该行为。

3. 诬告陷害他人行为的认定

《刑法》第243条规定:"捏造事实诬告陷害他人,意图使他人受到刑事追究,情节严重的,处三年以下有期徒刑、拘役或者管制;造成严重后果的,处三年以上十年以下有期徒刑。国家机关工作人员犯前款罪的,从重处罚。不是有意诬陷,而是错告,或者检举失实的,不适用前两款的规定。"为了保护公民的人身权利和司法机关的正常活动,对尚不构成犯罪的诬告陷害行为进行处罚。该行为在客观方面表现为捏造事实诬告陷害他人,企图使他人受到刑事追究或者受到治安管理处罚。捏造事实,是指捏造他人违反治安管理的事实或者犯罪事实,即将根本不存在的,可能引起公安机关、司法机关给予治安管理处罚和追究刑事责任的事实,强加给被诬陷者,使被诬陷者有可能受到治安管理处罚和刑事处罚。

4. 打击报复证人及其近亲属行为的认定

打击报复证人的行为在实践中频发。《刑法》第308条规定了打击报复证人罪,对证人进行打击报复的,处3年以下有期徒刑或者拘役;情节严重的,处3年以上7年以下有期徒刑。为了保护证人及其亲属的人身权利,对尚不够刑事处罚的打击报复证人行为进行处罚,本法增加了关于报复证人的违反治安管理行为的规定。该行为在客观方面表现为对证人及其近亲属进行威胁、侮辱、殴打或者打击报复。证人是知道案件真实情况并进行作证的人,包括刑事、民事、行政案件中的证人。

5. 发送信息、采取滋扰等方法干扰他人正常生活行为的认定

近年来随着通讯、计算机信息网络的发展,信息的传播越来越快捷畅通,方便了人们的沟通与交流。但是有少数违法人员利用现

代化的通讯、网络工具给他人传送淫秽、侮辱、恐吓等其他骚扰信息,干扰了他人的正常生活。这里的"淫秽信息"是指描绘性行为或露骨宣扬色情的信息;"侮辱信息"是指诋毁他人人格、破坏他人名誉的信息;"恐吓信息"是指威胁或要挟他人,使他人精神受到恐慌的信息。为惩治这种违反治安管理行为,保护公民的正常生活秩序,本法加强了对发送信息干扰他人正常生活行为的处罚。该行为在客观方面表现为多次通过信件、电话、计算机信息网络等途径传送淫秽、侮辱、恐吓或者其他骚扰信息,干扰他人正常生活。与此同时,2025年修订新增关于采取滋扰、纠缠等方式干扰他人正常生活的治安处罚规定。

6. 侵犯他人隐私行为的认定

该行为在客观方面表现为偷窥、偷拍、窃听、散布他人隐私。该行为侵犯了公民的个人隐私权。隐私权是公民享有的对个人信息、私人活动和私有领域进行支配的权利,受我国法律保护。任何偷窥、偷拍他人隐私,窃听或者散布他人隐私的行为都侵犯了他人的人格权,都会给被侵害人造成不同程度的精神伤害。为有效保护公民的隐私权,惩治不法分子偷窥、偷拍、窃听、散布他人隐私的行为,本法明确了对该行为的处罚。

此外,本条第2款明确规定,有第1款第5项规定的滋扰、纠缠、跟踪行为的,除依照第1款规定给予处罚外,经公安机关负责人批准,可以责令其一定期限内禁止接触被侵害人。对违反禁止接触规定的,处5日以上10日以下拘留,可以并处1000元以下罚款。这一规定有助于更好地保障被侵害人的合法权益。

适用要点

[违反治安管理的公然侮辱他人或者捏造事实诽谤他人行为与侮辱、诽谤罪的关系]

侮辱罪,是指使用暴力或者其他方法,公然败坏他人名誉,情节严重的行为。此类犯罪侵害的法益是他人的名誉。诽谤罪,是指故意捏造并散布虚构的事实,足以贬损他人人格,损坏他人名誉,情节严重的行为。根据《刑法》的规定,以暴力或者其他方法公然侮辱他人或者捏造事实诽谤他人,情节严重的,处3年以下有期徒刑、拘役、管制或者剥夺政治权利。侮辱罪、诽谤罪侵犯的客体是他人的人格尊严和名誉权,人格尊严和名誉权是公民基本的人身权利。无论是侮辱还是诽谤,只有情节严重的才构成侮辱罪、诽谤罪,未达到情节严重的,构成公然侮辱他人或者捏造事实诽谤他人的违反治安管理行为。对于"情节严重"的认定目前没有统一标准,一般认为"情节严重"是指手段恶劣,造成被侵害人精神失常、自残、自杀等严重后果。

[公然侮辱他人或者捏造事实诽谤他人中"公然"的认定]

所谓"公然"侮辱他人,是指当众或者利用能够使多人听到或看到的方式,对他人进行侮辱。公然侮辱并不一定要求被侵害人在场。如果行为人仅仅针对被侵害人进行侮辱,没有第三人在场,也不可能被第三者知悉,则不构成该行为,因为只有他人在场,被侵害人的名誉才会受到侵害。

关联法规

《刑法》第243、246条;《监察法》第73条;《违反公安行政管理行为的名称及其适用意见》第84—90条

第五十一条 【对殴打或故意伤害他人身体行为的处罚】

殴打他人的,或者故意伤害他人身体的,处五日以上十日以下拘留,并处五百元以上一千元以下罚款;情节较轻的,处五日以下拘留或者一千元以下罚款。

有下列情形之一的,处十日以上十五日以下拘留,并处一千元以上二千元以下罚款:

(一)结伙殴打、伤害他人的;

(二)殴打、伤害残疾人、孕妇、不满十四周岁的人或者七十周岁以上的人的;

(三)多次殴打、伤害他人或者一次殴打、伤害多人的。

条文注释

"殴打他人",是指行为人公然打人,其行为方式主要是采取拳

打脚踢,一般只是造成他人皮肉暂时的疼痛,被打的人不一定会受伤。"故意伤害他人身体",是指非法损害他人身体健康的行为。根据执法实践,下列情况可认定为"情节较轻":(1)亲友、邻里、熟人因纠纷引起,双方均有过错,伤害后果较轻;(2)在校学生之间打架斗殴,且伤害后果较轻;(3)行为人的殴打行为系被殴打人事前的过错行为所引起。伤害他人的形式多种多样,包括用石头、棍棒打人,用开水烫人。这种伤害行为给他人的身体造成了轻微伤,但尚不构成刑事处罚。该行为侵犯的是他人的身体权和健康权。健康权和生命权一样,是公民的重要人身权利,任何非法侵害他人身体健康的行为,都是对其人身权的严重侵犯。

本条对结伙殴打、伤害他人的三种加重情节作了规定。这三种行为具有更大的社会危害性,需要受到更为严厉的处罚。一是结伙殴打、伤害他人。这是一种比较常见的恃强凌弱行为,常表现为纠集他人进行殴打。二是殴打、伤害残疾人、孕妇、不满14周岁的人或者70周岁以上的人。残疾人、孕妇、儿童和老年人,由于其生理或心理存在不同程度的弱点,需要对其给予特殊保护。三是多次殴打、伤害他人或者一次殴打、伤害多人的。这里的"多次",一般是指三次以上。

适用要点

[故意伤害他人身体的判断]

故意伤害他人身体,是指以殴打以外的其他方式故意伤害他人的行为,如使用机械撞击、电击和放射性物质、激光等方法实施伤害。不论采用什么样的手段,都须以外力直接作用于他人的身体组织和器官。行为人在主观方面是故意,过失伤害他人身体的行为不构成违反治安管理行为,不应予以处罚。同样,故意伤害他人身体,只要有证据证明行为人是故意实施伤害他人身体的行为,不论其是否造成被侵害人受伤,都应当予以治安管理处罚。如果是辱骂致使他人受到精神创伤,虽然影响到了他人的身体健康,但由于行为人没有以外力作用于他人的身体组织和器官,故此类行为不依照本条规定予以处罚。如果伤害的程度达到了轻伤及以上,将很可能构成

第三章 违反治安管理的行为和处罚 111

《刑法》上的故意伤害罪。至于轻伤的标准,以最高人民法院、最高人民检察院、公安部、国家安全部、司法部发布的《人体损伤程度鉴定标准》为参考。

关联法规

《刑法》第234、235、292条;《医师法》第49条;《预防未成年人犯罪法》第33条

第五十二条 【对猥亵及在公共场所故意裸露身体隐私部位行为的处罚】猥亵他人的,处五日以上十日以下拘留;猥亵精神病人、智力残疾人、不满十四周岁的人或者有其他严重情节的,处十日以上十五日以下拘留。

在公共场所故意裸露身体隐私部位的,处警告或者五百元以下罚款;情节恶劣的,处五日以上十日以下拘留。

条文注释

猥亵他人,是指以强制或者非强制的方法,违背对方意志实施正常性接触以外能够满足行为人淫秽下流欲望的行为,主要包括以抠摸、指奸、鸡奸等淫秽下流手段对他人身体实施的性接触行为,该行为侵犯了他人的人格尊严。如果行为人只是追逐、堵截他人,或者向他人身上泼洒腐蚀物、涂抹污物,或者用下流语言辱骂他人等,则不属于猥亵他人。行为人必须是故意实施猥亵他人的行为,其动机通常表现为为了刺激、满足行为人或者第三人的性欲。该行为必须具有违背他人意志的特征,如果对方对于行为人的猥亵行为表示同意,则不是该行为。猥亵精神病人、智力残疾人、不满14周岁的人或者有其他严重情节的,会对这些群体的人格尊严和身心健康造成更大的伤害。针对这几类弱势群体实施的违法行为,法律作出比较严厉的处罚规定。其他严重情节,包括猥亵孕妇,或者在众人面前猥亵他人,或猥亵行为给他人精神造成伤害的情形。

本条第2款规定,在公共场所故意裸露身体隐私部位的,处警告或者500元以下罚款;情节恶劣的,处5日以上10日以下拘留。该行为侵犯的客体是良好的社会风俗,在客观方面表现为在公共场所

故意裸露身体隐私部位。公共场所主要是指公众进行公开活动的场所,如商店、影剧院、体育场、公共交通工具、街道等。裸露身体隐私部位,包括赤裸下身或者暴露阴私部位,以及女性赤裸上身等情形。

适用要点

[如何认定在公共场所故意裸露身体的"情节恶劣"]

根据《公安机关对部分违反治安管理行为实施处罚的裁量指导意见》的规定,在执法实践中有下列情形之一的,属于"情节恶劣":(1)造成现场秩序混乱等危害后果或者较大社会影响的;(2)在有多名异性或者未成年人的公共场所故意裸露身体的;(3)经制止拒不改正的;(4)伴随挑逗性语言或者动作的;(5)其他情节恶劣的情形。

[违反治安管理的猥亵行为与强制猥亵罪的区分]

强制猥亵罪是指行为人以暴力、威胁或其他手段违背他人意愿,强制猥亵他人的行为。在区分违反治安管理的猥亵行为与猥亵犯罪行为时,应着重考虑以下几个方面:(1)猥亵行为侵害身体部位所代表的性象征意义是否明显;(2)猥亵行为是否伴随暴力、胁迫等强制手段;(3)猥亵行为持续时间的长短;(4)其他能反映猥亵行为对被害人身心伤害大小,对普通公民性羞耻心冒犯程度大小的情节;(5)行为人是否具有前科劣迹以及其他反映行为人主观恶性、人身危险性大小的情节。考虑上述某一个方面或者某几个方面,如果猥亵行为情节轻微,危害不大,可以不以犯罪论处。如果综合考虑行为人的主观动机、行为手段等因素,行为人的行为应当被认定为"猥亵",那么对该行为是否构成犯罪还要从严把握。强制猥亵罪只惩罚以强制方法猥亵、侮辱的行为,非强制性的猥亵、侮辱行为不能视作犯罪。

关联法规

《刑法》第237条;《妇女权益保障法》第27条;《违反公安行政管理行为的名称及其适用意见》第93条

第五十三条 【对虐待家庭成员、被监护人员及遗弃被扶养人行为的处罚】有下列行为之一的,处五日以下拘留或者警告;情节较重的,处五日以上十日以下拘留,可以并处一千元以下罚款:

(一)虐待家庭成员,被虐待人或者其监护人要求处理的;

(二)对未成年人、老年人、患病的人、残疾人等负有监护、看护职责的人虐待被监护、看护的人的;

(三)遗弃没有独立生活能力的被扶养人的。

条文注释

本条第1项是关于虐待家庭成员的处罚规定。维护家庭成员之间的平等互爱,是建立和谐社会的重要保障。《民法典》规定,家庭成员间应当敬老爱幼,互相帮助,维护平等、和睦、文明的婚姻家庭关系,禁止家庭成员间的虐待。虐待家庭成员的违法行为,不仅侵犯公民在家庭中应当享有的权利,而且对公民的人身甚至生命造成一定的威胁,应当依法予以惩处。虐待家庭成员,是指经常用打骂、冻饿、禁闭、强迫过度劳动、有病不给治疗等方法,摧残、折磨家庭成员,尚不够刑事处罚的行为。同时,治安处罚必须是被虐待人或者其监护人要求的。只有被虐待人或者其监护人向公安机关提出控告要求公安机关处理,公安机关才能够予以处罚;被虐待人或者其监护人没有提出控告的,公安机关不能主动作出处罚。

第2项是关于监护人、看护人对老弱病残等虐待的处罚规定。本项是新增规定。近些年来幼儿园老师虐待小朋友、福利院工作人员虐待老人的事件时有发生,从媒体曝光的视频来看,虐待手段残忍,情节恶劣,对未成年人、老年人等被监护人、被看护人的心理造成了严重的伤害。受害人往往由于伤情构不成轻伤,达不到故意伤害罪的立案追诉标准,无法追究施暴人的刑事责任。因此,本法新增本项规定,加强了与刑法的衔接。根据《刑法》第260条之一第1款的规定,虐待被监护、看护人罪是指对未成年人、老年人、患病的人、残疾人等负有监护、看护职责的人,虐待被监护、看护的人,情节恶劣的行为。

第3项是关于遗弃没有独立生活能力的被扶养人的处罚规定。该行为侵犯的客体是家庭成员之间相互扶养的权利义务关系。"遗弃"是指对于年老、年幼、患病或者其他没有独立生活能力的人,负有扶养义务而拒绝扶养的行为。由于行为人不履行自己的法定义务,可能使被扶养人得不到经济上的保障或者生活上的必要照顾和帮助,使其生命和健康受到较为严重的威胁和损害。尊老爱幼向来是中华民族的传统美德,但实践中不履行扶养义务遗弃没有独立生活能力的人的现象时有发生,不但会直接给没有独立生活能力的人的生活造成困难,甚至会危及这些人员的健康乃至生命。为了更有力地保护没有独立生活能力的家庭成员的合法权益,运用法律武器同遗弃家庭成员的违法行为作斗争十分必要。《民法典》也明确规定,禁止家庭成员间的遗弃。

适用要点

[违反治安管理的虐待行为与虐待罪的辨析]

虐待罪是指经常以打骂、禁闭、捆绑、冻饿、有病不给治疗、强迫过度体力劳动等方式,对共同生活的家庭成员实施肉体上、精神上的摧残、折磨,情节恶劣,从而构成的犯罪。二者的主要区别在于虐待情节是否恶劣,而恶劣与否可以根据行为持续时间、虐待次数、手段后果是否严重等几个方面来认定。

关联法规

《刑法》第260、261条;《残疾人保障法》第9、52条;《未成年人保护法》第10、62条

第五十四条 【对强迫交易行为的处罚】强买强卖商品,强迫他人提供服务或者强迫他人接受服务的,处五日以上十日以下拘留,并处三千元以上五千元以下罚款;情节较轻的,处五日以下拘留或者一千元以下罚款。

条文注释

强迫交易的违反治安管理行为,是指以暴力、威胁手段强买强卖,强迫他人提供服务或者强迫他人接受服务,情节不严重的行为。强迫他人提供服务,是指行为人不遵守公平自愿原则,不顾提供服务方是否愿意,强迫对方为其提供住宿、维修、搬运、餐饮等各种服务的行为。强迫他人接受服务,主要指娱乐业、餐饮业、美容服务业等服务性质的行业,在营业中违反法律法规和商业道德,不顾消费者同意,强迫对方接受服务的行为。强迫进行交易的行为,违反了自愿、平等、公平的民事活动基本原则,侵犯了经营者或消费者的合法权益,扰乱了正常的市场交易秩序,具有严重的社会危害性。《民法典》《反不正当竞争法》都规定了自愿、平等、公平的市场交易原则,消费者有权拒绝经营者的强迫交易行为。

适用要点

[违反治安管理的强迫交易行为与强迫交易罪的界分]

强迫交易罪,是指以暴力、威胁手段强买强卖商品,强迫他人提供服务或者强迫他人接受服务,情节严重的行为。《刑法》第226条第1项、第2项规定,以暴力、威胁手段强买强卖商品、强迫他人提供服务或者强迫他人接受服务,情节严重的,处3年以下有期徒刑或者拘役,并处或者单处罚金。强迫交易行为只有情节严重的才构成犯罪,这是区别犯罪与违反治安管理行为的界限。情节严重,是指经常以暴力、威胁手段强买强卖或者强迫他人提供或者接受服务。强迫交易行为造成的后果包括恶劣的社会影响、被害人精神失常、获取非法利益数额巨大等。

关联法规

《刑法》第226条;《民法典》第5条

第五十五条 【对煽动民族仇恨、民族歧视行为的处罚】煽动民族仇恨、民族歧视,或者在出版物、信息网络中刊载民族歧视、侮辱内容的,处十日以上十五日以下拘留,可以并处三千元以下罚款,情节较轻的,处五日以下拘留或者三千元以下罚款。

条文注释

民族团结始终是关系国家统一、民族团结和社会稳定的重大问题。《民族区域自治法》规定国家实行少数民族区域自治的制度，发展民族自治区域的经济，保护少数民族的文化和历史，有效地维护了多民族安定团结的局面。但实践难免存在一些违法行为造成民族感情受到伤害。为此，本条从两个方面进行规范。

一是煽动民族仇恨、民族歧视行为的认定及处罚。《宪法》第4条第1款规定："中华人民共和国各民族一律平等。国家保障各少数民族的合法的权利和利益，维护和发展各民族的平等团结互助和谐关系。禁止对任何民族的歧视和压迫，禁止破坏民族团结和制造民族分裂的行为。"该行为在客观方面表现为煽动民族仇恨、民族歧视。民族仇恨，是指一个民族对另一个民族的强烈不满和痛恨的情绪和心理，即民族间的相互敌对和仇视。民族歧视，是指不平等、不公正地对待某个民族，包括观念上的歧视和行为上的歧视。煽动就是以鼓动、劝诱或者其他方法，促使群众产生民族仇恨、民族歧视的心理。此处的煽动不是针对某特定个人实施，而是针对一定地区内的某一民族或几个民族实施。例如，在少数民族聚集地区，煽动仇视、歧视汉族；在非少数民族聚居地方，煽动仇视、歧视少数民族。

二是刊载民族歧视、侮辱内容作品行为的认定及处罚。该行为侵犯的客体是少数民族的尊严、名誉，在客观方面表现为在出版物、信息网络中刊载民族歧视、侮辱内容的作品。出版物，是指书籍、杂志、图画、报刊、声像制品等。出版物有通过正当渠道发行的，即取得书号公开发行或者内部发行的，也有非法印制发行的。歧视，是指不平等地对待。侮辱，是指使他人人格和名誉受到损害。该行为的歧视、侮辱民族的内容，是指对一些民族在生产、工作、居住、饮食、服饰、婚姻、丧葬、节庆、礼仪等物质生活和精神生活领域的喜好、崇尚和禁忌进行丑化、蔑视，贬低其人格、损害其名誉，对一些民族的来源、历史、文化进行贬低、污蔑等。

适用要点

[违反治安管理的煽动民族仇恨、民族歧视行为与煽动民族仇恨、民族歧视罪的界分]

《刑法》第249条规定,煽动民族仇恨、民族歧视罪,是指煽动民族仇恨、民族歧视,情节严重的行为。情节严重,一般是指手段恶劣、多次煽动、引起民族公愤;严重损害民族感情、尊严;致使民族成员大量逃往国外以及引起其他影响民族团结、平等的后果等。因此,情节不严重的属于违反治安管理行为。

关联法规

《宪法》第4条;《国家安全法》第26条;《民族区域自治法》第9条;《出版管理条例》第25、56条;《娱乐场所管理条例》第13条

第五十六条 【对侵犯个人信息行为的处罚】违反国家有关规定,向他人出售或者提供个人信息的,处十日以上十五日以下拘留;情节较轻的,处五日以下拘留。

窃取或者以其他方法非法获取个人信息的,依照前款的规定处罚。

条文注释

本条是2025年修订新增内容。个人信息,是指以电子或者其他方式记录的能够单独或者与其他信息结合识别特定自然人身份或者反映特定自然人活动情况的各种信息,包括姓名、身份证号码、通信联系方式、住址、账号密码、财产状况、行踪轨迹、车辆信息、医疗信息等。个人信息的处理包括收集、存储、使用、加工、传输、提供、公开、删除等。

在实践中擅自出售、违法提供、窃取他人个人信息的违法行为较为频发,随着信息通信技术的快速发展迭代,个人信息保护问题的复杂性、紧迫性、专业性进一步凸显。对此,立法加强了对违法行为的打击。国家有关规定,主要包括《刑法》《个人信息保护法》等。《刑法》第253条之一第1款规定,违反国家有关规定,向他人出售

或者提供公民个人信息,情节严重的,处3年以下有期徒刑或拘役,并处或者单处罚金。2021年第十三届全国人民代表大会常务委员会第三十次会议表决通过《个人信息保护法》,对个人信息保护问题作出了全面、基础的规定,推动了个人信息保护法治环境的不断改善。

适用要点

[违反治安管理的侵犯公民个人信息行为与侵犯公民个人信息罪的界分]

侵犯公民个人信息罪是指向他人出售或者提供公民个人信息,情节严重的行为,或者是将在履行职责或者提供服务过程中获得的公民个人信息,出售或者提供给他人的行为。该罪保护的法益是公民个人信息的安全。根据《刑法》第253条之一第1款的规定,违反国家有关规定,向他人出售或者提供公民个人信息,情节严重的,处3年以下有期徒刑或者拘役,并处或者单处罚金;情节特别严重的,处3年以上7年以下有期徒刑,并处罚金。

《最高人民法院、最高人民检察院关于办理侵犯公民个人信息刑事案件适用法律若干问题的解释》第5条第1款对侵犯公民个人信息罪的"情节严重"作出认定:(1)出售或者提供行踪轨迹信息,被他人用于犯罪的;(2)知道或者应当知道他人利用公民个人信息实施犯罪,向其出售或者提供的;(3)非法获取、出售或者提供行踪轨迹信息、通信内容、征信信息、财产信息50条以上的;(4)非法获取、出售或者提供住宿信息、通信记录、健康生理信息、交易信息等其他可能影响人身、财产安全的公民个人信息500条以上的;(5)非法获取、出售或者提供第3项、第4项规定以外的公民个人信息5000条以上的;(6)数量未达到第3项至第5项规定标准,但是按相应比例合计达到有关数量标准的;(7)违法所得5000元以上的;(8)将在履行职责或者提供服务过程中获得的公民个人信息出售或者提供给他人,数量或者数额达到第3项至第7项规定标准一半以上的;(9)曾因侵犯公民个人信息受过刑事处罚或者2年内受过行政处罚,又非法获取、出售或者提供公民个人信息的;(10)其他情节严重的情形。因此,只有情节严重的才构成犯罪;反之,则属于违反治安管理行为。

关联法规

《刑法》第253条之一;《个人信息保护法》第2条

第五十七条 【对侵犯公民通信自由行为的处罚】冒领、隐匿、毁弃、倒卖、私自开拆或者非法检查他人邮件、快件的,处警告或者一千元以下罚款;情节较重的,处五日以上十日以下拘留。

条文注释

该行为侵犯的客体是公民的通信自由权利。公民的通信自由权利是《宪法》赋予公民的基本权利之一,包括通信自由和通信秘密两个方面。《宪法》第40条中规定:"中华人民共和国公民的通信自由和通信秘密受法律的保护。"通信自由,是指通过书信、电话、电报、电子邮件等方式与他人进行正当通信的自由。通信秘密,是指公民发给他人的信件,其内容不经写信人或者收信人同意不得公开,任何组织或者个人不得非法干涉和侵犯。侵犯对象是公民的信函、电子邮件和电报等具有信件性质的寄递物品,也包括汇款、包裹、印刷品等。

该行为在客观上表现为冒领、隐匿、毁弃、倒卖、私自开拆或者非法检查他人寄递邮件。冒领,是指冒充他人的身份而领取财物的行为。一般行为人通过伪造或者窃取他人身份证件,骗取邮政工作人员的信任,冒充他人领取包裹、汇款等邮件。隐匿,是指私自把他人的邮件扣留,在一定地点加以隐藏而不交给收件人的行为。毁弃,是指将他人的邮件故意撕毁、焚烧或者丢弃的行为。倒卖,是指违法将属于他人的邮件及信息卖给第三方。私自开拆,是指既没有法律依据,又未经他人许可,擅自开拆他人邮件,偷看他人邮件内容,或者使他人邮件内容处于公开暴露状态的行为。非法检查,是指没有合法依据和没有经过合法程序而对他人的邮件进行扣留检查。《刑事诉讼法》第143条规定:"侦查人员认为需要扣押犯罪嫌疑人的邮件、电报的时候,经公安机关或者人民检察院批准,即可通知邮电机关将有关的邮件、电报检交扣押。不需要继续扣押的时候,应即通知邮电机关。"因此,在除公安机关、检察机关或者国家安全机关出于国家安全和侦查犯罪的需要,严格按照法律规定的程序可以对犯罪嫌疑人的通信进行检查之外,任何机关、团体、单位和个人都不得侵犯公民的通信自由和通信秘密。

适用要点

[违反治安管理的侵犯公民通信自由行为与侵犯公民通信自由罪的界分]

侵犯通信自由罪是指隐匿、毁弃或者非法开拆他人信件,侵犯公民通信自由权利,情节严重的行为。侵犯通信自由罪侵犯的客体是公民的通信自由和通信秘密的权利。侵犯通信自由的行为,须情节严重才构成犯罪。

关联法规

《刑法》第252、253条;《邮政法》第36条

第五十八条 【对盗窃、诈骗、哄抢、抢夺、敲诈勒索行为的处罚】盗窃、诈骗、哄抢、抢夺或者敲诈勒索的,处五日以上十日以下拘留或者二千元以下罚款;情节较重的,处十日以上十五日以下拘留,可以并处三千元以下罚款。

条文注释

盗窃公私财物的行为,是指行为人以非法占有为目的,秘密窃取公私财物,尚不够刑事处罚的行为。如果对某种财物未经物主同意暂时挪用或借用,准备日后归还无非法占有的目的,不构成盗窃。

诈骗公私财物的行为,是指以行为人非法占有为目的,用虚构事实或者隐瞒真相的方法,骗取少量公私财物的行为。该行为表现为行为人用虚构事实或者隐瞒真相的方法,使财物所有人、持有人产生错觉,信以为真,从而骗取少量公私财物。

哄抢公私财物的行为，是指行为人以起哄的方式公开趁乱或者在紧急状态下公然抢走公私财物的行为。该行为表现为行为人聚众哄抢公私财物，数额不大，不构成犯罪。聚众，是指多人聚集在一起，有时可达到几十人、上百人。哄抢，是指行为人采取起哄、制造混乱、滋扰等手段，利用人多势众致使财物所有人或者持有人无法阻止，公然抢走公私财物。

抢夺公私财物的行为，是指行为人以非法占有为目的，乘人不备，公然夺取少量公私财物，尚不够刑事处罚的行为。该行为表现为行为人乘人不备，公然夺取少量公私财物。公然夺取，是指行为人当着公私财物所有人或者持有人的面，乘其不备，公开夺取公私财物。抢夺公私财物的行为还须是情节较轻没有构成犯罪的行为。

敲诈勒索公私财物的行为，是指行为人以非法占有为目的，以威胁或者要挟的方法，强行索取少量公私财物，尚不够刑事处罚的行为。该行为表现为行为人采取威胁、要挟的方法，迫使被侵害人交出少量财物。采用威胁、要挟的方法，是指以对被侵害人及其近亲属实施杀害、伤害相威胁，或者以公开被侵害人的隐私和不正当行为、毁坏被侵害人的名誉相要挟，或者利用被侵害人的困境相要挟等。

适用要点

[偷拿家庭成员或者近亲属的财物，数额较小的如何定性]

按照《最高人民法院、最高人民检察院关于办理盗窃刑事案件适用法律若干问题的解释》第8条的规定，偷拿家庭成员或者近亲属的财物，获得谅解的，一般可不认为是犯罪；追究刑事责任的，应当酌情从宽。

[违反治安管理的盗窃公私财物行为与盗窃罪的界分]

盗窃罪，是指以非法占有为目的，秘密窃取公私财物，数额较大或者多次盗窃、入户盗窃、携带凶器盗窃、扒窃的行为。根据《最高人民法院、最高人民检察院关于办理盗窃刑事案件适用法律若干问题的解释》第1条第1款的规定，数额较大，是指个人盗窃公私财物价值1000元至3000元以上。多次盗窃是2年内盗窃三次以上。入户盗窃,是指非法进入供他人家庭生活,与外界相对隔离的住所盗窃。携带凶器盗窃,是指携带枪支、爆炸物、管制刀具等国家禁止个人携带的器械盗窃,或者为了实施违法犯罪携带其他足以危害他人人身安全的器械盗窃。扒窃,是指在公共场所或者公共交通工具上盗窃他人随身携带的财物。盗窃公私财物数额较大,行为人认罪、悔罪,退赃、退赔,且具有相关法定情形之一,情节轻微的,可以不起诉或者免予刑事处罚;必要时,由有关部门予以行政处罚。因此,秘密窃取公私财物构成犯罪必须达到数额较大或者没有达到数额较大但实施了多次盗窃、入户盗窃、携带凶器盗窃、扒窃的行为。反之,则属于违反治安管理的行为。

关联法规

《刑法》第264—268条;《最高人民法院、最高人民检察院关于办理抢夺刑事案件适用法律若干问题的解释》

> **第五十九条 【对故意损毁公私财物行为的处罚】**故意损毁公私财物的,处五日以下拘留或者一千元以下罚款;情节较重的,处五日以上十日以下拘留,可以并处三千元以下罚款。

条文注释

故意损毁公私财物的行为,是指行为人出于泄私愤、报复等动机,故意损坏公私财物的完整性,故意使公私财物丧失部分乃至全部价值或者使用价值,尚不够刑事处罚的行为。该行为表现为行为人毁灭或者损坏公私财物,其侵犯对象包括生产资料、生活资料、动产、不动产等多种公私财物。毁灭,是指用焚烧、摔砸等方法使财物完全丧失其价值或者使用价值。损坏,是指使财物部分丧失其价值或者使用价值。行为人主观上是出于故意,但不是为了非法获取财物,而是将财物毁坏。行为人的动机各种各样,一般是出于报复心理。

适用要点

[故意毁坏财物"情节较重"的认定]

根据《公安机关对部分违反治安管理行为实施处罚的裁量指导

意见》的规定,有下列情形之一的属于"情节较重":(1)故意损毁财物价值达到有关刑事立案追诉标准50%以上的;(2)故意损毁防灾、救灾、救济等特定财物的;(3)故意损毁财物,对被侵害人生产、生活影响较大的;(4)损毁多人财物的;(5)其他情节较重的情形。

关联法规

《刑法》第275条;《预防未成年人犯罪法》第38条

第六十条 【欺凌学生的违反治安管理行为和学校不按规定报告、处置学生欺凌的法律责任】以殴打、侮辱、恐吓等方式实施学生欺凌,违反治安管理的,公安机关应当依照本法、《中华人民共和国预防未成年人犯罪法》的规定,给予治安管理处罚、采取相应矫治教育等措施。

学校违反有关法律法规规定,明知发生严重的学生欺凌或者明知发生其他侵害未成年学生的犯罪,不按规定报告或者处置的,责令改正,对其直接负责的主管人员和其他直接责任人员,建议有关部门依法予以处分。

条文注释

本条规定了两方面的内容:

一是明确了欺凌学生的违反治安管理行为的法律责任。具体欺凌的侵害行为,表现为殴打、侮辱、恐吓等类型。近年来,未成年学生的霸凌事件屡见不鲜。这种欺凌常见于学生之间的欺凌,是学生之间一方蓄意或者恶意通过肢体、语言及网络等手段实施欺压、侮辱,造成另一方人身伤害、财产损失或者精神损害的行为。追究法律责任的法律依据是《治安管理处罚法》《预防未成年人犯罪法》,追究形式有给予治安管理处罚和采取相应矫治教育等措施。其中,采取相应矫治教育是2025年修改新增的内容。鉴于普通学校的人手和设备有限,老师往往不具备对问题学生进行矫治教育的专业能力,而在未经矫治教育情况下让问题学生继续就读,将增加学校、老师们的负担以及不安全性,还可能会变本加厉霸凌其他孩子,不仅损害他们的身心健康成长，而且影响学校的学习氛围。由此，具体采取相应矫治教育，适宜由特定的未成年人矫治教育机构进行。

二是明确了学校处置学生欺凌或者明知发生其他侵害未成年学生的犯罪的责任，主要包括按规定报告或者处置。学校违反有关法律法规规定，明知发生严重的学生欺凌或者明知发生其他侵害未成年学生的犯罪，不按规定报告或者处置的，责令改正，对其直接负责的主管人员和其他直接责任人员，建议有关部门依法予以处分。这要求学校建立学生欺凌防控工作制度，加强日常安全管理；依法认定和处理学生欺凌行为；对相关未成年学生及时给予心理辅导、教育和引导；对实施欺凌的未成年学生依法加强管教；对严重的欺凌行为应当及时向公安机关、教育主管部门报告，并配合相关部门依法处理。综上，学校和有关部门等应充分认识学生欺凌或其他侵害未成年学生犯罪的危害，重视学生预防和处理工作，加强协作配合，依法预防和处置，为未成年人健康成长创造更好的社会环境。

适用要点

[常见的校园欺凌类型]

《未成年人保护法》《预防未成年人犯罪法》对学生欺凌问题作了有针对性的规定。所谓学生欺凌，是指发生在学生之间，一方蓄意或者恶意通过肢体、语言及网络等手段实施欺压、侮辱，造成另一方人身伤害、财产损失或者精神损害的行为。实践中，常见的校园欺凌有几下几种行为：(1)殴打、脚踢、掌掴、抓咬、推搡、拉扯等侵犯他人身体或者恐吓威胁他人；(2)以辱骂、讥讽、嘲弄、挖苦、起侮辱性绰号等方式侵犯他人人格尊严；(3)抢夺、强拿硬要或者故意毁坏他人财物；(4)恶意排斥、孤立他人，影响他人参加学校活动或者社会交往；(5)通过网络或者其他信息传播方式捏造事实诽谤他人、散布谣言或者错误信息诋毁他人、恶意传播他人隐私。

关联法规

《未成年人保护法》第39条；《预防未成年人犯罪法》第1、20条

第四节　妨害社会管理的行为和处罚

第六十一条　【对拒不执行紧急状态决定、命令和阻碍执行公务行为的处罚】有下列行为之一的,处警告或者五百元以下罚款;情节严重的,处五日以上十日以下拘留,可以并处一千元以下罚款:

(一)拒不执行人民政府在紧急状态情况下依法发布的决定、命令的;

(二)阻碍国家机关工作人员依法执行职务的;

(三)阻碍执行紧急任务的消防车、救护车、工程抢险车、警车或者执行上述紧急任务的专用船舶通行的;

(四)强行冲闯公安机关设置的警戒带、警戒区或者检查点的。

阻碍人民警察依法执行职务的,从重处罚。

条文注释

本条第 1 款规定了四种拒不执行紧急状态决定、命令和阻碍执行公务的行为。

一是拒不执行人民政府在紧急状态情况下依法发布的决定、命令。紧急状态,是指发生或者即将发生特别重大突发事件,需要国家机关行使紧急权力予以控制、消除其社会危害和威胁时,有关国家机关按照《宪法》、法律规定的权限决定并宣布局部地区或者全国实行的一种临时性的严重危急状态。各国的法律都有相应规定,在紧急状态下,政府可以采取特别措施,来限制社会成员一定的行动,政府还有权强制有关公民有偿提供一定劳务或者财物,公民有义务配合政府紧急状态下采取的措施,来应对和解除突发事件。《突发事件应对法》第 103 条第 1 款规定:"发生特别重大突发事件,对人民生命财产安全、国家安全、公共安全、生态环境安全或者社会秩序构成重大威胁,采取本法和其他有关法律、法规、规章规定的应急处置措施不能消除或者有效控制、减轻其严重社会危害,需要进入紧急状态的,由全国人民代表大会常务委员会或者国务院依照宪法和其他有关法律规定的权限和程序决定。"其他相关的法律规范还有《戒严法》《传染病防治法》《防洪法》等。

二是阻碍国家机关工作人员依法执行职务。该行为是妨害公务行为,侵犯的客体是国家机关的正常管理秩序。国家要获得稳定有序的发展环境,都必须拥有一系列的管理职能,而这些管理职能通常是通过国家机关工作人员依法执行职务、履行职责来实现的。因此,阻碍国家机关工作人员依法执行职务,是对社会管理活动的干扰和破坏。

三是阻碍特种交通工具通行。为了维护公共安全、抢险救灾、抢救他人生命,法律规定消防车、救护车、工程抢险车、警车或者执行上述紧急任务的专用船舶在执行紧急任务时享有优先通行权。例如,《道路交通安全法》第53条第1款规定:"警车、消防车、救护车、工程救险车执行紧急任务时,可以使用警报器、标志灯具;在确保安全的前提下,不受行驶路线、行驶方向、行驶速度和信号灯的限制,其他车辆和行人应当让行。"阻碍这些执行紧急任务的交通工具通行的,理应受到治安处罚。

四是强行冲闯公安机关设置的警戒带、警戒区或者检查点。该类行为尚不构成刑事处罚,但其违反了其他相关法律规范。如《公安机关警戒带使用管理办法》第2条规定,警戒带是指公安机关按照规定装备,用于依法履行职责在特定场所设置禁止进入范围的专用标志物。《人民警察法》第17条规定:"县级以上人民政府公安机关,经上级公安机关和同级人民政府批准,对严重危害社会治安秩序的突发事件,可以根据情况实行现场管制。公安机关的人民警察依照前款规定,可以采取必要手段强行驱散,并对拒不服从的人员强行带离现场或者立即予以拘留。"

适用要点

[对"紧急状态"的理解]

《宪法》规定的紧急状态,是指发生或者即将发生特别重大突发事件,需要国家机关行使紧急权力予以控制、消除其社会危害和威胁时,有关国家机关按照《宪法》、法律规定的权限决定并宣布局部地区或者全国实行的一种临时性的严重危急状态。2004年《宪法修正案》用"紧急状态"取代了"戒严",同时规定了决定和宣布进入紧急状态的权限。对于本条第1款规定的"紧急状态",理论界和实务界在认定上存在事实状态说和法律设定说两种观点。事实状态说认为,"紧急状态"是指自然、社会客观形成的事实状态;法律设定说认为,"紧急状态"是指法律设定的、在特殊时期启动的一种法律制度,即与《宪法》规定一致。

根据《宪法》的规定,有权决定紧急状态的机关分别是全国人大常委会和国务院,二者的权限划分是:全国人大常委会有权决定全国或者个别省、自治区、直辖市进入紧急状态;国务院有权依照法律规定决定省、自治区、直辖市范围内部分地区进入紧急状态。这就是国家层面的"紧急状态"。从立法目的来看,设置本条规定,是为了确保各级人民政府的决定、命令得到有效执行,避免有令不行,有禁不止的情况发生。各级政府的决定、命令不仅仅针对国家层面的"紧急状态"作出。各级政府在行使行政职能,管理社会事务过程中,在本辖区内发生公共卫生灾难、生态环境灾难、事故灾难、经济危机、社会公共安全事件等紧急情况时,也有权在本辖区内贯彻执行有关法律规定的权限和程序,以便迅速处置紧急情况。因此,对本条规定应作广义理解。

关联法规

《刑法》第242、277、278条;《突发事件应对法》第103条

第六十二条 【对招摇撞骗行为的处罚】冒充国家机关工作人员招摇撞骗的,处十日以上十五日以下拘留,可以并处一

千元以下罚款;情节较轻的,处五日以上十日以下拘留。

冒充军警人员招摇撞骗的,从重处罚。

盗用、冒用个人、组织的身份、名义或者以其他虚假身份招摇撞骗的,处五日以下拘留或者一千元以下罚款;情节较重的,处五日以上十日以下拘留,可以并处一千元以下罚款。

条文注释

招摇撞骗是指为谋取非法利益,假冒国家机关工作人员的身份、职称或其他虚假身份,进行诈骗,损害国家机关的威信以及妨害社会管理秩序活动的行为。国家机关工作人员,是指在国家机关中从事公务的人员,具体来说,主要包括在各级国家权力机关、行政机关、司法机关、军事机关、监察机关中从事公务的人员。《刑法》第93条第2款规定,国有公司、企业、事业单位、人民团体中从事公务的人员和国家机关、国有公司、企业、事业单位委派到非国有公司、企业、事业单位、社会团体从事公务的人员,以及其他依照法律从事公务的人员,以国家工作人员论。招摇撞骗一般具有牟取非法利益的目的,如骗取荣誉、待遇、职位、学位、女色、钱财等。如果行为人有此行为且骗取非法利益,会构成违法,公安机关会依法追究其法律责任。本条第2款规定冒充人民警察和军人招摇撞骗的,从重处罚。这样规定主要是因为人民警察和军人肩负着维护国家安全、维护社会秩序、保护公民的人身和财产安全的职责,冒充这两类身份招摇撞骗,不仅会严重损害人民警察和军人的形象和威信,而且行为人容易利用群众对人民警察和军人的信任而得逞,该行为社会危害性较大。

盗用、冒用个人、组织的身份、名义或者以其他虚假身份招摇撞骗,是指冒充国家机关工作人员以外的其他人员,如冒充高干子弟、记者、医生、教师等进行招摇撞骗。对这些违法行为处5日以下拘留或者1000元以下罚款;情节较重的,处5日以上10日以下拘留,可以并处1000元以下罚款。从重处罚,是指在规定的处罚种类和幅度内,适用较重的处罚。

适用要点

[违反治安管理的招摇撞骗行为与招摇撞骗罪的界分]

《刑法》第279条第1款规定:"冒充国家机关工作人员招摇撞骗的,处三年以下有期徒刑、拘役、管制或者剥夺政治权利;情节严重的,处三年以上十年以下有期徒刑。"将《刑法》条款与本条进行比较可知,作为违反治安管理行为的招摇撞骗,除了情节、后果等相对较轻,其有一个重要的特点是行为人冒充的身份范围远大于构成犯罪行为的招摇撞骗。也就是说,只有冒充国家机关工作人员招摇撞骗才可能构成犯罪,但冒充国家机关工作人员及其他虚假身份招摇撞骗,均可构成违反治安管理行为。例如,不是医师而冒充医师去骗取钱财或者其他利益,不是教师而冒充教师去推销对学习无实际帮助的所谓"教辅资料"等,均可能构成违反治安管理的招摇撞骗行为。

关联法规

《刑法》第279条;《国家情报法》第30条;《军服管理条例》第16条

第六十三条 【对伪造、变造、出租、出借、买卖公文、证件、票证行为的处罚】 有下列行为之一的,处十日以上十五日以下拘留,可以并处五千元以下罚款;情节较轻的,处五日以上十日以下拘留,可以并处三千元以下罚款:

(一)伪造、变造或者买卖国家机关、人民团体、企业、事业单位或者其他组织的公文、证件、证明文件、印章的;

(二)出租、出借国家机关、人民团体、企业、事业单位或者其他组织的公文、证件、证明文件、印章供他人非法使用的;

(三)买卖或者使用伪造、变造的国家机关、人民团体、企业、事业单位或者其他组织的公文、证件、证明文件、印章的;

(四)伪造、变造或者倒卖车票、船票、航空客票、文艺演出票、体育比赛入场券或者其他有价票证、凭证的；

（五）伪造、变造船舶户牌，买卖或者使用伪造、变造的船舶户牌，或者涂改船舶发动机号码的。

条文注释

本条规定的"伪造"，是指无制作权人冒用有关国家机关、人民团体、企业、事业单位的名义，非法制作国家机关、人民团体、企业、事业单位或者其他组织的公文、证件、证明文件、印章的行为。"变造"，是指用涂改、拼接、擦消等方法，对真实的公文、证件、证明文件、印章进行改制，变更其原来真实内容的行为。"出租""出借"，是指将自己所有的公文、证件、证明文件、印章提供给他人使用。"买卖"，是指为了某种目的，非法购买或销售国家机关、人民团体、企业、事业单位或者其他组织的公文、证件、证明文件、印章的行为。"涂改船舶发动机号码"，是指擅自涂改船舶发动机原有号码的行为。该行为侵犯了国家对船舶的正常管理秩序。

本条规定的"国家机关"，是指各级国家权力机关、党政机关、司法机关、军事机关等。这里的"公文"，是指国家机关在其职权内，以其名义制作的用以指示工作、处理问题或者联系事务的各种书面文件，如决定、命令、决议、指示、通知、报告、信函、电文等；"证件"，是指国家机关制作颁发的用以证明身份、权利义务关系或者有关事实的凭证，主要包括证件、证书；"印章"，是指刻有国家机关、企事业单位、组织名称的公章或者具有某种特殊用途的专用章。根据《船舶登记条例》第56条第1项的规定，"船舶"系指各类机动、非机动船舶以及其他水上移动装置，但是船舶上装备的救生艇筏和长度小于5米的艇筏除外。

适用要点

[对于购买并使用伪造、变造的机动车登记证书、号牌、行驶证、驾驶证的行为，公安机关是否可以适用本条规定予以治安管理处罚]

此行为应当由公安机关交管部门根据《道路交通安全法》第96

条第 1 款的规定,予以行政处罚,而不是根据本条第 3 项的规定对其予以治安管理处罚。

关联法规

《刑法》第 227、280 条;《居民身份证法》第 16—18 条;《道路交通安全法》第 96 条;《社会团体印章管理规定》

第六十四条 【对船舶擅进禁止、限入水域或岛屿行为的处罚】船舶擅自进入、停靠国家禁止、限制进入的水域或者岛屿的,对船舶负责人及有关责任人员处一千元以上二千元以下罚款;情节严重的,处五日以下拘留,可以并处二千元以下罚款。

条文注释

该行为侵犯的是国家对特定水域、岛屿的管理秩序。擅自进入、停靠国家禁止、限制进入的水域或者岛屿,是指违反国家有关规定在没有获得许可和批准的情况下,擅自驶入或者停泊在国家禁止、限制进入的水域或岛屿的行为。国家禁止或者限制进入的水域或岛屿,一般指国家的海军军事基地或者用于其他专门用途的水域和岛屿,船舶擅自进入禁止或者限制进入的水域或岛屿将会导致国家军事秘密的泄露,妨害国家对专门用途水域、岛屿的管理。公安部 2000 年颁布的《沿海船舶边防治安管理规定》第 17 条规定:"出海船舶和人员不得擅自进入国家禁止或者限制进入的海域或岛屿,不得擅自搭靠外国籍或者香港、澳门特别行政区以及台湾地区的船舶。因避险及其他不可抗力的原因发生前款情形的,应当在原因消除后立即离开,抵港后及时向公安边防部门报告。"在实际的沿海船舶边防治安管理中,一些船舶违反规定,擅自进入国家禁止或者限制进入的海域或岛屿,仅对他们处以罚款已经不能制止此种违法行为,必须给予其行政拘留才能起到教育惩戒的作用。

该行为的主体是船舶的负责人和其他有关责任人员,这些人员既可以是中国公民,也可以是外国人;侵犯对象是国家禁止、限制进入的水域或者岛屿。在客观方面表现为船舶违反国家规定擅自进入、停靠国家禁止、限制进入的水域或者岛屿。"船舶",是指在我国领海海域内或者内水水域停泊、航行和从事生产作业的各类船舶。"擅自进入、停靠",是指违反国家有关的管理规定,没有获得批准和许可而擅自驶入或者停泊在国家禁止、限制进入的水域或者岛屿。

适用要点

[因避险及其他不可抗力的原因而进入或者停靠国家禁止、限制进入的水域或者岛屿的行为,应如何定性]

根据《沿海船舶边防治安管理规定》第17条第2款的规定,因避险及其他不可抗力的原因而进入或者停靠国家禁止、限制进入的水域或者岛屿,应当在原因消除后立即离开,抵港后及时向公安机关报告的,不构成该行为。

关联法规

《刑法》第371条;《沿海船舶边防治安管理规定》第17条

第六十五条 【对违法设立社团、以被撤销社会团体名义活动、未获许可擅自经营行为的处罚】有下列行为之一的,处十日以上十五日以下拘留,可以并处五千元以下罚款;情节较轻的,处五日以上十日以下拘留或者一千元以上三千元以下罚款:

(一)违反国家规定,未经注册登记,以社会团体、基金会、社会服务机构等社会组织名义进行活动,被取缔后,仍进行活动的;

(二)被依法撤销登记或者吊销登记证书的社会团体、基金会、社会服务机构等社会组织,仍以原社会组织名义进行活动的;

(三)未经许可,擅自经营按照国家规定需要由公安机关许可的行业的。

有前款第三项行为的,予以取缔。被取缔一年以内又实施的,处十日以上十五日以下拘留,并处三千元以上五千元以下罚款。

取得公安机关许可的经营者,违反国家有关管理规定,情节严重的,公安机关可以吊销许可证件。

条文注释

1. 非法以社团名义活动的行为

本条第1款是关于违反社会团体登记管理规定行为的认定及处罚。该行为侵犯的客体是国家对社会团体的管理秩序。《宪法》规定公民有结社自由,结社自由是公民的一项基本的政治权利和自由,是公民为了实现某一合法的宗旨而依法结成某种社会团体的自由。但公民在行使权利的同时,必须遵守法律规定。《社会团体登记管理条例》明确规定,任何社会团体都必须遵守宪法和法律、法规,维护国家的统一和民族的团结,不得损害国家、社会、集体的利益和其他公民合法的自由和权利。因此,对于违反社会团体登记管理规定的行为,必须依法查处。该行为在客观方面表现为违反国家关于社会团体登记管理规定,未经注册登记以社会团体、基金会、社会服务机构等社会组织名义进行活动,被取缔后仍进行活动。社会组织都有法律规范的调整,例如《社会团体登记管理条例》第3条第1、2款规定,"成立社会团体,应当经其业务主管单位审查同意,并按照本条例的规定进行登记。社会团体应当具备法人条件"。未经登记以社会团体的名义进行活动是非法的,应受到治安管理处罚。

2. 被依法撤销登记或者吊销登记证书的社会团体、基金会、社会服务机构等社会组织,仍以原社会组织名义进行活动

社会组织被主管部门撤销登记后,仍以原社会团体、基金会、社会服务机构等社会组织名义进行活动的,属于非法活动。《社会团体登记管理条例》第31条规定:"社会团体的活动违反其他法律、法规的,由有关国家机关依法处理;有关国家机关认为应当撤销登记的,由登记管理机关撤销登记。"社会团体的主管部门是各级人民政

府民政部门。值得注意的是,如果以未经登记注册的新社团名义进行活动,则不构成该行为。

3. 未经公安机关许可擅自经营需要由公安机关许可的行业

需要公安机关许可的行业,是指市场活动中其经营的业务容易被利用进行违法犯罪活动,法律、法规规定公安机关对其实施特殊治安管理的行业。这些行业经营的业务内容易被利用进行违法犯罪活动,为了公共秩序、公共利益的需要,设定了禁止一般人从事,只有具备相应条件和资格,经公安机关审查批准才能从事该行业,对于符合条件的颁发行业许可证件的。国家对以上行业实行的许可证制度,不是一般的行政许可,而是特许,是具有法律意义的治安行政行为。该行为在客观方面表现为行为人未经许可,擅自经营按照国家规定需要由公安机关许可的行业。如旅馆、典当、公章刻制、保安培训机构等行业,行为人没有向公安机关提交有关行政许可的材料,没有获得公安机关的许可而擅自进行经营。本条第3款规定,取得公安机关许可的经营者,违反国家有关管理规定,情节严重的,公安机关可以吊销其许可证件。在实践中吊销许可证件要慎重把握,对于那些多次违反管理规定,存在严重安全隐患的,公安机关应吊销许可证件,并应告知当事人有听证的权利。

另外,本条新增规定,被取缔1年以内又实施的,处10日以上15日以下拘留,并处3000元以上5000元以下罚款。"取缔",是指明令取消或禁止,主要是公安机关等行政机关吊销颁发的证件这一资格罚。

适用要点

[在处理非法社会团体问题上公安机关与民政部门的分工]

《社会团体登记管理条例》第32条规定,筹备期间开展筹备以外的活动,或者未经登记,擅自以社会团体名义进行活动,以及被撤销登记的社会团体继续以社会团体名义进行活动的,由登记管理机关予以取缔,没收非法财产;构成犯罪的,依法追究刑事责任;尚不构成犯罪的,依法给予治安管理处罚。因而,取缔非法社团的职能属于民政部门,公安机关的职责是依照本条规定对非法社团的违法行为人给予罚款、拘留的治安处罚。

[取缔的具体适用]

取缔应当由违反治安管理行为发生地的县级以上公安机关作出,按照本法的有关规定采取相应的措施,如责令停止相关经营活动,进入无证经营场所进行检查、扣押与案件有关的需要作为证据的物品等。在取缔的同时,公安机关还应当依法收缴非法财物、追缴违法所得。

关联法规

《刑法》第225条;《社会团体登记管理条例》第20—26条;《公安机关行政许可工作规定》

第六十六条 【对煽动、策划非法集会、游行、示威行为的处罚】煽动、策划非法集会、游行、示威,不听劝阻的,处十日以上十五日以下拘留。

条文注释

集会、游行、示威是《宪法》赋予公民表达个人意愿和反映要求的一种方式,属于一种民主权利。集会自由是指公民有聚集于露天公共场所,发表意见、表达意愿的自由;游行自由是指公民有在公共道路、露天公共场所列队行进、表达共同意愿的自由;示威自由是指公民有在公共道路、露天公共场所以集会、游行、静坐等方式,表达要求、抗议或者支持、声援等共同意愿的自由。对这些权利的行使,《集会游行示威法》等相关法律法规作出了具体规定。《集会游行示威法》第2条第2、3、4款规定,"集会"是指聚集于露天公共场所,发表意见、表达意愿的活动;"游行"是指在公共道路、露天公共场所列队行进、表达共同意愿的活动;"示威"是指在露天公共场所或者公共道路上以集会、游行、静坐等方式,表达要求、抗议或者支持、声援等共同意愿的活动。

本条所调整的非法集会、游行、示威,是指煽动、策划行为。策划,是指谋划和计划。本法处罚的是非法集会、游行、示威的煽动者、策划者。只有在不听劝阻,行为人仍进行煽动、策划的情形下,公安机关才予以处罚。此外,行为人受到国家有关机关制止后,主动停止自己的行为,避免其行为带来社会危害后果的,公安机关可以不予处罚。

适用要点

[策划文娱、体育、宗教、民间习俗活动是否属于集会]

《集会游行示威法实施条例》第4条规定,文娱、体育活动,正常的宗教活动,传统的民间习俗活动,由各级人民政府或者有关主管部门依照有关的法律、法规和国家其他有关规定进行管理。由此可知,该类行为不属于《集会游行示威法》及实施条例界定的集会,不能按照该类法律规范进行管理,而是由各级人民政府或者有关主管部门依照有关的法律、法规和国家其他有关规定进行管理。

[哪些集会、游行、示威是非法的]

《集会游行示威法》第12条规定,申请举行的集会、游行、示威,有下列情形之一的,不予许可:(1)反对《宪法》所确定的基本原则的;(2)危害国家统一、主权和领土完整的;(3)煽动民族分裂的;(4)有充分根据认定申请举行的集会、游行、示威将直接危害公共安全或者严重破坏社会秩序的。另外,未向主管机关提出申请并未获得许可的集会、游行、示威也是非法的。

关联法规

《刑法》第296条;《集会游行示威法》第2、28条

第六十七条 【对旅馆经营者违反规定行为的处罚】从事旅馆业经营活动不按规定登记住宿人员姓名、有效身份证件种类和号码等信息的,或者为身份不明、拒绝登记身份信息的人提供住宿服务的,对其直接负责的主管人员和其他直接责任人员处五百元以上一千元以下罚款;情节较轻的,处警告或者五百元以下罚款。

实施前款行为,妨害反恐怖主义工作进行,违反《中华人民

共和国反恐怖主义法》规定的,依照其规定处罚。

从事旅馆业经营活动有下列行为之一的,对其直接负责的主管人员和其他直接责任人员处一千元以上三千元以下罚款;情节严重的,处五日以下拘留,可以并处三千元以上五千元以下罚款:

(一)明知住宿人员违反规定将危险物质带入住宿区域,不予制止的;

(二)明知住宿人员是犯罪嫌疑人员或者被公安机关通缉的人员,不向公安机关报告的;

(二)明知住宿人员利用旅馆实施犯罪活动,不向公安机关报告的。

条文注释

本条规定了对从事旅馆业经营活动的人员不按规定登记住宿人员信息的处罚。该行为的主体是旅馆业经营者及其工作人员。旅馆业,是指为过往旅客提供住宿条件以及其他生活、生产服务的行业。根据国务院批准、公安部发布的《旅馆业治安管理办法》的规定,凡经营接待旅客住宿的旅馆、饭店、宾馆、招待所、客货栈、车马店、浴池等,不论是国营、集体经营,还是合伙经营、个体经营、外商投资经营,不论是专营还是兼营,不论是常年经营,还是季节性经营,都必须作为特定行业加以管理。

2025年修订《治安管理处罚法》增加了与《反恐怖主义法》的衔接适用。实践中,有的旅馆业经营者不按规定登记住宿人员信息,无法及时管控可能实施恐怖活动的人和恐怖活动组织的成员,导致已经发生造成重大社会危害。根据《反恐怖主义法》第86条规定,若住宿业务经营者、服务提供者,比如旅馆未按规定对客户身份进行查验,或者对身份不明、拒绝身份查验的客户提供服务,将会受到相应的处罚。具体处罚措施由主管部门决定,并可处10万元以上50万元以下罚款,同时,对其直接负责的主管人员和其他直接责任人员处10万元以下罚款。对此,实施前款行为,妨害反恐怖主义工作进行,违反《反恐怖主义法》规定的,依照其规定处罚。

该行为侵犯的是公安机关对旅馆业的管理制度。本条第3款对三类严重违法行为规定了更为严厉的处罚:第一,明知住宿人员违反规定将危险物质带入住宿区域,不予制止的;第二,明知住宿人员是犯罪嫌疑人员或者被公安机关通缉的人员,不向公安机关报告的;第三,明知住宿人员利用旅馆实施犯罪活动,不向公安机关报告的。根据《旅馆业治安管理办法》第9条的规定,旅馆工作人员发现违法犯罪分子,形迹可疑的人员和被公安机关通缉的罪犯,应当立即向当地公安机关报告,不得知情不报或隐瞒包庇。行为人只要实施了上述三种行为之一,就构成了该办法规定的违反治安管理行为。其中,"明知"是指知道或应当知道,行为人主观方面应是故意,主观方面为过失的不构成违反治安管理行为。

适用要点

[旅馆未按照规定办理外国人住宿登记的处罚规定]

根据《出境入境管理法》第39条、第76条第2款规定,外国人在我国境内旅馆住宿的,旅馆应当按照旅馆业治安管理的有关规定为其办理住宿登记,并向所在地公安机关报送外国人住宿登记信息。外国人在旅馆以外的其他住所居住或者住宿的,应当在入住后24小时内由本人或者留宿人,向居住地的公安机关办理登记。旅馆未按照规定办理住宿登记的,依照本法的有关规定予以处罚;未按照规定向公安机关报送外国人住宿登记信息的,给予警告;情节严重的,处1000元以上5000元以下罚款。

关联法规

《妇女权益保障法》第26条;《旅馆业治安管理办法》第9条;《反恐怖主义法》第86条

第六十八条 【对违法出租房屋行为的处罚】 房屋出租人将房屋出租给身份不明、拒绝登记身份信息的人的,或者不按规定登记承租人姓名、有效身份证件种类和号码等信息的,处五百元以上一千元以下罚款;情节较轻的,处警告或者五百元以下罚款。

房屋出租人明知承租人利用出租房屋实施犯罪活动,不向公安机关报告的,处一千元以上三千元以下罚款;情节严重的,处五日以下拘留,可以并处三千元以上五千元以下罚款。

条文注释

该行为侵犯的客体是社会管理秩序和公安机关对出租屋的管理秩序。随着城市流动人口的不断增加,出租房屋的市场需求越来越大。为了规范对出租房屋的管理,公安部门和一些地方政府制定了关于出租房屋的管理规定。《租赁房屋治安管理规定》第6条规定,私有房屋出租的,出租人须持房屋所有权证或者其他合法证明、居民身份证、户口簿,向房屋所在地公安派出所申请登记;单位房屋出租的,出租人须持房屋所有权证、单位介绍信,到房屋所在地公安派出所申请登记,经审核符合该规定出租条件的,由出租人向公安派出所签订治安责任保证书。

出租房屋是旅馆业以外以营利为目的,公民私有或单位所有的出租用于他人居住的房屋。出租人应依法将房屋出租给身份明确、配合登记身份信息的人。出租人明知房屋承租人利用出租房屋实施犯罪活动而不向公安机关报告的,侵犯了公安机关对出租房屋的管理秩序。实践中承租人利用出租房屋进行的犯罪活动主要包括容留卖淫,非法行医,贩卖毒品,制作淫秽物品,非法生产、储存危险物质等。出租人主观方面应是故意,即知道或者应当知道。出租人不知道房屋承租人利用出租房实施犯罪活动的,不构成违反治安管理行为,不受处罚。

适用要点

[房屋出租人有哪些治安责任]

《租赁房屋治安管理规定》第7条规定,房屋出租人的治安责任有以下几项:(1)不准将房屋出租给无合法有效证件的承租人;(2)与承租人签订租赁合同,承租人是外来暂住人员的,应当带领其到公安派出所申报暂住户口登记,并办理暂住证;(3)对承租人的姓名、性别、年龄、常住户口所在地、职业或者主要经济来源、服务处所等基本情况进行登记并向公安派出所备案;(4)发现承租人有违法犯罪活动或者有违法犯罪嫌疑的,应当及时报告公安机关;(5)对出租的房屋经常进行安全检查,及时发现和排除安全隐患,保障承租人的居住安全;(6)房屋停止租赁的,应当到公安派出所办理注销手续;(7)房屋出租单位或者个人委托代理人管理出租房屋的,代理人必须遵守有关规定,承担相应责任。

关联法规

《租赁房屋治安管理规定》第6、7条

第六十九条 【对行业经营者不依法登记信息行为的处罚】 娱乐场所和公章刻制、机动车修理、报废机动车回收行业经营者违反法律法规关于要求登记信息的规定,不登记信息的,处警告;拒不改正或者造成后果的,对其直接负责的主管人员和其他直接责任人员处五日以下拘留或者三千元以下罚款。

条文注释

本条规制的主体为娱乐场所和公章刻制、机动车修理、报废机动车回收行业经营者,违法行为表现为违反法律法规关于要求登记信息的规定,不登记信息或者未将登记信息报送公安机关,处罚条件为情节较重,处罚内容为对其直接负责的主管人员和其他直接责任人员处5日以下拘留。本条规定的主要目的在于与特定行业的相关规定进行衔接。比如《废旧金属收购业治安管理办法》第4条第1款规定:"收购废旧金属的企业和个体工商户,应当在取得营业执照后15日内向所在地县级人民政府公安机关备案。"《旅馆业治安管理办法》第4条第1款规定:"申请开办旅馆,应取得市场监管部门核发的营业执照,向当地公安机关申领特种行业许可证后,方准开业。"据此,为衔接各类法律法规,且规制娱乐场所和印章、旧货、机动车修理等行业领域的违法行为,本法新增本条规定。

关联法规

《废旧金属收购业治安管理办法》第 4 条;《旅馆业治安管理办法》第 4 条

> **第七十条 【对非法安装、使用、提供窃听、窃照专用器材行为的处罚】** 非法安装、使用、提供窃听、窃照专用器材的,处五日以下拘留或者一千元以上三千元以下罚款;情节较重的,处五日以上十日以下拘留,并处三千元以上五千元以下罚款。

条文注释

专用窃听器材包括暗藏式窃听、窃照器材,突发式收发报机、一次性密码本、密写工具,以及用于获取情报的电子监听、截收器材等。非法销售专用窃听器材的行为违反了国家有关规定,扰乱了国家对专用器材的管理秩序,严重侵犯公民个人隐私、侵害商业秘密,同时将会给国家安全利益造成重大损害。根据国家安全法和其他法律、法规的规定,任何组织和个人均不得非法安装、持有、使用窃听、窃照等专用器材。窃听、窃照专用器材是一般禁止安装、持有、使用和提供给他人的物品,除非法律特别授权,持有、安装、使用、提供即为非法。有关机关确有需要的,对其具体使用程序应做严格的限制,如《反间谍法》第 37 条规定,国家安全机关因反间谍工作需要,根据国家有关规定,经过严格的批准手续,可以采取技术侦察措施和身份保护措施。《刑法》第 284 条规定了非法使用窃听、窃照专用器材罪,该罪是指违反国家有关法律规定,使用窃听、窃照专用器材,造成严重后果的行为。本条规定与《刑法》相衔接。

适用要点

[“非法使用”的界定]

本条规定的“非法使用”,是指违反国家规定使用窃听、窃照专用器材,包括无权使用的人使用以及有权使用的人违反规定使用。根据原国家工商行政管理总局、公安部、原国家质量监督检验检疫总局联合发布的《禁止非法生产销售使用窃听窃照专用器材和"伪基站"设备的规定》第 2 条的规定,禁止自然人、法人及其他组织非法生产、销售、使用窃听窃照专用器材和"伪基站"设备。可见,"非法使用"主要是针对普通公民、单位。

[窃听专用器材的使用情形]

窃听专用器材,是指以伪装或隐蔽方式使用,经公安机关依法进行技术检测后作出认定性结论,有以下情形之一的:(1)具有无线发射、接收语音信号功能的发射、接收器材;(2)微型语音信号拾取或录制设备;(3)能够获取无线通信信息的电子接收器材;(4)利用搭接、感应等方式获取通信线路信息的器材;(5)利用固体传声、光纤、微波、激光、红外线等技术获取语音信息的器材;(6)可遥控语音接收器件或电子设备中的语音接收功能,获取语音信息,且无明显提示的器材(含软件);(7)其他具有窃听功能的器材。

关联法规

《刑法》第 284 条;《反间谍法》第 37 条

第七十一条 【对违法典当、收购行为的处罚】有下列行为之一的,处一千元以上三千元以下罚款;情节严重的,处五日以上十日以下拘留,并处一千元以上三千元以下罚款:

(一)典当业工作人员承接典当的物品,不查验有关证明、不履行登记手续的,或者违反国家规定对明知是违法犯罪嫌疑人、赃物而不向公安机关报告的;

(二)违反国家规定,收购铁路、油田、供电、电信、矿山、水利、测量和城市公用设施等废旧专用器材的;

(三)收购公安机关通报寻查的赃物或者有赃物嫌疑的物品的;

(四)收购国家禁止收购的其他物品的。

条文注释

1.典当业违反典当管理规定的认定

该行为侵犯的客体是公安机关对典当业的管理制度。该行为在客观方面表现为典当工作人员承接典当的物品不查验有关证明、不履行登记手续,或者违反国家规定对明知是违法犯罪嫌疑人、赃物而不向公安机关报告。典当业,是指以实物占有权转移形式为非国有中、小企业和公民个人临时性质抵押贷款的特殊企业。典当,是指出当人将其拥有所有权的动产物品交付给承当人,取得一定现金,在约定的期限内返还典当金赎回典当物的行为。由于典当业容易被违法犯罪分子利用进行销赃等活动,为了加强治安管理,保护群众的利益和典当行的合法经营,将其纳入特种行业管理。《典当管理办法》第 35 条规定:"办理出当与赎当,当户均应当出具本人的有效身份证件。当户为单位的,经办人员应当出具单位证明和经办人的有效身份证件;委托典当中,被委托人应当出具典当委托书、本人和委托人的有效身份证件。除前款所列证件外,出当时,当户应当如实向典当行提供当物的来源及相关证明材料。赎当时,当户应当出示当票。典当行应当查验当户出具的本条第二款所列证明文件。"典当业工作人员发现违法犯罪嫌疑人员、可疑物品或者赃物的,应当向公安机关报告。该行为在主观方面表现为故意,过失不构成该行为。

2. 违法收购废旧专用器材的认定

违法收购废旧专用器材,是指违反国家规定,收购铁路、油田、供电、电信、矿山、水利、测量和城市公用设施等废旧专用器材,尚不构成刑事处罚的行为。该行为侵犯了公安机关对废旧专有器材的管理制度。根据《废旧金属收购业治安管理办法》第 3 条的规定,收购废旧金属的其他企业和个体工商户只能收购非生产性废旧金属,不得收购生产性废旧金属。第 8 条规定,收购废旧金属的企业和个体工商户不得收购下列金属物品:(1)枪支、弹药和爆炸物品;(2)剧毒、放射性物品及其容器;(3)铁路、油田、供电、电信通信、矿山、水利、测量和城市公用设施等专用器材;(4)公安机关通报寻查的赃物或者有赃物嫌疑的物品。废旧金属是国家重要的再生资源,包括黑色金属和有色金属的废旧成品、半成品、残品、部件及其原材料等。本条把违法收购废旧金属等废旧专用器材的行为确定为违反治安管理行为,有利于打击利用收购业进行违法犯罪的活动。

3.违法收购赃物的认定

收赃是指明知是赃物而购买的行为。赃物是指犯罪分子非法取得的财物,赃物一律要进行收缴和退赔。如果在明知是赃物的情况下进行收赃,属于违法犯罪的行为,要承担法律责任。《废旧金属收购业治安管理办法》第8条第4项规定,收购废旧金属的企业和个体工商户不得收购公安机关通报寻查的赃物或者有赃物嫌疑的物品。《刑法》第312条第1款规定了掩饰、隐瞒犯罪所得、犯罪所得收益罪,即明知是犯罪所得及其产生的收益而予以窝藏、转移、收购、代为销售或者以其他方法掩饰、隐瞒的,处3年以下有期徒刑、拘役或者管制,并处或者单处罚金;情节严重的,处3年以上7年以下有期徒刑,并处罚金。收赃的治安管理处罚,与《刑法》相衔接。

适用要点

[典当行不得收当的主要财物类型]

《典当管理办法》第27条规定,典当行不得收当下列财物:(1)依法被查封、扣押或者已经被采取其他保全措施的财产;(2)赃物和来源不明的物品;(3)易燃、易爆、剧毒、放射性物品及其容器;(4)管制刀具,枪支、弹药,军、警用标志、制式服装和器械;(5)国家机关公文、印章及其管理的财物;(6)国家机关核发的除物权证书以外的证照及有效身份证件;(7)当户没有所有权或者未能依法取得处分权的财产;(8)法律、法规及国家有关规定禁止流通的自然资源或者其他财物。

关联法规

《刑法》第312条;《典当管理办法》第35条;《废旧金属收购业治安管理办法》

第七十二条 【对妨碍执法司法秩序行为的处罚】有下列行为之一的,处五日以上十日以下拘留,可以并处一千元以下罚款;情节较轻的,处警告或者一千元以下罚款:

(一)隐藏、转移、变卖、擅自使用或者损毁行政执法机关依法扣押、查封、冻结、扣留、先行登记保存的财物的;
(二)伪造、隐匿、毁灭证据或者提供虚假证言、谎报案情,影响行政执法机关依法办案的;
(三)明知是赃物而窝藏、转移或者代为销售的;
(四)被依法执行管制、剥夺政治权利或者在缓刑、暂予监外执行中的罪犯或者被依法采取刑事强制措施的人,有违反法律、行政法规或者国务院有关部门的监督管理规定的行为的。

条文注释

该行为侵犯的是国家行政执法机关、司法机关的执法办案活动秩序,主要表现为以下四种行为:

一是隐藏、转移、变卖、擅自使用、损毁行政执法机关依法扣押、查封、冻结、扣留、先行登记保存的财物行为。该行为侵犯的客体是行政执法机关的行政执法活动。行政执法机关包括公安机关、市场监管、质量技术检验监督等具有行政执法权的部门。该行为侵犯的对象是被行政执法机关在办案过程中依法扣押、查封、冻结的财物。扣押,是指将他人的财物送到一定的场所加以扣留。查封,是指对他人的财物进行清点、登记、加贴封条,就地封存。查封要经行政执法机关签封,签封应载明查封日期、查封单位并加盖公章。物品一经查封,未经查封机关批准不得私自去封、使用或者变卖。冻结,是指不准提取或者转移在银行或者其他金融机构的存款。该行为在客观方面表现为:隐藏、转移、变卖或者损毁行政执法机关依法扣押、查封、冻结的财物。

二是伪造、隐匿、毁灭证据等妨碍行政执法机关办案的行为。该行为在客观方面表现为伪造、隐匿、毁灭证据或者提供虚假证言、谎报案情。证据,是指证明案件真实情况的一切事实。根据《公安机关办理行政案件程序规定》第26条的规定,公安机关办理行政案件的证据包括物证,书证,证人证言、被害人陈述,违法犯罪嫌疑人的陈述和申辩,鉴定意见,勘验、检查笔录,视听资料等。伪造证据,是指伪造与案件有关的书证、物证等证据材料,既可以是当事人自己伪造,也可以是其他人伪造。隐匿证据,是指故意将案件证据隐藏起来,妨害行政执法机关调查取证工作的行为。毁灭证据,是指故意销毁与案件有关的证据。提供虚假证言,是指证人故意作出歪曲事实的虚假证言,妨害行政执法机关工作的行为。谎报案情,是指故意向行政执法机关举报、投诉并不存在或者并未发生的违法事实,如拨打"110"谎报案情等。

三是窝藏、转移或者代为销售赃物行为。该行为侵犯的客体是司法机关的正常活动,侵犯的对象是赃物。代为销售,是指受违法犯罪人委托,代其把赃物卖给他人的行为。赃物既是违法犯罪人所追求的财物,也是证明违法犯罪的主要证据之一。及时、有效地查获赃物是证实违法犯罪,揭露、打击违法犯罪人的重要手段,也是挽回被害人损失的有效方式。该行为帮助违法犯罪人处理赃物,妨害了司法机关、行政执法机关查处案件的正常活动。该行为在客观方面表现为明知是违法犯罪所得赃物而窝藏、转移或者代为销售的行为。

四是违反监督管理规定的行为。该行为的主体是被依法执行管制、剥夺政治权利或者处于缓刑、保外就医等监外执行中的罪犯或者被依法采取刑事强制措施的人。《刑事诉讼法》规定了五种刑事强制措施,主要包括拘传、取保候审、监视居住、拘留和逮捕。该行为在客观方面表现为监外执行的罪犯和被依法采取刑事强制措施的人违反法律、行政法规和国务院公安部门有关监督管理规定。

适用要点

[违反治安管理的非法处置扣押、查封、冻结的财物的行为与非法处置查封、扣押、冻结的财产罪的区别]

非法处置查封、扣押、冻结的财产罪是指隐藏、转移、变卖、故意毁损已被司法机关查封、扣押、冻结的财产,情节严重的行为。二者的主要区别是非法处置的对象不一样,后者非法处置的对象仅限于司法机关查封、扣押、冻结的财产,而前者非法处置的对象仅限于行政执法机关依法扣押、查封、冻结的财物。

关联法规

《刑法》第 39、58、75、77 条;《反间谍法》第 54 条;《刑事诉讼法》第 66 条

> **第七十三条 【对违反司法、监察秩序行为的处罚】** 有下列行为之一的,处警告或者一千元以下罚款;情节较重的,处五日以上十日以下拘留,可以并处一千元以下罚款:
> (一)违反人民法院刑事判决中的禁止令或者职业禁止决定的;
> (二)拒不执行公安机关依照《中华人民共和国反家庭暴力法》《中华人民共和国妇女权益保障法》出具的禁止家庭暴力告诫书、禁止性骚扰告诫书的;
> (三)违反监察机关在监察工作中、司法机关在刑事诉讼中依法采取的禁止接触证人、鉴定人、被害人及其近亲属保护措施的。

条文注释

一是违反法院刑事判决中的禁止令或者职业禁止决定。刑事禁止令制度,是指"判处管制、宣告缓刑,可以根据犯罪情况,同时禁止犯罪分子在管制执行期间、缓刑考验期限内从事特定活动,进入特定区域、场所、接触特定的人"。法律对犯罪人的刑事处罚中,存在非刑罚处罚措施,如赔礼道歉、行政处罚措施等。此外,还有一个特别的处罚措施就是职业禁止。因利用职业便利实施犯罪,或者实施违背职业要求的特定义务的犯罪被判处刑罚的,法院可以根据犯罪人的犯罪情况和预防再犯罪的需要,禁止其自刑罚执行完毕之日或者假释之日起从事相关职业。《刑法》第 37 条之一第 1 款规定,因利用职业便利实施犯罪,或者实施违背职业要求的特定义务的犯罪被判处刑罚的,人民法院可以根据犯罪情况和预防再犯罪的需要,禁止其自刑罚执行完毕之日或者假释之日起从事相关职业,期限为 3 年至 5 年。

二是拒不执行公安机关依照《反家庭暴力法》《妇女权益保障法》出具的禁止家庭暴力告诫书、禁止性骚扰告诫书。家庭暴力告诫书，是指家庭暴力情节较轻，依法不给予治安管理处罚的，由公安机关决定对加害人给予告诫，禁止其实施家庭暴力而出具的法律文书。家庭暴力，是指家庭成员之间以殴打、捆绑、残害、限制人身自由以及经常性谩骂、恐吓等方式对身体、精神等实施的侵害行为。《反家庭暴力法》第16条规定，家庭暴力情节较轻，依法不给予治安管理处罚的，由公安机关对加害人给予批评教育或者出具告诫书。家庭暴力告诫书应当包括加害人的身份信息、家庭暴力的事实陈述、禁止加害人实施家庭暴力等内容。公安机关出具家庭暴力告诫书，是告诫加害人若其再次实施家庭暴力，公安机关将依法严肃处理。如果拒不执行将受到处罚。性骚扰是性犯罪以外的骚扰行为。性骚扰情节较轻，依法不给予治安管理处罚的，由公安机关对性骚扰行为人给予批评教育或者出具性骚扰告诫书。性骚扰告诫书应当包括性骚扰行为人的身份信息、性骚扰的事实陈述、禁止实施性骚扰等内容。

三是违反监察机关在监察工作中、司法机关在刑事诉讼中依法采取的禁止接触证人、鉴定人、被害人及其近亲属保护措施。监察机关在监察工作中、司法机关在刑事诉讼中，发布禁止令有助于保护证人、鉴定人、被害人及其近亲属。禁止令一般应列明包括案件、姓名、住址、身份证号码等基本情况在内的被禁止人的身份信息，明确对被禁止人实施禁止接触证人等措施，以及时间期限等内容。一旦被禁止人在禁止期限内违反禁止要求，将依法追究其法律责任。

适用要点

[如何正确理解和适用"职业禁止决定"]

《刑法修正案(九)》增设了职业禁止规定，对于因利用职业便利或者违背职业要求的特定义务实施犯罪的犯罪分子，自刑罚执行完毕之日或者假释之日起，禁止其在3年至5年内从事相关职业。可见，职业禁止对于预防再犯罪、维护社会安定具有重要意义。作为一项重要的制度创新，应全面理解并在具体案件中正确适用职业禁止。就职业禁止而言,从立法目的来看,旨在将利用职业便利或违背职业要求的特定义务而实施犯罪的人员,从特定的职业领域或行业中清除出去,避免其利用特定职业再犯罪。禁止从事的"相关职业"及期限是职业禁止的实质内容。"相关职业"既包括犯罪分子原职业,也包括与原职业的职业特性相同或类似的其他职业。其范围需要充分考虑所禁止从事的职业与犯罪分子、犯罪罪行的关联程度,实践中可参考"职业分类大典"的分类标准予以确定。综上所述,职业禁止适用于因利用职业便利实施犯罪,或者实施违背职业要求的特定义务的犯罪被判处刑罚的情况。这种禁止由人民法院根据犯罪情况和预防再犯罪的需要来决定是否实施。被禁止从事相关职业的人如果违反这一决定,将由公安机关依法给予处罚;情节严重的,甚至依照《刑法》的相关规定定罪处罚。

第七十四条 【对被关押违法行为人脱逃的处罚】依法被关押的违法行为人脱逃的,处十日以上十五日以下拘留;情节较轻的,处五日以上十日以下拘留。

条文注释

该行为所侵犯的是公安机关的正常管理秩序。对违法行为、涉嫌犯罪人员进行关押是公安机关保护人民、维护社会秩序,同违法作斗争的重要手段,也是保障执法司法活动正常进行的必要环节。本条借鉴了脱逃罪的规定,接受关押的人员必须遵守法定义务。如其不遵守义务脱逃,直接破坏了公安机关的监管秩序。该行为在客观方面表现为依法被关押的违法行为人逃离关押场所,常见的关押场所有拘留所、公安机关内设羁押室等。押送违法行为人的路途中,也应视为关押场所范围。譬如,准备被关押的违法行为人在押送至拘留所的途中脱身逃跑,跳车、越船脱逃均为脱逃行为。违法行为人的脱逃方法有使用暴力脱逃与未使用暴力脱逃两种。未使用暴力脱逃,是指违法行为人寻找机会,创造条件,趁工作人员不备而逃跑。使用暴力脱逃,是指违法行为人通过对工作人员施以殴打、捆绑等暴力行为,或者威胁、恐吓等胁迫行为,而摆脱其控制。
适用要点
[强制隔离戒毒人员脱逃的处理]

根据《戒毒条例》第32条的规定,强制隔离戒毒人员脱逃的,强制隔离戒毒场所应当立即通知所在地县级人民政府公安机关,并配合公安机关追回脱逃人员。被追回的强制隔离戒毒人员应当继续执行强制隔离戒毒,脱逃期间不计入强制隔离戒毒期限。被追回的强制隔离戒毒人员不得提前解除强制隔离戒毒。那么,强制隔离戒毒人员脱逃是否适用本条规定?或者说,强制隔离戒毒的戒毒所是否属于"依法被关押"的场所?强制隔离戒毒是政府为了应对毒品问题而采取的一项重要措施。它是根据《禁毒法》等法律法规于2008年起施行的戒毒措施之一,具体是指将涉毒人员强制隔离在专门设立的戒毒所进行戒毒康复,以达到戒除其毒瘾、恢复其社会功能的目的。戒毒过程中,戒毒人员将接受各种康复措施,包括学习教育、康复劳动、心理咨询疏导等。强制隔离戒毒是一种行政强制措施。根据《禁毒法》第38条第1款所列情形可知,对于吸毒成瘾严重,通过社区戒毒难以戒除毒瘾的人员,县级、设区的市人民政府公安机关可以直接作出强制隔离戒毒的决定。可见,如果能够通过社区戒毒就不需要强制戒毒。严格来说,社区戒毒不属于本条规定的关押状态,因此不宜适用本条规定。
关联法规
《刑法》第316条;《刑事诉讼法》第206条

第七十五条 【对妨碍文物管理行为的处罚】有下列行为之一的,处警告或者五百元以下罚款;情节较重的,处五日以上十日以下拘留,并处五百元以上一千元以下罚款:

(一)刻划、涂污或者以其他方式故意损坏国家保护的文物、名胜古迹的;

(二)违反国家规定,在文物保护单位附近进行爆破、钻探、挖掘等活动,危及文物安全的。

条文注释

本条规定的行为侵犯的客体是国家对文物、名胜古迹的管理秩序。本条规定具体包括两种妨碍文物管理的行为。

一是刻划、涂污、损坏文物、名胜古迹的行为。该行为侵害的对象是国家保护的文物和名胜古迹。国家保护的文物包括国家保护的珍贵文物、一般文物,以及被确定为全国重点文物保护单位、省级文物保护单位的文物,市、县级文物保护单位的文物。文物的具体范围,可根据《文物保护法》第2条的规定确定。名胜古迹,一般是指具有重大历史、艺术、科学价值,并被核定为全国或地方重点文物保护单位的风景区或与名人事迹、重大历史事件有关而值得后人登临凭吊的胜地和建筑物。该行为在客观方面表现为以刻划、涂污或者其他方式故意损坏国家保护的文物、名胜古迹。刻划,是指违反国家文物保护规定使用器具在文物或者名胜古迹上面进行刻字、留名等。涂污,是指违反国家文物保护规定使用油漆、涂料等物品沾污、弄脏文物和名胜古迹的行为。其他方式包括砸毁、拆除、挖掘等。

二是危及文物安全的行为。该行为侵犯的客体是国家文物保护单位的管理秩序和安全。该行为侵害的对象是国家文物保护单位。根据《文物保护法》第3条第2款的规定,文物包括古文化遗址、古墓葬、古建筑、石窟寺、古石刻、古壁画、近代现代重要史迹和代表性建筑等不可移动文物。根据它们的历史、艺术、科学价值,分别确定为全国重点文物保护单位,省级文物保护单位,设区的市、县级文物保护单位。该行为在客观方面表现为违反国家规定在文物保护单位附近进行爆破、挖掘等活动,如可能导致古建筑的坍塌、古文化遗址的破坏。违反国家规定,主要是指违反文物保护法的规定。《文物保护法》第28条规定,在文物保护单位的保护范围内不得进行其他建设工程或者爆破、钻探、挖掘等作业。但是,因特殊情况需要在文物保护单位的保护范围内进行其他建设工程或者爆破、钻探、挖掘等作业的,必须保证文物保护单位的安全,经核定由该文物保护单位的人民政府批准。

关联法规

《刑法》第324条;《文物保护法》第2条;《风景名胜区条例》第44条

第七十六条 【对非法驾驶交通工具行为的处罚】有下列行为之一的,处一千元以上二千元以下罚款;情节严重的,处十日以上十五日以下拘留,可以并处二千元以下罚款:

(一)偷开他人机动车的;

(二)未取得驾驶证驾驶或者偷开他人航空器、机动船舶的。

条文注释

该行为侵犯的客体是交通管理秩序。"偷开",是指在不为机动车、航空器、机动船舶所有人知晓的情况下,行为人秘密开走机动车、航空器、机动船舶,使其不受其所有人控制的行为。"他人",是指机动车的所有人、管理人、驾驶人或者其他占有人。根据《道路交通安全法》第119条第3项的规定,"机动车",是指以动力装置驱动或者牵引,上道路行驶的供人员乘用或者用于运送物品以及进行工程专项作业的轮式车辆。"未取得驾驶证",即无证驾驶,是指没有经过专门的训练,没有取得合法的专业驾驶证书而驾驶的行为。"航空器"包括各种飞机、飞艇、热气球等能够在空中飞行的器具。《沿海船舶边防治安管理规定》第29条第2项规定,非法拦截、强行靠登、冲撞或者偷开他人船舶的,对船舶负责人及其直接责任人员处500元以上1000元以下罚款。值得注意的是,行为人偷开在主观上不具有非法占有的目的,否则构成盗窃行为。

适用要点

[偷开他人机动车与盗窃机动车的区别]

偷开他人机动车通常指的是未经他人同意,擅自驾驶他人所有的机动车。这种行为的性质取决于具体情况,涉及违反交通管理秩序,侵犯了他人的财产权。盗窃机动车则是以非法占有的目的,秘密窃取他人的机动车。在此情况下,行为人具有非法占有的意图,将构成盗窃罪。如果盗窃行为导致车辆损毁或其他严重后果,行为人还将面临刑事责任的追究,其可能会被判处3年以下有期徒刑、拘役或者管制;情节严重的,可能会被判处3年以上10年以下有期徒刑,并处罚金。因此,偷开他人机动车可能是未经允许的临时性使用,不一定以永久性地占有为目的,而盗窃机动车则是以永久性地非法占有为目的的秘密窃取行为。两种行为都违法,但盗窃机动车的行为在法律上更为严重,会导致更严重的法律后果。二者的关键区别在于,行为人对机动车是否具有非法占有的目的且实施了相关行为。

关联法规

《刑法》第133条;《沿海船舶边防治安管理规定》第29条

第七十七条 【对破坏他人坟墓、毁坏尸骨和非法停放尸体行为的处罚】 有下列行为之一的,处五日以上十日以下拘留;情节严重的,处十日以上十五日以下拘留,可以并处二千元以下罚款:

(一)故意破坏、污损他人坟墓或者毁坏、丢弃他人尸骨、骨灰的;

(二)在公共场所停放尸体或者因停放尸体影响他人正常生活、工作秩序,不听劝阻的。

条文注释

本条规定了妨碍尸体、尸骨管理制度的三种行为:故意破坏、污损他人坟墓;毁坏、丢弃他人尸骨、骨灰;在公共场所停放尸体或者因停放尸体影响他人正常生活、工作秩序,不听劝阻。在公共场所停放尸体的行为违反了《殡葬管理条例》中故意破坏、污损他人坟墓或者毁坏、丢弃他人尸骨、骨灰的规定,破坏了我国善良的习惯和民族传统以及社会风俗风化,侵犯了死者的人格权和死者家属的名誉,并给死者的家属造成精神上和感情上的伤害。

尽管这三种行为的客观表现不同,行为对象不同,但行为人均是出于主观故意。破坏他人坟墓,是指挖掘、毁坏他人的坟墓,毁坏他人的墓碑等行为。污损他人坟墓,是指用污秽物品泼洒在他人的坟墓上,也包括污损他人墓碑的行为。毁坏、丢弃他人尸骨、骨灰,是指将他人的尸骨进行破坏或陈尸野外,将他人的骨灰丢弃的行为。在公共场所停放尸体,公共场所包括党政国家机关门口、车站、港口、码头、民用航空站、商场、公园、运动场、展览馆等其他供不特定多数人随时出入、停留、使用的场所。在非公共场所停放尸体,如果影响他人正常生活、工作秩序,不听劝阻,也应该给予处罚。

适用要点

[违反治安管理的故意破坏、污损他人坟墓行为与盗掘古墓罪的区别]

《刑法》第328条规定了盗掘古文化遗址、古墓葬罪;盗掘古人类化石、古脊椎动物化石罪。该条第1款规定盗掘具有历史、艺术、科学价值的古文化遗址、古墓葬的,处3年以上10年以下有期徒刑,并处罚金;情节较轻的,处3年以下有期徒刑、拘役或者管制,并处罚金;属于盗掘古文化遗址、古墓葬集团的首要分子等情形的,还将处10年以上有期徒刑、无期徒刑或者死刑,并处罚金或者没收财产。二者有两个方面的差别:一是行为表现不同,盗掘是指以出卖或者非法占有为目的,私自秘密发掘古文化遗址和古墓葬的行为。故意破坏、污损他人坟墓是以损毁坟墓为目的,故意破坏、污损他人坟墓的行为;二是盗掘的主要对象是具有历史、艺术、科学价值的古墓葬。故意破坏、污损他人坟墓的主要对象是除具有历史、艺术、科学价值的古墓葬以外的古代墓葬和现代墓葬。

关联法规

《刑法》第328条

第三章 违反治安管理的行为和处罚

第七十八条 【对卖淫、嫖娼、拉客招嫖行为的处罚】卖淫、嫖娼的,处十日以上十五日以下拘留,可以并处五千元以下罚款;情节较轻的,处五日以下拘留或者一千元以下罚款。

在公共场所拉客招嫖的,处五日以下拘留或者一千元以下罚款。

条文注释

卖淫嫖娼是指不特定的异性之间或者同性之间以金钱、财物为媒介发生性关系的行为。该行为在客观方面表现为以给付金钱、物质或者其他非物质利益等报酬为手段,换取卖淫者的肉体服务。根据2001年《公安部关于对同性之间以钱财为媒介的性行为定性处理问题的批复》的规定,这里的"性行为",包括口淫、手淫、鸡奸等。嫖娼并不以性行为的实际进行或完成为必要条件,对行为主体之间主观上已经就卖淫嫖娼达成一致,已经谈好价钱或者已经给付金钱、财物,并且着手实施,但由于本人主观意志以外的原因,尚未发生性关系,或者已经发生性关系,但尚未给付金钱、财物的,都认定为嫖娼行为。

关于拉客招嫖行为,其侵犯的客体是社会风尚和社会管理秩序。该行为在客观方面表现为在公共场所以引诱、拉拢、招揽等方式拉客招嫖,意图卖淫。该行为在客观方面有三个要件,必须同时具备,缺一不可:(1)行为发生在公共场所。公共场所包括街道、车站、机场、公园、商场、饭店等公众聚集场所。(2)行为人实施了拉客行为。所谓拉客,是指通过主动的语言、动作等各种方式,拉拢、引诱、招揽或者反复纠缠他人的行为。(3)行为人拉客目的是招嫖。招嫖,是指招引嫖娼、意图卖淫的行为。意图卖淫,也就是通过拉拢、引诱等方法,与他人搭识、谈价,表达卖淫之目的。男性和女性均可成为该行为的主体。

适用要点

[**如何认定卖淫、嫖娼行为的"情节较轻"**]

根据《公安机关对部分违反治安管理行为实施处罚的裁量指导

意见》的规定,在执法实践中,有下列情形之一的,属于"情节较轻":(1)已经谈妥价格或者给付金钱等财物,尚未实施性行为的;(2)以手淫等方式卖淫、嫖娼的;(3)其他情节较轻的情形。另外,对以卖淫为主要生活来源、有固定住所专门从事卖淫的,不适用"情节较轻"的处罚。

[卖淫行为的主体是否包括男性]

根据《公安部关于对同性之间以钱财为媒介的性行为定性处理问题的批复》的规定,不特定的异性之间或者同性之间以金钱、财物为媒介发生不正当性关系的行为,包括口淫、手淫、鸡奸等行为,都属于卖淫嫖娼行为,对行为人应当依法处理。故卖淫行为的主体包括男性。

关联法规

《刑法》第360条

第七十九条 【对引诱、容留、介绍他人卖淫行为的处罚】 引诱、容留、介绍他人卖淫的,处十日以上十五日以下拘留,可以并处五千元以下罚款;情节较轻的,处五日以下拘留或者一千元以上二千元以下罚款。

条文注释

引诱、容留、介绍他人卖淫行为,是指以金钱、物质或其他利益诱使他人卖淫,或为他人提供场所,或为他人卖淫介绍嫖客的行为。该行为侵犯的客体是社会管理秩序和良好的社会风尚。该行为在客观方面表现为使用金钱、物质或者其他利益,诱使他人卖淫,或者为他人卖淫提供场所,或者为卖淫的人介绍嫖客。该行为具体表现为三种方式。引诱他人卖淫,是指使用金钱、物质、腐朽的生活方式或者其他利益,诱使他人卖淫的行为。容留他人卖淫,是指为他人卖淫提供场所的行为。容留他人卖淫的场所多种多样,有的是利用自己的私人住宅容留他人卖淫,有的是利用自己管理的饭店、宾馆容留他人卖淫,还有的是利用自己的汽车、船只容留他人卖淫等。

容留他人卖淫,可以是长期的,如将房屋长期租给卖淫、嫖娼者使用,也可以是短期的或者是临时的。介绍他人卖淫,是指为卖淫的人牵线搭桥介绍嫖客的行为。居间介绍、牵线搭桥,俗称"拉皮条"。行为人在卖淫者与嫖客之间进行沟通、撮合,促使卖淫行为得以实现。

适用要点

[如何界分该行为与引诱、容留、介绍卖淫罪]

引诱、容留、介绍卖淫罪是指以金钱、物质或者其他利益为手段,诱使他人卖淫,或者为他人卖淫提供场所,或者为卖淫的人与嫖客牵线搭桥的行为。行为人实施引诱、容留、介绍卖淫行为是否构成犯罪,主要看其情节和后果是否达到《最高人民检察院、公安部关于公安机关管辖的刑事案件立案追诉标准的规定(一)》第78条规定的引诱、容留、介绍卖淫案的立案追诉标准,即"引诱、容留、介绍他人卖淫,涉嫌下列情形之一的,应予立案追诉:(一)引诱、容留、介绍二人次以上卖淫的;(二)引诱、容留、介绍已满十四周岁未满十八周岁的未成年人卖淫的;(三)被引诱、容留、介绍卖淫的人患有艾滋病或者患有梅毒、淋病等严重性病的;(四)其他引诱、容留、介绍卖淫应予追究刑事责任的情形"。对尚未达到上述立案追诉标准的,可以引诱、容留、介绍卖淫行为予以治安管理处罚。但是,如果行为人明知是不满14周岁的幼女仍引诱其卖淫的,无论情节轻重,都构成引诱幼女卖淫罪。

关联法规

《刑法》第359条;《娱乐场所管理条例》第13、14条

第八十条 【对传播淫秽信息行为的处罚】制作、运输、复制、出售、出租淫秽的书刊、图片、影片、音像制品等淫秽物品或者利用信息网络、电话以及其他通讯工具传播淫秽信息的,处十日以上十五日以下拘留,可以并处五千元以下罚款;情节较轻的,处五日以下拘留或者一千元以上三千元以下罚款。

> 前款规定的淫秽物品或者淫秽信息中涉及未成年人的,从重处罚。

条文注释

传播淫秽物品或淫秽信息的行为侵犯的客体是社会管理秩序和良好的社会风尚。该行为方式呈现多样化的趋势,如利用网站、网络论坛、聊天室、留言板、自媒体等计算机信息网络,或利用固定电话及其他通信工具传播淫秽信息。违反本规定的行为方式有五种。"制作",是指生产、录制、编写、绘画等创造、产生淫秽物品的行为;"运输",是指通过交通工具将淫秽物品从一个地点运送到另一个地点的行为;"复制",是指通过翻印、翻拍、复印、转录等方式将已有的淫秽物品再制作的行为;"出售",是指以营利为目的将淫秽物品出卖给他人的行为;"出租",是指以营利为目的,将淫秽物品出借给他人的行为。利用信息网络、电话以及其他通信工具传播淫秽信息中的"信息网络",包括互联网、局域网、远程网以及移动网络等,是由计算机及相关配套设备、设施构成的,按照一定的应用目标和规则对信息进行采集、加工、运输、检索等处理的计算机系统。"其他通讯工具",包括传真、无线寻呼等。

2025年修订明确要从重处罚,淫秽物品或者淫秽信息中涉及未成年人的情形。另外,情节严重的,可能触犯《刑法》中的传播淫秽物品罪,从中牟利的可能触犯传播淫秽物品牟利罪。

适用要点

[什么是淫秽物品]

法律上所称的淫秽物品,是指具体描绘性行为或者露骨宣扬色情的淫秽性书刊、影片、录像带、录音带、图片及其他淫秽物品。当然,有关人体生理、医学知识的科学著作不是淫秽物品,包含色情内容的有艺术价值的电子文学、艺术作品不是淫秽物品。

关联法规

《刑法》第363、366条;《娱乐场所管理条例》第13、14、18条;

《出版管理条例》第25、26、62条

第八十一条 【对组织、参与淫秽活动行为的处罚】有下列行为之一的,处十日以上十五日以下拘留,并处一千元以上二千元以下罚款:
(一)组织播放淫秽音像的;
(二)组织或者进行淫秽表演的;
(三)参与聚众淫乱活动的。
明知他人从事前款活动,为其提供条件的,依照前款的规定处罚。
组织未成年人从事第一款活动的,从重处罚。

条文注释

组织播放淫秽音像,是指播放淫秽的电影、录像、幻灯片、录音带、激光唱片等。组织播放的行为可以在公民住宅里实施,也可以在公共场所或单位里实施。行为人不是出于牟利的目的,但至于出于何种动机,不影响该行为的成立。改革开放以来,音像娱乐设施大量出现,电视、录像、影碟机的普及,提高了人民的文化精神生活。但利用音像设备播放淫秽电影、录像的情形也大量存在,许多青少年因观看淫秽音像而走上犯罪道路,对社会造成了极大的危害。《刑法》增设了组织播放淫秽音像制品罪。对于组织播放淫秽音像,尚不够刑事处罚的,可依据本法作出处罚。

组织淫秽表演,是指组织他人当众进行淫秽性演出的行为。组织,是指进行淫秽表演而进行策划,编排节目,纠集、招募、雇佣表演人员,寻找、安排、租用表演场地,招揽观众观看等行为。淫秽表演,是指进行暴露人体性器官,刺激、挑逗他人性欲的公开宣扬性行为或者露骨宣扬色情的淫秽性表演,包括脱衣舞、裸体舞或者表演性交动作等败坏社会风尚、有伤风化的表演。进行淫秽表演,是指表演人员被组织者纠集、招募、雇佣或者未经组织而独立进行脱衣舞、裸体舞或者性交动作等败坏社会风尚、有伤风化的表演。《刑法》规定了组织淫秽表演罪这一新罪名。对于组织淫秽表演,尚不够刑事处罚的,或者进行淫秽表演活动的人员,依据本法进行处罚。

参与聚众淫乱活动,是指参加多人进行的奸淫、猥亵等淫乱活动。该行为是违反治安管理行为。聚众淫乱,是指在首要分子的组织、纠集下,3名或者3名以上男女聚集在一起进行淫乱活动,如进行性交表演,聚众奸宿等淫乱活动的行为。该行为处罚的对象是聚众淫乱活动的参加者,行为人参与聚众淫乱活动的次数一般不能超过三次,如果超过则构成犯罪。对于组织者,只要有组织行为即构成犯罪。

本条明确了为淫秽活动提供条件行为的认定及处罚规定。实践中,组织播放淫秽音像,组织或者进行淫秽表演,聚众淫乱,都离不开一定的场所,一般包括娱乐场所、旅馆、出租房、私人房屋等地方。对于明知他人组织播放淫秽音像,组织或者进行淫秽表演,进行聚众淫乱活动而提供场所的,客观上为违法行为提供了重要条件,必须给予法律制裁。

此外,为加大保护未成年的力度,2025年修订新规定,组织未成年人从事第1款活动的,从重处罚。

适用要点

[多名妇女同时向行为人卖淫属于违反治安管理行为还是聚众淫乱罪]

聚众淫乱罪,是指聚集众人进行集体淫乱活动且需要被追究刑事责任的行为。对于该罪与违反治安管理的参与聚众淫乱活动行为的区分,可以先从客观表现方式上加以区分。聚众淫乱罪在客观方面最根本的表现是聚众淫乱行为,因此如果行为人只是单个地并非聚众地与他人自愿进行两性活动,如未婚男女之间偶尔发生不正当男女性关系以及已婚男女间通奸,行为人不构成该罪。实践中,对于多名妇女同时向行为人卖淫,能否构成聚众淫乱罪存在争议。一般认为,这种行为虽然在表面上看似具有聚众淫乱的特点,但结合犯罪的主客观特征来分析,其不符合犯罪的构成特征。从主观方面看,虽然行为人嫖娼具有寻求下流无耻精神刺激的主观动机,但对于其他聚在一起共同向行为人卖淫的多名妇女而言则不具有此动机,其行为目的是营利。从客观方面看,聚众淫乱罪多表现为多人聚集在一起进行乱交、滥交的淫乱行为,具有行为对象的非专一性特征。而多名妇女共同向行为人卖淫的行为,由于其主观动机、目的决定了他们之间并非聚在一起进行乱交、滥交的淫乱行为,因而不具有犯罪"淫乱"的特征。综上所述,多名妇女同时向行为人卖淫的,不宜认定为聚众淫乱罪处理,可依照本条予以治安处罚。

关联法规

《刑法》第301、364、365条

第八十二条 【对参与赌博行为的处罚】以营利为目的,为赌博提供条件的,或者参与赌博赌资较大的,处五日以下拘留或者一千元以下罚款;情节严重的,处十日以上十五日以下拘留,并处一千元以上五千元以下罚款。

条文注释

本条规定了违反治安管理的两种行为:一是以营利为目的,为赌博提供条件;二是参与赌博赌资较大,即行为人参加赌博,且赌资较大。

本条首先明确了为赌博提供条件行为的认定及处罚。所谓赌博,是指通过偶然性事件,以财物做注比输赢。该行为侵犯的客体是社会治安管理秩序和社会风化。该行为主要表现为为他人进行赌博提供便利条件。该行为主要包括以下几种方式:提供赌具;提供赌博场所;提供赌资;提供交通工具,专门运送赌徒;为赌博提供其他方便的条件。如为赌博人员提供食宿等方便条件。根据2005年《公安部关于办理赌博违法案件适用法律若干问题的通知》的规定,"为赌博提供条件"是指采取不报经国家批准,擅自发行、销售彩票的方式,为赌博提供条件,尚不够刑事处罚的;明知他人实施赌博违法犯罪活动,而为其提供资金、场所、交通工具、通信工具、赌博工具、经营管理、网络接入、服务器托管、网络存储空间、通信传输通道、费用结算等条件,或者为赌博场所、赌博人员充当保镖,为赌博放哨、通风报信,尚不够刑事处罚的;明知他人从事赌博活动而向其销售具有赌博功能的游戏机,尚不够刑事处罚的。

本条还规定了参与赌博、赌资较大行为的认定及处罚。根据2005年《公安部关于办理赌博违法案件适用法律若干问题的通知》第5条的规定,赌博活动中用作赌注的款物、换取筹码的款物和通过赌博赢取的款物属于赌资。在利用计算机网络进行的赌博活动中,分赌场、下级庄家或者赌博参与者在组织或者参与赌博前向赌博组织者、上级庄家或者赌博公司交付的押金,应当视为赌资。用作赌注的财物可以是纸币、有价证券,也可以是其他动产或不动产。赌博的具体表现形式多种多样,一般常见的有玩麻将、打纸牌、推牌九等。随着科技的发展,赌博的表现形式越来越多,如百家乐、地下六合彩、网络赌博等。赌博财物的交付一般为当场交付,有的是事后交付,行为人采取哪种方式赌博或交付财物不影响赌博行为的成立。

适用要点

[关于赌博赌资较大的认定]

实践中亲属、朋友之外的其他人之间进行带有少量财物输赢的打麻将、玩扑克等娱乐活动,一般不予处罚。关于"赌资较大"的认定,目前国家尚未有统一的规定,而是授权各地自行制定一些规章、规范性文件予以细化。例如,《江苏省公安厅赌博违法案件裁量指导意见》第3条规定,一般情况下参与除聚众赌博、网络赌博、赌博机赌博、赌场赌博、"六合彩"以及其他私彩方式赌博之外的其他赌博活动,个人赌资或者人均赌资500元以上、不满2000元的,处500元以下罚款;个人赌资或者人均赌资2000元以上、不满5000元的,处5日以下拘留;个人赌资或者人均赌资5000元以上的,处10日以上15日以下拘留,并处500元以上3000元以下罚款。又如,《山东省公安机关实施治安管理处罚法细化标准》规定,"参与赌博赌资较大"是指人均参赌金额在200元以上或者当场赌资在600元以上;为赌博提供条件,非法获利500元以上的,人均参赌金额500元以上或者当场赌资2000元以上的,属于情节严重。鉴于赌资较大尚无明确的标准,今后有待在全国范围内的制度完善中予以统一。

关联法规

《刑法》第303条;《娱乐场所管理条例》第14、19条

第八十三条 【对涉及毒品原植物行为的处罚】有下列行为之一的,处十日以上十五日以下拘留,可以并处五千元以下罚款;情节较轻的,处五日以下拘留或者一千元以下罚款:

(一)非法种植罂粟不满五百株或者其他少量毒品原植物的;

(二)非法买卖、运输、携带、持有少量未经灭活的罂粟等毒品原植物种子或者幼苗的;

(三)非法运输、买卖、储存、使用少量罂粟壳的。

有前款第一项行为,在成熟前自行铲除的,不予处罚。

条文注释

本条规定了针对毒品原植物进行违法活动的行为。该行为与《刑法》中规定的犯罪行为的不同之处在于涉及的毒品原植物的数量少,尚不够刑事处罚。

1. 非法种植毒品原植物行为的认定

非法种植毒品原植物行为,是指违反国家规定私自种植少量罂粟等毒品原植物的行为。该行为侵犯的客体是国家对毒品原植物种植的管制。罂粟等毒品原植物可以制成鸦片、吗啡、海洛因等毒品,这些毒品严重危害人们的身体健康,并且会引发社会问题。该行为在客观方面表现为非法种植罂粟不满500株或者其他少量毒品原植物。非法种植,是指违反国家有关毒品原植物管理的规定,私自种植罂粟等毒品原植物。所谓种植,是指播种、育苗、移栽、插苗、施肥、灌溉、割取津液或者收取种子等行为。

2. 非法买卖、运输、携带、持有毒品原植物种子、幼苗行为的认定

非法买卖、运输、携带、持有毒品原植物种子、幼苗的行为,是指非法买卖、运输、携带、持有少量未经灭活的罂粟等毒品原植物种子

或者幼苗,数量较少的行为。该行为侵犯的客体是国家对毒品原植物种植的管制。在客观方面表现为非法买卖、运输、携带、持有少量未经灭活的罂粟等毒品原植物种子或者幼苗。买卖,包括购买或者销售,可以是自产自销,也可以是购买他人的毒品原植物种子、幼苗进行销售。运输,是指用交通工具将毒品原植物种子、幼苗从一地运往另一地的行为,可以是境内运输,也可以是由境外向境内运输或由境内向境外运输。持有,是指对毒品原植物种子、幼苗的实际控制和支配,包括行为人随身携带,也包括存放在特定的地点。根据2012年5月最高人民检察院、公安部印发的《关于公安机关管辖的刑事案件立案追诉标准的规定(三)》第8条的规定,非法买卖、运输、携带、持有未经灭活的罂粟等毒品原植物种子或者幼苗,涉嫌下列情形之一的,应予立案追诉:(1)罂粟种子50克以上、罂粟幼苗5000株以上;(2)大麻种子50千克以上、大麻幼苗5万株以上;(3)其他毒品原植物种子、幼苗数量较大的。也就是说,未达到上述立案标准的,依法予以治安管理处罚。

3. 非法运输、买卖、储存、使用少量罂粟壳行为的认定

该行为侵犯的客体是国家麻醉药品的管理,侵害的对象是人的身体健康。罂粟壳,俗称大烟壳,含有吗啡,食用后可使人体产生依赖性,造成瘾癖,对人体产生一定的毒害作用。该行为在客观方面表现为非法运输、买卖、储存、使用少量罂粟壳。运输,是指自身携带或者利用交通工具将罂粟壳从一地运往另一地。买卖,是指购买或者销售罂粟壳。储存,是指将罂粟壳存放在一定的场所。使用,是指将罂粟壳添加在食品里或者用作其他用途。

适用要点

[违反治安管理的非法种植罂粟行为与非法种植毒品原植物罪的界限]

《刑法》第351条规定:"非法种植罂粟、大麻等毒品原植物的,一律强制铲除。有下列情形之一的,处五年以下有期徒刑、拘役或者管制,并处罚金:(一)种植罂粟五百株以上不满三千株或者其他毒品原植物数量较大的;(二)经公安机关处理后又种植的;(三)抗

拒铲除的。非法种植罂粟三千株以上或者其他毒品原植物数量大的,处五年以上有期徒刑,并处罚金或者没收财产。非法种植罂粟或者其他毒品原植物,在收获前自动铲除的,可以免除处罚。"2012年5月最高人民检察院、公安部印发的《关于公安机关管辖的刑事案件立案追诉标准的规定(三)》第7条第1款规定,非法种植罂粟、大麻等毒品原植物,涉嫌下列情形之一的,应予立案追诉:(1)非法种植罂粟500株以上的;(2)非法种植大麻5000株以上的;(3)非法种植其他毒品原植物数量较大的;(4)非法种植罂粟200平方米以上、大麻2000平方米以上或者其他毒品原植物面积较大,尚未出苗的;(5)经公安机关处理后又种植的;(6)抗拒铲除的。可见,非法种植毒品原植物罪,是指明知是罂粟、大麻、古柯树等毒品原植物而非法种植且数量较大,或者经公安机关处理后又种植,或者抗拒铲除的行为。种植罂粟500株以上或者其他毒品原植物数量较大的,或经公安机关处理后又种植的,或抗拒铲除的,构成犯罪。非法种植毒品原植物行为构成犯罪还是属于违反治安管理行为,主要在于种植数量及其他情节是否严重。

关联法规

《刑法》第347、348条;《禁毒法》第19条

第八十四条 【对毒品违法行为的处罚】 有下列行为之一的,处十日以上十五日以下拘留,可以并处三千元以下罚款;情节较轻的,处五日以下拘留或者一千元以下罚款:

(一)非法持有鸦片不满二百克、海洛因或者甲基苯丙胺不满十克或者其他少量毒品的;

(二)向他人提供毒品的;

(三)吸食、注射毒品的;

(四)胁迫、欺骗医务人员开具麻醉药品、精神药品的。

聚众、组织吸食、注射毒品的,对首要分子、组织者依照前款的规定从重处罚。

> 吸食、注射毒品的,可以同时责令其六个月至一年以内不得进入娱乐场所、不得擅自接触涉及毒品违法犯罪人员。违反规定的,处五日以下拘留或者一千元以下罚款。

条文注释

1. 非法持有毒品

非法持有毒品行为,是指违反国家法律和国家主管部门的规定,占有、携有、藏有或者以其他方式持有鸦片、海洛因等毒品,尚不构成犯罪的行为。本条规定与《刑法》的非法持有毒品罪相衔接,依法处罚非法持有毒品但尚不够刑事处罚的违法行为。该行为在客观方面表现为非法持有鸦片不满200克、海洛因或者甲基苯丙胺不满10克或者其他少量毒品。非法,是指行为人违反国家法律和国家主管部门的规定,如违反《药品管理法》《麻醉药品和精神药品管理条例》等关于个人禁止持有毒品的规定。持有,是指占有、携有、藏有或者以其他方式将毒品置于自己控制下的行为。

2. 向他人提供毒品

该行为分为两种情形。一种情形是当前吸毒人员越来越多,吸毒者的年龄也越来越年轻,大部分吸毒者都是通过吸食他人提供的毒品开始吸毒的,而且一般开始提供的毒品是免费的,当吸食者上瘾后,再将毒品高价卖给吸食者。另一种情形是依法从事生产、运输、管理、使用国家管制的麻醉药品、精神药品的人员,违反国家规定,向吸食、注射毒品的人员提供能使人形成瘾癖的麻醉药品、精神药品,提供包括赠予和出售。向他人提供毒品的行为妨害了国家对毒品的管理,侵害了公民的身体健康,必须依法予以打击。

3. 吸食、注射毒品

该行为在客观方面表现为行为人违反国家规定吸食、注射毒品。新中国成立以来,我国发布了一系列关于严禁鸦片、烟毒的通知、通令、指示等。这些禁令规定,严禁吸食毒品,吸食毒品的,必须到政府登记,限期戒除。麻醉药品只能用于医疗、科研和教学需要,并正确合理使用,严禁非法销售和使用。行为人吸食、注射毒品的行为违反了国家的规定,具有非法性。

4. 胁迫、欺骗医务人员开具麻醉药品、精神药品

实践中一些吸毒人员在毒瘾发作找不到毒品时,往往胁迫、欺骗医务人员开具麻醉药品、精神药品,如胁迫医生开具杜冷丁、吗啡等。这些行为既破坏了国家对麻醉药品、精神药品的管制秩序,又侵犯了医务人员的人身权利,必须依法惩处。该行为在客观方面表现为行为人胁迫、欺骗医务人员开具麻醉药品、精神药品。胁迫,是指采取暴力或者非暴力的恐吓、威胁等方法对他人进行精神上的强制,迫使医务人员开具麻醉药品、精神药品。

值得注意的是,2025年修订新增关于公安机关可以责令吸食、注射毒品的行为人6个月至1年以内不得进入娱乐场所、不得擅自接触涉及毒品违法犯罪人员的规定,旨在实现与有关法律法规的衔接。如《娱乐场所管理条例》第5条第3项规定,因吸食、注射毒品曾被强制戒毒的,不得开办娱乐场所或者在娱乐场所内从业。部分地区歌舞娱乐场所吸贩冰毒、摇头丸、氯胺酮等新型毒品问题日益突出,一些不法分子利用歌舞娱乐场所大肆销售毒品,少数歌舞娱乐场所经营业主暗地纵容、容留吸贩毒活动,严重侵害了人民群众特别是青少年的身心健康,败坏了社会风气,影响了社会治安稳定。本法新增的禁令,考虑到对吸食、注射毒品的行为人的惩罚与教育目的。

适用要点

[向他人提供毒品与贩卖毒品罪的区别]

贩卖毒品罪也称贩毒罪,是指明知是毒品而故意实施贩卖的行为。该罪侵犯的客体是国家对毒品的管理制度,该行为在客观方面表现为向他人提供毒品。本条规定的向他人提供毒品,一般是指免费向他人赠送毒品,具有无偿性。如果行为人通过交易向他人提供毒品,则构成贩卖毒品罪。

关联法规

《刑法》第348、356条;《预防未成年人犯罪法》第38条

第八十五条 【对引诱、教唆、欺骗、强迫或容留他人吸食、注射毒品行为的处罚】 引诱、教唆、欺骗或者强迫他人吸食、注射毒品的,处十日以上十五日以下拘留,并处一千元以上五千元以下罚款。

容留他人吸食、注射毒品或者介绍买卖毒品的,处十日以上十五日以下拘留,可以并处三千元以下罚款;情节较轻的,处五日以下拘留或者一千元以下罚款。

条文注释

1. 对引诱、教唆、欺骗或强迫他人吸食、注射毒品行为的处罚

毒品行为的处罚该行为侵犯的客体是他人的身心健康和国家对毒品的管理制度。"引诱、教唆",是指通过向他人介绍吸食毒品后的感受与体验,示范吸毒的方法,或者对他人进行蛊惑,从而促使他人吸收、注射毒品的行为。"欺骗",是指在他人不知情的情况下,给他人吸食、注射毒品的行为。如在香烟或食品、药品中掺入毒品,供他人吸食或使用,使其不知不觉地染上毒瘾。对于引诱、教唆、欺骗他人吸食、注射的行为人,不要求其以牟利为目的。

2. 容留他人吸食、注射毒品或者介绍买卖毒品的处罚

本条第2款系2025年新增内容,旨在加强与《刑法》《禁毒法》中容留他人吸毒罪的衔接。《禁毒法》第六十一条规定,容留他人吸食、注射毒品或者介绍买卖毒品,构成犯罪的,依法追究刑事责任;尚不构成犯罪的,由公安机关处10日以上15日以下拘留,可以并处3000元以下罚款;情节较轻的,处5日以下拘留或者500元以下罚款。具体而言,容留是指允许他人在自己管理的场所吸食、注射毒品或者为他人吸食、注射毒品提供场所的行为。容留行为既可以主动实施,也可以被动实施,既可以是有偿的,也可能是无偿的。容留他人吸毒的行为内容主要是对允许他人在自己管理的场所吸食、注射毒品或者为他人吸食、注射毒品提供场所,行为对象为不特定自然人,责任形式为故意。容留他人吸毒、注射毒品中的"场所"主要

第三章 违反治安管理的行为和处罚

指住宅、出租屋或者具有管理权的其他场所,常见的有以下几种情况:一是以自己的或借用、租用的住所供他人吸毒;二是以自己开设的饮食、浴室、美容、按摩等营业场所为他人吸毒提供场所;三是利用工作之便,将自己看管、工作的地方提供他人吸毒。

适用要点

[该行为与引诱、教唆、欺骗他人吸毒罪的辨析]

实践中应注意罪与非罪的界限。本条规定的引诱、教唆、欺骗行为只限于情节轻微,危害不大的情形,如教唆他人吸食或注射毒品未遂,偶尔教唆他人吸食微量毒品等。如果情节严重,则按照《刑法》规定定罪处罚。具体从以下几方面作出判断:(1)行为人引诱、教唆、欺骗他人吸食、注射毒品的次数和人数;(2)行为人的目的、手段和动机;(3)行为人引诱、教唆、欺骗他人吸食、注射的数量;(4)所造成的后果及社会影响等。

关联法规

《刑法》第353、354条;《禁毒法》第61条

第八十六条 【对非法生产、经营、购买、运输用于制造毒品的原料、配剂行为的处罚】违反国家规定,非法生产、经营、购买、运输用于制造毒品的原料、配剂的,处十日以上十五日以下拘留;情节较轻的,处五日以上十日以下拘留。

条文注释

本条是2025年修订新增的内容。近年来,非法生产、经营、购买、运输用于制造毒品的原料、配剂的现象越来越常见。这些行为给制造毒品提供了便利,对这些行为进行处罚,有利于从源头上打击毒品违法犯罪。

适用要点

[用于制造毒品的原料、配剂的类型]

实践中常见的原料、配剂有醋酸酐、乙醚、三氯甲烷等,这几种原料、配剂既是医药和工农业生产原料,也是制造毒品必不可少的

配剂。这些原料、配剂是指提炼、分解毒品使用的原材料及辅助性配料,制毒物品的具体品种范围可参考国家关于易制毒化学品管理的规定确定。根据《易制毒化学品管理条例》的规定,易制毒化学品分为三类:第一类是可以用于制毒的主要原料,包括1-苯基-2-丙酮等;第二类是可以用于制毒的化学配剂,包括苯乙酸等;第三类也是可以用于制毒的化学配剂,包括甲苯等。

关联法规

《刑法》第144条

第八十七条 【对服务行业人员通风报信行为的处罚】旅馆业、饮食服务业、文化娱乐业、出租汽车业等单位的人员,在公安机关查处吸毒、赌博、卖淫、嫖娼活动时,为违法犯罪行为人通风报信的,或者以其他方式为上述活动提供条件的,处十日以上十五日以下拘留;情节较轻的,处五日以下拘留或者一千元以上二千元以下罚款。

条文注释

该行为侵犯的客体是公安机关的执法活动。本条规定的公安机关查处的违法行为的范围具有特定性。实践中旅馆业、饮食服务业、文化娱乐业、出租汽车业都属于营利性的服务行业,部分单位的人员为了获取暴利,投机取巧,不择手段地在这些营业场所提供色情服务、赌场以及吸毒条件等,进行非法活动。公安机关查处吸毒、赌博、卖淫、嫖娼活动时,相关场所的从业人员不得向违法人员通风报信。本条所说的"通风报信",包括各种传递消息的方法和手段,如通过打电话、发送短信息、传呼信号和事先约定的各种联系暗号等,行为人主观方面表现为故意。

适用要点

["旅馆业、饮食服务业、文化娱乐业、出租汽车业等单位"中的"等"字如何理解]

根据《最高人民法院关于审理行政案件适用法律规范问题的座

谈会纪要》第4条第2款"法律规范在列举其适用的典型事项后,又以'等'、'其他'词语进行表述的,属于不完全列举的例示性规定。以'等'、'其他'等概括性用语表示的事项,均为明文列举的事项以外的事项,且其所概括的情形应为与列举事项类似的事项"的规定,以及《全国人民代表大会常务委员会关于严禁卖淫嫖娼的决定》第7条"旅馆业、饮食服务业、文化娱乐业、出租汽车业等单位"中的"等",应当作"等外"理解,即其他与旅馆业、饮食服务业、文化娱乐业、出租汽车业相类似的行业,如卖淫、嫖娼案件多发的洗浴、洗头、洗脚、桑拿等行业。

关联法规

《刑法》第362条;《娱乐场所管理条例》第13、14、53条

第八十八条 【对生活噪声持续干扰他人行为的处罚】 违反关于社会生活噪声污染防治的法律法规规定,产生社会生活噪声,经基层群众性自治组织、业主委员会、物业服务人、有关部门依法劝阻、调解和处理未能制止,继续干扰他人正常生活、工作和学习的,处五日以下拘留或者一千元以下罚款;情节严重的,处五日以上十日以下拘留,可以并处一千元以下罚款。

条文注释

该行为侵犯的客体是他人正常的生活秩序和国家对噪声污染防治的管理制度。对制造生活噪声的行为进行处罚,应同时具备两个条件:一是该行为违反关于社会生活噪声污染防治的法律规定;二是行为人经依法劝阻、调解和处理仍未停止违法行为,持续干扰他人。其中,第二个条件是本法修订新增的内容。所谓噪声,是指在工业生产、建筑施工、交通运输和社会生活中产生的干扰周围生活环境的声音。当前,关于社会生活噪声污染防治的法律规定主要有《噪声污染防治法》。社会生活噪声,是指人为活动产生的除工业噪声、建筑施工噪声和交通运输噪声之外的干扰周围生活环境的声音。噪声污染,是指超过噪声排放标准或者未依法采取防控措施产

生噪声,并干扰他人正常生活、工作和学习的现象。防治噪声污染有助于保障公众健康,保护和改善生活环境,维护社会和谐。

适用要点

[常见的社会生活噪声污染]

生活噪声是除工业噪声、交通噪声、建筑噪声之外的噪声,比如娱乐场所噪声、早市喧闹声、店铺叫买的喇叭声、邻居传来的吵闹声、电视音响声等,统称为生活噪声。社会生活的噪声源比较复杂,可以分为营业性文化娱乐场所噪声、商业经营活动噪声、公共活动场所噪声、邻里噪声等。有下列行为之一,经有关主管部门劝说无效后由公安机关说服教育,责令改正;拒不改正持续干扰他人正常生活、工作和学习的,给予治安拘留:(1)在噪声敏感建筑物集中区域使用高音广播喇叭;(2)在公共场所组织或者开展娱乐、健身等活动,未遵守公共场所管理者有关活动区域、时段、音量等规定,未采取有效措施造成噪声污染,或者违反规定使用音响器材产生过大音量;(3)对已竣工交付使用的建筑物进行室内装修活动,未按照规定在限定的作业时间内进行,或者未采取有效措施造成噪声污染;(4)其他违反法律规定造成的社会生活噪声污染。

关联法规

《噪声污染防治法》第59条

第八十九条 【对饲养动物违法行为的处罚】饲养动物,干扰他人正常生活的,处警告;警告后不改正的,或者放任动物恐吓他人的,处一千元以下罚款。

违反有关法律、法规、规章规定,出售、饲养烈性犬等危险动物的,处警告;警告后不改正的,或者致使动物伤害他人的,处五日以下拘留或者一千元以下罚款;情节较重的,处五日以上十日以下拘留。

未对动物采取安全措施,致使动物伤害他人的,处一千元以下罚款;情节较重的,处五日以上十日以下拘留。

驱使动物伤害他人的,依照本法第五十一条的规定处罚。

条文注释

该行为侵犯的客体是社会管理秩序和公民的人身权利。饲养动物能够给人们带来欢乐,但管理不善会干扰他人的正常生活,侵害他人的人身权利,妨害社会管理秩序,有必要从法律上加以禁止。饲养动物,既包括城镇居民饲养的各种宠物,如狗、猫、鸟等,也包括农村居民饲养的狗、猫等其他动物。干扰他人正常生活,并不是行为人本人所为,而是饲养动物干扰他人正常休息,主要是所饲养的动物缺乏管教,经常发出噪声扰乱他人生活等。违反法律、法规、规章的规定饲养烈性犬等危险动物可能会面临一系列法律责任。根据本条规定,违反有关法律、法规、规章规定,出售、饲养烈性犬等危险动物的,出售人、动物饲养人或者管理人应当承担相应的法律责任。根据《民法典》第1246条的规定,违反管理规定,未对动物采取安全措施造成他人损害的,动物饲养人或者管理人应当承担侵权责任。本法2025年修订加强了与《民法典》的衔接,规定了未对动物采取安全措施,致使动物伤害他人的,应当承担治安责任。未对动物采取安全措施,包括放任动物恐吓他人,是指动物的主人或者饲养人员对其所养的动物不加以一定的约束,对其饲养动物恐吓他人的情形持放任、沉默、不管不问的态度等,对他人精神造成惊吓。

适用要点

[如何认定干扰他人正常生活]

公安机关在具体适用时,应当以他人的感受为判断标准,只要他人报警称行为人饲养的动物干扰了其正常生活,就可能被认定为构成该行为。但是,是否达到严重干扰他人正常生活的程度,仅以原告个人的感知作为判断标准是不够的,还应综合考虑声音的来源、干扰行为是否合理、当事人能否对声音进行控制防范,以及周围邻居等一般公众的普遍感受等因素进行判断。此外,公安机关在处理时要注意树立调解优先的理念,进行说服教育。
关联法规
《民法典》第1245、1246条

第四章 处罚程序

第一节 调 查

第九十条 【立案与处理】公安机关对报案、控告、举报或者违反治安管理行为人主动投案,以及其他国家机关移送的违反治安管理案件,应当立即立案并进行调查;认为不属于违反治安管理行为的,应当告知报案人、控告人、举报人、投案人,并说明理由。

条文注释
从公安机关查处治安案件的实践来看,治安案件的来源主要有以下三类:第一类是公安机关自己发现的违反治安管理事实或者违反治安管理行为人。如人民警察在巡逻执勤、维护公共场所治安秩序、现场调查、追捕逃犯、侦查案件、询问违法犯罪嫌疑人等执法执勤活动中发现的案件线索,这在实践中较为常见。第二类是公民、法人和其他组织报案或者举报、被侵害人报案或者控告、违反治安管理行为人主动向公安机关投案。第三类是行政机关、监察机关、司法机关等其他国家机关移送的违反治安管理的案件。本条即是针对上述第二类、第三类不是公安机关自身发现的案件所作的规定。

所谓报案,是指违法犯罪行为发生后,公民、法人、其他组织或者被侵害人主动报告公安机关,反映其发现的违法犯罪事实和违法犯罪嫌疑人,要求公安机关对案件依法进行调查的行为。控告,是指被侵害人及其近亲属、代理人、监护人因被侵害人的人身、财产权利遭受到违法犯罪嫌疑人的不法侵害,而向公安机关告发违法犯罪嫌疑人,要求公安机关依法查处的行为。举报,是指被侵害人以外的公民、法人和其他组织发现违法犯罪事实和违法犯罪嫌疑人而向公安机关告发或者提供案件线索、证据,请求公安机关依法查处的行为。违反治安管理行为人主动投案,是指违反治安管理行为人实施违反治安管理的行为后,主动到公安机关投案,如实交代自己的违法行为,并主动接受调查和处罚的行为。其他行政机关移送,是指公安机关以外的行政机关如市场监管、税务、质检、海关等部门在执法工作中,将不属于本部门管辖权限范围但属于公安机关管辖范围的案件,移送公安机关依法处理的行为。

对不属于违反治安管理行为的,应告知报案人、控告人、举报人、投案人,并说明理由。告知是指:(1)告知报案人、控告人、举报人、投案人向有管辖权的机关报案、控告、举报和投案;(2)公安机关已将案件移送其他国家机关的,告知报案人、控告人、举报人、投案人移送的机关名称和地址;(3)不予处理的,告知报案人、控告人、举报人、投案人原因。说明理由,是指说明相关法律依据。报案人、控告人、举报人、投案人,有权知道公安机关对其报案、控告、举报、投案的案件是否已决定调查处理。因不属于违反治安管理行为而移送公安机关等其他国家机关调查处理或者不予处理的,报案人、控告人、举报人、投案人有权知悉其具体理由。因此,本条明确规定了公安机关的告知义务。

适用要点

[公安机关对报案、控告、举报或者违反治安管理行为人主动投案的分类处理]

公安机关应当对报案、控告、举报、群众扭送或者违反治安管理行为人投案分别作出下列处理,将处理情况在接报案登记中注明:(1)对属于本单位管辖范围内的案件,应当立即调查处理,制作受案登记表和受案回执,并将受案回执交报案人、控告人、举报人、扭送人;(2)对属于公安机关职责范围,但不属于本单位管辖的,应当在24小时内移送有管辖权的单位处理,并告知报案人、控告人、举报人、扭送人、投案人;(3)对不属于公安机关职责范围的事项,在接报案时能够当场判断的,应当立即口头告知报案人、控告人、举报人、扭送人、投案人向其他主管机关报案或者投案,报案人、控告人、举报人、扭送人、投案人对口头告知内容有异议或者不能当场判断的,应当书面告知,但因没有联系方式、身份不明等客观原因无法书面告知的除外。

关联法规

《公安机关办理行政案件程序规定》第60—65条

> **第九十一条 【严禁非法取证】**公安机关及其人民警察对治安案件的调查,应当依法进行。严禁刑讯逼供或者采用威胁、引诱、欺骗等非法手段收集证据。
>
> 以非法手段收集的证据不得作为处罚的根据。

条文注释

调查取证是指公安机关及其人民警察为查明案情、查获违反治安管理行为人、收集证据而进行的专门活动。《行政处罚法》第40条规定:"公民、法人或者其他组织违反行政管理秩序的行为,依法应当给予行政处罚的,行政机关必须查明事实;违法事实不清、证据不足的,不得给予行政处罚。"取证包括询问证人,收集物证、书证、视听资料等,调查取证是作出治安管理处罚决定的前提。

刑讯逼供是指办案人员采用肉刑或变相肉刑乃至精神刑等残酷的方式折磨被讯问人的肉体或精神,以获取其供述的一种恶劣的审讯方法。《人民警察法》第22条第4项规定,人民警察不得有刑讯逼供的行为。以刑讯逼供或者采用威胁、引诱、欺骗等非法手段收集的证据,是陈述人迫于压力或在欺骗情况下提供的,虚假的可能性很大极易造成冤假错案,且刑讯逼供行为与尊重和保障人权的《宪法》要求不符,必须严加禁止。以非法手段收集的证据不得作为处罚的根据,如果依据这类证据对当事人作出治安管理处罚,该处罚决定无效。

适用要点

[非法取证]

严禁刑讯逼供和以威胁、欺骗等非法方法收集证据是常见做法。除此之外，收集物证、书证不符合法定程序，可能严重影响执法公正的，应当予以补正或者作出合理解释；不能补正或者作出合理解释的，不能作为定案的根据。用非法方法收集的物证、书证被称为非法实物证据，如要排除需满足特定的条件：一是收集方式不符合法定程序；二是可能严重影响司法公正；三是不能补正或者作出合理解释。

关联法规

《行政处罚法》第40条；《刑事诉讼法》第52条；《人民警察法》第22条；《公安机关办理行政案件程序规定》第27条

> **第九十二条 【调查取证及配合义务】**公安机关办理治安案件，有权向有关单位和个人收集、调取证据。有关单位和个人应当如实提供证据。
>
> 公安机关向有关单位和个人收集、调取证据时，应当告知其必须如实提供证据，以及伪造、隐匿、毁灭证据或者提供虚假证言应当承担的法律责任。

条文注释

本条是2025年修订新增的内容。调查取证是指公安机关为了查明案件事实的需要，向有关单位、个人进行调查、收集证据。本条是对相关法律条文的借鉴。《公安机关办理行政案件程序规定》第28条第1款规定："公安机关向有关单位和个人收集、调取证据应当告知其必须如实提供证据，并告知其伪造、隐匿、毁灭证据，提供虚假证词应当承担的法律责任。"调查取证由具有执法资格的办案人员实施。公安机关调查取证时，有关单位和个人需予以配合。当事人或者有关人员应如实回答询问，并协助调查取证，不得拒绝和阻挠。有关单位和个人不得伪造、隐匿、毁灭证据，不能提供虚假证言,不能妨害执法办案,否则将承担法律责任。

适用要点

[公安机关收集、调取证据的注意事项]

治安案件具有发案多、情节轻、易被忽略等特点,公安机关在收集调取证据时除了应当严格依法律程序,还有很多事项值得注意。公安机关需要向有关单位和个人调取证据的,经办案部门负责人批准,开具调取证据通知书,明确调取的证据和提供时限。被调取人应当在通知书上盖章或者签名,被调取人拒绝的,公安机关注明。必要时,公安机关应当采用录音、录像等方式固定证据内容及取证过程。需要向有关单位紧急调取证据的,公安机关可以在电话告知有关单位其人民警察身份的同时,将调取证据通知书连同办案人民警察的人民警察证复印件通过传真、互联网通信工具等送达有关单位。

关联法规

《行政处罚法》第54条;《反电信网络诈骗法》第26条;《公安机关办理行政案件程序规定》第28条

第九十三条 【移送案件的证据使用】 在办理刑事案件过程中以及其他执法办案机关在移送案件前依法收集的物证、书证、视听资料、电子数据等证据材料,可以作为治安案件的证据使用。

条文注释

证据制度是治安管理处罚的重点,对保证治安案件的办理质量、正确量罚具有关键作用。本条是2025年修订新增的内容,主要背景是近年来刑事案件、监察案件与行政案件之间的衔接日益密切。很多案件是由担负有关职责的司法机关、监察机关等执法办案机关在执法办案过程中,经依法调查处理后,再移送公安机关依法办理。对于移送之前收集的物证、书证、视听资料、电子数据等证据材料,实务普遍认为,如果要求公安机关重新收集,会在很大程度上增加公安机关执法办案的负担,浪费执法资源,而且很多实物证据实际上无法"重新"收集。如果这些证据材料不能在治安案件中作为证据使用,公安机关查明案件事实就会存在严重困难,不利于打击违法行为。

证据具有客观性,一起案件无论最初是按行政案件还是刑事案件办理,有关证据应当是同一的。与此同时,这一规定不仅对公安机关办案的证据效力作了肯定,也为公安机关与其他执法办案机关在查办案件中相互协作配合奠定了基础。本条在一定程度上借鉴了《刑事诉讼法》的规定,《刑事诉讼法》第54条第2款规定:"行政机关在行政执法和查办案件过程中收集的物证、书证、视听资料、电子数据等证据材料,在刑事诉讼中可以作为证据使用。"

关联法规

《刑事诉讼法》第43条;《监察法》第18条

第九十四条 【公安机关保密义务】公安机关及其人民警察在办理治安案件时,对涉及的国家秘密、商业秘密、个人隐私或者个人信息,应当予以保密。

条文注释

本条明确,对办案中涉及的国家秘密、商业秘密、个人隐私或者个人信息予以保密,是公安机关及其人民警察的法定义务。《保守国家秘密法》第5条第2款规定,一切国家机关和武装力量、各政党和各人民团体、企业事业组织和其他社会组织以及公民都有保密的义务。《人民警察法》第22条第2项规定,人民警察不得泄露国家秘密、警务工作秘密。国家秘密是指关系国家的安全和利益,依照法定程序确定,在一定时间内只限一定范围的人员知悉的事项。保守国家秘密是我国公民的基本义务,也是对公安机关的现实要求。《保守国家秘密法》第14条第1款规定:"国家秘密的密级分为绝密、机密、秘密。"

商业秘密是指不为公众所知悉,能为权利人带来经济利益、具有实用性,并经权利人采取保密措施的技术信息和经营信息。个人隐私是个人秘密,是指关系个人健康、名誉、财产或其他利益,不愿为他人知悉或不宜公开的情况、资料和信息,如个人的日记、相册、通信、交往范围、家庭关系、生活习惯、身体缺陷、病患情况等。在办理治安案件时,公安机关及其人民警察往往更容易获知国家秘密、商业秘密、个人隐私和个人信息。保守秘密或个人隐私是公安机关及其人民警察的一项基本义务,要求其严格保守秘密,不能失密泄密。

适用要点

[公开的治安处罚决定应对哪些个人隐私作隐匿处理]

根据《行政处罚法》第48条第1款的规定,具有一定社会影响的行政处罚决定应当依法公开。公安机关作出的具有一定社会影响的处罚决定应该公开,并应当保护当事人个人隐私,作隐匿化处理。公安机关应当对文书中载明的自然人姓名作隐名处理,保留姓氏,名字以"某"替代。公安机关应当删除文书中载明的下列信息:一是自然人的住所地详址、工作单位、家庭成员、联系方式、公民身份号码、健康状况、机动车号牌号码,以及其他能够判明其身份和具体财产的信息;二是法人或者其他组织的涉及具体财产的信息;三是涉及公民个人隐私和商业秘密的信息;四是案件事实中涉及有伤风化的内容,以及可能诱发违法犯罪的细节描述;五是公安机关印章或者工作专用章;六是公安机关认为不宜公开的其他信息。删除前款所列信息影响对文书正确理解的,可以用符号"×"作部分替代。

[国家秘密的认定]

国家秘密一般包括:(1)国家事务重大决策中的秘密事项;(2)国防建设和武装力量活动中的秘密事项;(3)外交和外事活动中的秘密事项以及对外承担保密义务的秘密事项;(4)国民经济和社会发展中的秘密事项;(5)科学技术中的秘密事项;(6)维护国家安全活动和追查刑事犯罪中的秘密事项;(7)经国家保密行政管理部门确定的其他秘密事项。

关联法规

《行政处罚法》第48、50条;《行政复议法》第36条;《行政许可法》第5条

第九十五条 【回避】人民警察在办理治安案件过程中,遇有下列情形之一的,应当回避;违反治安管理行为人、被侵害人或者其法定代理人也有权要求他们回避:

(一)是本案当事人或者当事人的近亲属的;

(二)本人或者其近亲属与本案有利害关系的;

(三)与本案当事人有其他关系,可能影响案件公正处理的。

人民警察的回避,由其所属的公安机关决定;公安机关负责人的回避,由上一级公安机关决定。

条文注释

为保证人民警察办理治安案件的公正性、合法性,防止人民警察利用职权徇私枉法,规定人民警察的回避制度是非常必要的。《人民警察法》第45条第1、2款对人民警察办理治安案件过程中应当回避的情形及决定权限作了明确规定。

本条第1款规定了三种人民警察在办理治安案件过程中应当回避的情形。第一,人民警察是案件当事人或者当事人近亲属。当事人主要是指违反治安管理行为人和被侵害人等。案件的当事人,是指办理治安案件的人民警察本人是治安案件的一方当事人。在这种情况下,作为一方当事人的人民警察办理治安案件容易受感情和自身利益等因素的影响,失去公正性。当事人近亲属,是指办理治安案件的人民警察是一方当事人的配偶、子女、父母、兄弟姐妹等近亲属。在这种情况下,办理治安案件的人民警察也应回避。否则,也会违反办理治安案件应当公正的原则。第二,人民警察或其近亲属与案件有利害关系。这是指办理治安案件的人民警察或者其近亲属,虽然不是案件的一方当事人或者当事人的近亲属,但是案

件处理结果与他们有利益关系或者存在其他利害关系。在这种情况下,人民警察在办理治安案件过程中难免有偏袒一方的嫌疑,其应当主动回避。第三,人民警察与案件当事人有其他关系,可能影响案件的公正处理。与案件当事人有其他关系,是指办理治安案件的人民警察与案件一方当事人有某种关系,如有亲戚、朋友、同事关系,或者有重大恩怨等情况,可能会对案件办理的公信力产生影响。有上述关系可能会影响案件公正处理的,人民警察应当主动回避。但如果是一般的认识关系,不会影响案件的公正处理,人民警察可以继续办理治安案件。

本条第2款是关于人民警察回避的决定程序方面的规定。第一,人民警察的回避,由其所属的公安机关决定,是指办理治安案件的人民警察,遇有本条第1款规定的三种情形之一的,不论是由人民警察本人提出还是由违反治安管理行为人、被侵害人或者其法定代理人依法提出申请办理治安案件的人民警察回避,都需由人民警察所属的公安机关来决定是否回避。第二,公安机关负责人的回避,由上一级公安机关决定,是指负责办理治安案件的公安机关负责人,如果也具有本条第1款规定的三种情形之一,需要回避,无论其本人主动申请要求回避还是由违反治安管理行为人、被侵害人或者其法定代理人依法申请其回避,都由其上一级公安机关作出是否回避的决定。

适用要点

[办案单位是否适用回避]

在治安案件办理过程中,回避的对象是公安机关负责人、办案人民警察,办案单位不适用本条规定的应当回避的情形。如果当事人一方是人民警察,对方认为由该人民警察所属的办案单位办理案件有可能影响案件的公正处理,以本条为由提出回避申请,不适用回避规定。但为保证案件的顺利办理,公安机关可以视情决定由其他办案单位办理。

关联法规

《行政处罚法》第43条;《道路交通安全法》第83条;《行政诉讼

法》第 55 条;《公安机关办理行政案件程序规定》第 17—25 条

> **第九十六条 【传唤和强制传唤】**需要传唤违反治安管理行为人接受调查的,经公安机关办案部门负责人批准,使用传唤证传唤。对现场发现的违反治安管理行为人,人民警察经出示人民警察证,可以口头传唤,但应当在询问笔录中注明。
>
> 公安机关应当将传唤的原因和依据告知被传唤人。对无正当理由不接受传唤或者逃避传唤的人,经公安机关办案部门负责人批准,可以强制传唤。

条文注释

本条对传唤证传唤、口头传唤、强制传唤的适用条件、批准权限和公安机关的告知义务作了具体的规定。治安管理中的传唤,是公安机关在办理治安案件过程中,通知违反治安管理行为人到公安机关或者其他指定地点接受调查的一种调查手段,在执法实践中经常被使用。传唤的目的是询问违反治安管理行为人,查明案情,取得证据。根据本条规定,传唤只适用于违反治安管理行为人,对被侵害人及其他证人不得适用传唤。传唤分为传唤证传唤、口头传唤和强制传唤三种。

1. 传唤证传唤

传唤证传唤是公安机关常用的传唤方式,即由执行人员将公安机关签发的传唤证送达被传唤人。本条第 1 款规定,需要传唤违反治安管理行为人接受调查的,经公安机关办案部门负责人批准,应使用传唤证传唤。根据本条规定,公安机关应当根据案件具体情况决定是否传唤,仅对确有必要的违反治安管理行为人依法传唤。公安机关在执行传唤时应注意以下问题:首先,执行人员要向被传唤人表明其人民警察身份;其次,执行人员应出示传唤证,并向被传唤人宣读传唤证,同时,应告知被传唤人其被传唤的原因和依据;最后,执行人员送达传唤证时应要求被传唤人在传唤证回执上签名并注明收到时间。被传唤人有义务在传唤证限定的时间内,自行到指定地点接受公安机关的调查。

2. 口头传唤

口头传唤,是指人民警察对现场发现的违反治安管理行为人,口头责令其到指定地点接受调查的行为。这里的"现场发现",既包括人民警察在违反治安管理行为的实施现场发现或者抓获行为人的情况,也包括人民警察在违反治安管理行为实施现场以外的地点发现或者抓获已受理的治安案件的违反治安管理行为人的情况。《公安机关办理行政案件程序规定》第67条第1款规定:"需要传唤违法嫌疑人接受调查的,经公安派出所、县级以上公安机关办案部门或者出入境边防检查机关负责人批准,使用传唤证传唤。对现场发现的违法嫌疑人,人民警察经出示人民警察证,可以口头传唤,并在询问笔录中注明违法嫌疑人到案经过、到案时间和离开时间。"在实施口头传唤时,人民警察应当向被传唤人出示人民警察证,表明其人民警察身份,并向被传唤人口头说明其被传唤的原因、法律依据、接受调查的地点等。

3. 强制传唤

强制传唤,是指人民警察对无正当理由不接受传唤或者逃避传唤的违反治安管理行为人,采取强制的方法将其带到公安机关或者其他地点进行调查的行为。本条第2款规定,被传唤人有下列情形之一的,即可对其采取强制传唤,迫使其到案接受调查:一是无正当理由不接受传唤;二是逃避传唤。强制传唤的强制方法应当以将被传唤人传唤到案接受调查为限度,必要时人民警察可以根据《人民警察使用警械和武器条例》的规定使用警械。为了保障被传唤人的知情权,规范人民警察的强制传唤行为,本法新增规定,要求因情况紧急当场实施强制传唤的,应当在返回单位后立即报告,补办相关手续并在笔录注明。公安机关办案部门负责人认为不应当强制传唤的,应当立即解除。

适用要点

[公安机关实施强制传唤如何通知被传唤人家属]

实施强制传唤,应当当场告知被传唤人家属实施强制传唤的公安机关、理由,被传唤人接受调查的地点和期限;无法当场告知的,应当在实施强制传唤后立即通过电话、短信、传真等方式通知;身份不明、拒不提供家属联系方式或者因自然灾害等不可抗力无法通知的,可以不予通知。告知、通知被传唤人家属的情况或者无法通知其家属的原因应当在询问笔录中注明。

关联法规

《刑事诉讼法》第119条;《公安机关办理行政案件程序规定》第67条

> **第九十七条 【询问查证时限与通知义务】**对违反治安管理行为人,公安机关传唤后应当及时询问查证,询问查证的时间不得超过八小时;涉案人数众多、违反治安管理行为人身份不明的,询问查证的时间不得超过十二小时;情况复杂,依照本法规定可能适用行政拘留处罚的,询问查证的时间不得超过二十四小时。在执法办案场所询问违反治安管理行为人,应当全程同步录音录像。
>
> 公安机关应当及时将传唤的原因和处所通知被传唤人家属。
>
> 询问查证期间,公安机关应当保证违反治安管理行为人的饮食、必要的休息时间等正当需求。

条文注释

及时询问查证,是指人民警察不能在被传唤人到达指定地点后使其长时间等待,也不能在其到达后不予理睬或拖延询问。在被传唤人到达询问地点后,公安机关应当在传唤证上记载其到达的时间,并记录传唤开始的时间。"及时"应理解为被传唤人到案后,公安机关应尽可能在较短时间内向其查证。在询问过程中,公安机关可以为被传唤人留出必要的休息时间,满足其正当的生活需求,如进餐、饮水等。按照本条规定,一般询问查证时间为8小时;情况复杂的可能适用行政拘留处罚的,询问查证的时间不得超过24小时。

这要求公安机关应严格遵守法定询问查证时限。在执法办案场所询问违反治安管理行为人,应当全程同步录音录像。

本条新增规定,涉案人数众多、违反治安管理行为人身份不明的,询问查证的时间不得超过12小时。这主要是指公安机关及其人民警察主观因素以外的原因,导致8小时内无法结束询问的情况。"可能适用行政拘留处罚",是指根据违反治安管理处罚行为的性质、危害程度、当事人的态度等,可能会对当事人作出行政拘留处罚决定的情形。

此外,传唤在一定时间内限制了被传唤人的人身自由,为避免给被传唤人及其家属的生活、工作带来不便,本法规定公安机关应当及时将传唤的原因和处所通知被传唤人家属。

适用要点

[被传唤人到案时间如何计算]

被传唤人到案时间,是指被传唤人到达公安机关或者公安机关指定的询问地点的时间。既不能从公安机关传唤违法嫌疑人时开始计算,也不能从公安机关开始询问被传唤人时开始计算。一方面,如果从公安机关传唤违法嫌疑人时开始计算到案时间,有可能将路途时间计算在询问查证时间内,将影响公安机关正常的办案期限,有时甚至会出现违法嫌疑人尚未到达公安机关或者指定询问地点,就已超过询问查证期限的情形。另一方面,如果从公安机关开始询问被传唤人时开始计算到案时间,就有可能发生这种情形:被传唤人到达后,公安机关不及时进行询问,致使被传唤人在公安机关或者公安机关指定的询问地点等待的时间客观上超过法定期限,从而侵犯被传唤人的人身自由权利。因此,本条规定的到案时间是被传唤人到达公安机关或者公安机关指定的询问地点之时。为保护被传唤人的合法权益,这段时间要精确到分钟,人民警察在制作法律文书时须严格执行。

关联法规

《刑事诉讼法》第119条;《人民警察使用警械和武器条例》第8条;《公安机关办理行政案件程序规定》第69—72条

第四章 处罚程序

第九十八条 【询问笔录、书面材料与询问不满十八周岁人的规定】询问笔录应当交被询问人核对;对没有阅读能力的,应当向其宣读。记载有遗漏或者差错的,被询问人可以提出补充或者更正。被询问人确认笔录无误后,应当签名、盖章或者按指印,询问的人民警察也应当在笔录上签名。

被询问人要求就被询问事项自行提供书面材料的,应当准许;必要时,人民警察也可以要求被询问人自行书写。

询问不满十八周岁的违反治安管理行为人,应当通知其父母或者其他监护人到场;其父母或者其他监护人不能到场的,也可以通知其他成年亲属,所在学校、单位、居住地基层组织或者未成年人保护组织的代表等合适成年人到场,并将有关情况记录在案。确实无法通知或者通知后未到场的,应当在笔录中注明。

条文注释

询问笔录,是人民警察在对违反治安管理行为人进行询问查证的活动中,依法制作的如实记载调查人员提问和违反治安管理行为人陈述和辩解的文书。它是一种具有法律效力的书面文件,经过核实的询问笔录,是认定案件事实的证据之一。本条对询问笔录的制作作了详细的规定,并规定询问不满18周岁的违反治安管理行为人,公安机关应当通知其父母或者其他监护人到场。

本条第1款是关于询问笔录应经被询问人核对和签名、盖章的规定。对违反治安管理行为人的询问结束后,询问的人民警察应当将笔录交给被询问人核对。如果被询问人没有阅读能力,人民警察应当如实向其宣读。被询问人经核对后,认为笔录不全面、有遗漏或者有差错的,有权提出补充或者更正。被询问人经核对确认笔录没有错误后,应当在笔录的每页签名、盖章或者按指印,询问的人民警察也应在笔录上签名。为了保护被询问人的合法权益,对被询问人因客观原因无法阅读或者不便阅读的,如因高度近视为斗殴中眼镜被损坏而无法阅读,人民警察也应当如实向其宣读。

本条第2款是关于违反治安管理行为人自行提供陈述的规定。一般情况下,询问笔录都是由询问的人民警察制作的,但是,如果违反治安管理行为人请求就询问事项自行提供书面材料,询问的人民警察应当准许,不得以相关理由或者借口拒绝、阻挠。同时,询问的人民警察认为有必要时,也可以要求被询问人就询问事项自行书写。如果被询问人拒绝,询问的人民警察不能强迫。

本条第3款是关于询问不满18周岁的违反治安管理行为人应当通知其父母、其他监护人或者相关代表到场的规定。未成年人的生理和心理尚未发育成熟,在心理承受能力等方面与成年人存在较大差别,其在法律上尚属于无行为能力或者限制行为能力人,在行使权利方面受到一些限制。为保护未成年人的合法权益,确保未成年人的健康成长,在办理治安案件时有必要对未成年人予以特殊保护。因此,应通知其父母、其他监护人或者所在学校、单位、居住地基层组织或者未成年人保护组织的代表到场。这是公安机关的义务,其不得以任何理由或者借口不作为。但如果经多方查找,确实无法找到,通知义务已经履行,仍然未到场,人民警察应当在询问笔录中注明。

关联法规

《公安机关办理行政案件程序规定》第75、77、78条

第九十九条 【询问被侵害人和其他证人的规定】人民警察询问被侵害人或者其他证人,可以在现场进行,也可以到其所在单位、住处或者其提出的地点进行;必要时,也可以通知其到公安机关提供证言。

人民警察在公安机关以外询问被侵害人或者其他证人,应当出示人民警察证。

询问被侵害人或者其他证人,同时适用本法第九十八条的规定。

条文注释

被侵害人或者其他证人不是违反治安管理行为人,不能适用传唤等方式。询问被侵害人或者其他证人,是公安机关为了查明案件真实情况,收集、核实证据,而向被侵害人或者其他证人进行查询的一种调查活动。被侵害人陈述、证人证言是法定的证据形式,也是治安案件中最普遍运用的证据。经查证核实的被侵害人陈述、证人证言,都是定案的根据。由于被侵害人或者其他证人与违反治安管理行为人的法律地位不同,本条对询问被侵害人或者其他证人的原则性要求作了规定。

本条第1款规定,询问被侵害人或者其他证人时,人民警察可以根据案件具体情况和被侵害人或者其他证人的情况确定询问地点。第2款是关于在公安机关以外的地方询问被侵害人或者其他证人应当出示人民警察证的规定。这主要是为了保护公民的合法权益,防止有人冒充人民警察,而使被侵害人或者其他证人受到伤害。第3款是关于制作被侵害人或者其他证人的询问笔录,以及询问未成年被侵害人或者其他证人的基本要求的规定。本法第98条的有关规定同样适用询问被侵害人或者其他证人。

适用要点

[被侵害人或者其他证人不愿提供证言的,公安机关是否可以采取强制措施]

被侵害人或者其他证人与违反治安管理行为人的法律地位不同。如果被侵害人或者其他证人不愿提供证言,公安机关只能对其进行劝说、进行法治宣传,讲明接受询问、提供证言是其应当承担的法律义务,并晓之以理、动之以情,解除其思想负担,使其主动配合公安机关调查取证,但不得采取强制措施强迫其提供证言。只有对违反治安管理行为人才可以适用传唤,对被侵害人或者其他证人不得适用传唤。

关联法规

《公安机关办理行政案件程序规定》第79条

第一百条 【委托询问与视频询问】违反治安管理行为人、被侵害人或者其他证人在异地的,公安机关可以委托异地公安机关代为询问,也可以通过公安机关的视频系统远程询问。

通过远程视频方式询问的,应当向被询问人宣读询问笔录,被询问人确认笔录无误后,询问的人民警察应当在笔录上注明。询问和宣读过程应当全程同步录音录像。

条文注释

本条是2025年新增的规定,具体分为两个内容:一是委托异地公安机关代为询问;二是通过公安机关的视频系统远程询问。本条规定符合灵活办案的要求,也与互联网的兴起相适应。依据《公安机关办理行政案件程序规定》第120条的规定,办理行政案件需要进行远程视频询问、处罚前告知的,应当由协作地公安机关事先核实被询问、告知人的身份。办案地公安机关应当制作询问、告知笔录并传输至协作地公安机关。

适用要点

[远程视频询问的规范程序]

远程视频询问与面对面谈话取证存在较大差异,对取证的合法性、规范性有更高的要求。一是准确核实证人身份。调查人员可要求证人在视频中出示身份证件正反面供其核对,其应将证人出示身份证件的画面截屏并打印作为询问材料附件。二是落实个别询问规定。根据《监察法实施条例》的规定,询问应当个别进行,除询问未成年人或者聋、哑人外,询问证人禁止其他无关人员在场。在正式询问前,调查人员应向证人说明禁止性规定,要求证人用摄像镜头环视作证环境,反映其所在场地全貌,确定其在密闭的空间内陈述,核实其作证环境安全性,确保其独立提供证言,不受干扰、影响或胁迫。三是适当完善笔录格式。远程视频询问程序的特殊性决定了笔录的制作有别于传统书面笔录的制作,其具有新的特点和要求。视频告知证人权利义务的过程、内容、方式,证人自愿接受询问的态度及不能签字捺印的原因均须在笔录中载明。通过视频方式辨认出示的物证、书证等证据时,辨认过程应详细记载,并标注出示时间。四是严禁以非法方法询问。调查人员用远程视频方式询问时应严格遵守法律规定,使用规范用语,保障证人权利,严禁采用威胁、引诱、欺骗等非法方法获取证言,以确保获取的书面证言不会被认定为非法证据。

关联法规

《公安机关办理行政案件程序规定》第120条

> **第一百零一条 【询问的语言帮助】**询问聋哑的违反治安管理行为人、被侵害人或者其他证人,应当有通晓手语等交流方式的人提供帮助,并在笔录上注明。
>
> 询问不通晓当地通用的语言文字的违反治安管理行为人、被侵害人或者其他证人,应当配备翻译人员,并在笔录上注明。

条文注释

本条的适用对象仅限于聋哑的违反治安管理行为人、被侵害人或者其他证人,不通晓当地通用的语言文字的违反治安管理行为人,对于其他人如委托代理人则不适用。聋哑人因为生理上的缺陷、不通晓当地通用语言文字的人由于语言障碍,二者的理解能力和表达能力都可能受到一定影响和限制,不仅难以保证其正确表达自己的主张,充分行使其依法享有的权利,也会给案件调查工作带来一定困难。为保护聋哑人以及不通晓当地语言文字的人的合法权益,保证询问工作的顺利进行,本条对询问聋哑人和不通晓当地语言文字的人的基本要求作了规定。

当地通用的语言文字,是指当地的国家权力机关和行政机关行使权力和履行职务时正式使用的语言文字。当地通用的语言文字可能是一种,也可能是几种。例如,新疆维吾尔自治区当地通用的语言文字是汉语与维吾尔语两种。为聋哑人和不通晓当地通用语言文字的人配备翻译人员,是公安机关的法定职责,也是聋哑人和不通晓当地语言文字的人的法定权利。

适用要点

[翻译人员是否需要在询问笔录上签名]

《公安机关办理行政案件程序规定》第77条第1、2款规定,询问笔录应当交被询问人核对,对没有阅读能力的,应当向其宣读。记录有误或者遗漏的,应当允许被询问人更正或者补充,并要求其在修改处捺指印。被询问人确认笔录无误后,应当在询问笔录上逐页签名或者捺指印。拒绝签名和捺指印的,办案人民警察应当在询问笔录中注明。办案人民警察应当在询问笔录上签名,翻译人员应当在询问笔录的结尾处签名。

关联法规

《宪法》第139条;《刑事诉讼法》第9条;《公安机关办理行政案件程序规定》第76条

第一百零二条 【人体生物识别信息和生物样本的采集】
为了查明案件事实,确定违反治安管理行为人、被侵害人的某些特征、伤害情况或者生理状态,需要对其人身进行检查,提取或者采集肖像、指纹信息和血液、尿液等生物样本的,经公安机关办案部门负责人批准后进行。对已经提取、采集的信息或者样本,不得重复提取、采集。提取或者采集被侵害人的信息或者样本,应当征得被侵害人或者其监护人同意。

条文注释

生物识别信息是指通过对个体生物特征的测量和分析,用于身份验证或身份识别的数据。它利用人体固有的生物特征进行身份认证,有效防止了传统身份认证方式中可能存在的欺诈、盗用等问题。常见的生物识别信息包括肖像、指纹、声纹等。血液、尿液等作为一种常见的生物样本,在评估案件特征、相关当事人的伤害情况或者生理状态方面具有关键价值。提取或者采集被侵害人的信息或者样本,应当征得被侵害人或者其监护人同意。

相关法律规定有:(1)对违法嫌疑人,可以依法提取或者采集其肖像、指纹等人体生物识别信息;(2)涉嫌酒后驾驶机动车、吸毒、从事恐怖活动等违法行为的,依照《道路交通安全法》《禁毒法》《反恐怖主义法》等规定提取或者采集其血液、尿液、毛发、脱落细胞等生物样本;(3)人身安全检查和当场检查时已经提取、采集的信息,不再提取、采集。

适用要点

[采集尿液等生物样本的方法]

在治安执法过程中,如何采取尿液等生物样本是专业而烦琐的活动,可一定程度上借鉴吸毒案件的办案方法。公安部《吸毒检测程序规定》第8条规定,公安机关采集、送检、检测样本,应当由两名以上工作人员进行。采集的检测样本经现场检测结果为阳性的,应当分别保存在A、B两个样本专用器材中并编号,由采集人和被采集人共同签字封存,采用检材适宜的条件予以保存,保存期不得少于6个月。这一规定,为尿液样本的提取、保存提供了依据。对于本条文的具体适用,还需要重视标准化建设。全国刑事技术标准化技术委员会毒物分析分技术委员会发布的《法庭科学涉嫌吸毒人员尿液采集操作规范》(GA/T 1586－2019),要求尿液采集单位可每间隔30分钟提供约250毫升饮用水以促进被采集人员排尿,但提供的饮用水总量以750毫升为限。综上,公安机关在采集尿液等生物样本,应严格监管生物样本检材,遵循办案程序与科学标准具体实施。

关联法规

《出境入境管理法》第7条;《反恐怖主义法》第50条

第一百零三条 【检查应遵守的规定】 公安机关对与违反治安管理行为有关的场所或者违反治安管理行为人的人身、物品可以进行检查。检查时,人民警察不得少于二人,并应当出示人民警察证。

对场所进行检查的,经县级以上人民政府公安机关负责人批准,使用检查证检查;对确有必要立即进行检查的,人民警察经出示人民警察证,可以当场检查,并应当全程同步录音录像。检查公民住所应当出示县级以上人民政府公安机关开具的检查证。

检查妇女的身体,应当由女性工作人员或者医师进行。

条文注释

本条第1款是关于公安对与违反治安管理行为有关的场所或者违反治安管理行为人的人身、物品有权进行检查的规定。与违反治安管理行为有关的场所,主要指违反治安管理行为发生现场及其他可能留有相关痕迹、物品等证据的地方。这里所说的与违反治安管理行为有关的场所不包括公民住所。检查,是指公安机关为了查明案情,依法对与违反治安管理行为有关的场所或者违反治安管理行为人的人身、物品进行实地查看、寻找、检验,以发现和收集有关证据的一种调查活动。

本条第2款是关于对场所进行检查的规定。对与违反治安管理行为有关的场所、物品、人身进行检查,是公安机关调查违反治安管理行为、收集证据的一种基本调查手段。对场所进行检查的,经县级以上人民政府公安机关负责人批准,使用检查证检查。

本条第3款是关于对妇女进行人身检查的特别规定。人格权和人格尊严是公民的基本权利,检查人身特别是妇女的人身时,不得采用有辱人格的检查方式。检查妇女的身体,必须由女性工作人员或医师进行。

适用要点

[**对查获或者到案的违法嫌疑人进行安全检查是否需要检查证**]

根据《公安机关办理行政案件程序规定》第53条第1款的规定,对查获或者到案的违法嫌疑人应当进行安全检查,发现违禁品或者管制器具、武器、易燃易爆等危险品以及与案件有关的需要作为证据的物品的,应当立即扣押;对违法嫌疑人随身携带的与案件无关的物品,应当按照有关规定予以登记、保管、退还。安全检查不需要开具检查证。

关联法规

《行政处罚法》第42条;《反间谍法》第28条;《未成年人保护法》第112条

> **第一百零四条 【检查笔录】**检查的情况应当制作检查笔录,由检查人、被检查人和见证人签名、盖章或者按指印;被检查人不在场或者被检查人、见证人拒绝签名的,人民警察应当在笔录上注明。

条文注释

检查笔录是一种现场笔录,与检查所得的物证、书证、视听资料以及勘验笔录等共同构成调查违法行为的证据链。检查笔录是法定的证据形式,要求检查笔录要有相关人员的签章,主要是为了保证检查笔录的真实性和合法性。为此,执行检查的人民警察、被检查人和现场见证人,应当在检查笔录上签名、盖章或者按指印。如果被检查人拒绝,人民警察应当在笔录上注明。此处的见证人,是指执行检查任务的人民警察、被检查人以外的在检查现场或者临时被邀请到检查现场,亲身经历整个检查过程的与案件没有关联的人,比如路人、邻居、所在地居民委员会或者村民委员会的人员。

适用要点

[被检查人拒绝签名或盖章是否影响检查笔录的效力]

实践中,并非每个被检查人都愿意在检查笔录上签名或者盖章,比如有的被检查人或者其近亲属不同意对自己的场所、物品或者人身进行检查,或者不认可检查的结果,甚至有的对人民警察无理纠缠,拒绝在检查笔录上签名或者盖章;有的被检查人已经潜逃,无法通知到场,自然无法在检查笔录上签名或者盖章。只要人民警察规范地在笔录上注明被检查人拒绝签名或盖章的情况,不影响检查笔录的效力。

关联法规

《行政诉讼法》第33条;《公安机关办理行政案件程序规定》第86条

第一百零五条 【扣押的范围、程序及对扣押物品的处置】
公安机关办理治安案件,对与案件有关的需要作为证据的物品,可以扣押;对被侵害人或者善意第三人合法占有的财产,不得扣押,应当予以登记,但是对其中与案件有关的必须鉴定的物品,可以扣押,鉴定后应当立即解除。对与案件无关的物品,不得扣押。

对扣押的物品,应当会同在场见证人和被扣押物品持有人查点清楚,当场开列清单一式二份,由调查人员、见证人和持有人签名或者盖章,一份交给持有人,另一份附卷备查。

实施扣押前应当报经公安机关负责人批准;因情况紧急或者物品价值不大,当场实施扣押的,人民警察应当及时向其所属公安机关负责人报告,并补办批准手续。公安机关负责人认为不应当扣押的,应当立即解除。当场实施扣押的,应当全程同步录音录像。

对扣押的物品,应当妥善保管,不得挪作他用;对不宜长期保存的物品,按照有关规定处理。经查明与案件无关或者经核实属于被侵害人或者他人合法财产的,应当登记后立即退还;满六个月无人对该财产主张权利或者无法查清权利人的,应当公开拍卖或者按照国家有关规定处理,所得款项上缴国库。

条文注释

为了适应公安执法实践的需要,本条对治安案件中物品的扣押作了明确规定。为严格规范公安机关的扣押行为,更好地保护公民的合法权益,本条对扣押的范围、程序以及对扣押物品的处置作出了明确规定。本条共分为四款：

第1款规定了扣押的范围。扣押，是指公安机关在办理治安案件过程中，对能够证明违反治安管理行为人有无违反治安管理行为的物品，可以依法予以扣留的调查措施。其目的在于提取和保全证据，查明案情，查获违反治安管理行为人。扣押的范围是与案件有关的需要作为证据的物品。对与案件有关的需要作为证据的物品和文件是"可以扣押"而不是"应当扣押"。换言之，办理治安案件过程中发现的与案件有关的需要作为证据的物品，并非一律采取扣押措施。第1款还规定，与案件无关的物品，即不能作为证据证明案件事实的物品，不得扣押。

第2款是关于执行扣押的规定。为了保证扣押的合法性和公正性，加强群众对公安机关扣押工作的监督，防止案件调查人员遗失或者私自截留、私分、侵占被扣押物品，避免被扣押物品持有人无理索要未被扣押的物品，案件调查人员在实施扣押时要规范做好执行工作。

第3款是关于实施扣押前应当报经公安机关负责人批准的规定，是2025年修订新增的内容。情况紧急，或者物品价值不大，当场实施扣押的，人民警察应当及时向其所属公安机关负责人报告，并补办批准手续，本条款还强调了应当全程同步录音录像。

第4款是关于如何处置扣押物品的规定。扣押物品的处置应该区分不同情况区别处理：(1)对于被扣押的物品，公安机关应当妥善保管，不得挪作他用。(2)对于不宜长期保存的物品，公安机关应按照有关规定处理。(3)经查明与案件无关的，或者经核实属于被侵害人或者他人合法财产的物品，公安机关应当及时退还，不得以任何理由继续扣押。(4)满6个月无人对该财产主张权利或者无法查清权利人的，公安机关应当公开拍卖或者按照国家有关规定处理，所得款项上缴国库。这里所称满6个月，是指自查明被扣押财物为他人合法财产之日起满6个月。

适用要点

[公安机关扣押物品的期限]

《公安机关办理行政案件程序规定》第112条规定，扣押、扣留、查封期限为30日,情况复杂的,经县级以上公安机关负责人批准,可以延长30日;法律、行政法规另有规定的除外。延长扣押、扣留、查封期限的,应当及时书面告知当事人,并说明理由。对物品需要进行鉴定的,鉴定期间不计入扣押、扣留、查封期间,但应当将鉴定的期间书面告知当事人。

关联法规

《居民身份证法》第15条;《公安机关办理行政案件程序规定》第107、109、111条

> **第一百零六条 【鉴定】** 为了查明案情,需要解决案件中有争议的专门性问题的,应当指派或者聘请具有专门知识的人员进行鉴定;鉴定人鉴定后,应当写出鉴定意见,并且签名。

条文注释

鉴定是公安机关在查处治安案件时为了解决案件的专门性问题,指派或聘请具有专门知识的人员进行甄别与判断,并提供专门性意见的活动。所谓专门性问题,是指在查处治安案件时,属于案件证明对象范围内的,仅凭直觉或逻辑无法作出肯定或否定的判断,必须运用科学技术手段和专门知识进行判断才能作出可靠结论的活动,主要包括伤情鉴定、价格鉴定、违禁品和危险品鉴定、精神病鉴定、毒品尿样检测、声像资料鉴定、酒精含量检验等。在办理治安案件时,鉴定是一种重要的调查手段。它对及时收集证据、准确揭露违法行为、正确认定案件事实有着重要作用。鉴定由鉴定人进行,鉴定人可以由公安机关指派或聘任。鉴定人应秉持中立、科学的态度进行鉴定,并给出书面的鉴定意见。

适用要点

[如何进行伤情鉴定]

伤情鉴定,即人身伤害的部位、程度、成因、后果以及身体恢复情况等。伤情鉴定由法医或者县级以上医院进行。法医,是指具有法医理论知识和技术,并承担医学鉴定职责的人。明显不属于轻伤

或者违反治安管理行为人和被侵害人都认为不构成轻伤的,公安机关在查处治安案件时,无须作伤情鉴定。只有那些不易判断是否已构成轻伤或者双方当事人对伤情有争议的,才需要进行鉴定。

关联法规

《行政复议法》第43条;《公安机关鉴定机构登记管理办法》

第一百零七条 【案情辨认】为了查明案情,人民警察可以让违反治安管理行为人、被侵害人和其他证人对与违反治安管理行为有关的场所、物品进行辨认,也可以让被侵害人、其他证人对违反治安管理行为人进行辨认,或者让违反治安管理行为人对其他违反治安管理行为人进行辨认。

辨认应当制作辨认笔录,由人民警察和辨认人签名、盖章或者按指印。

条文注释

辨认是指公安机关为了查明案情,必要时让违反治安管理行为人、被侵害人、证人等对与违反治安管理行为有关的场所、物品进行辨认的一种调查行为。对物品的辨认,往往会有一定数量的陪衬物。此项措施借鉴了刑事诉讼中的辨认。例如,《公安机关办理刑事案件程序规定》第258条规定:"为了查明案情,在必要的时候,侦查人员可以让被害人、证人或者犯罪嫌疑人对与犯罪有关的物品、文件、尸体、场所或者犯罪嫌疑人进行辨认。"

适用要点

「辨认笔录的制作要求」

辨认笔录应当写明辨认的起止时间、地点,主持辨认的人民警察,记录人,辨认人,见证人,辨认对象的基本情况和辨认目的。正文部分应当如实反映辨认活动的过程及结论,辨认的方法和辨认过程中辨认人的态度及辨认结果。

关联法规

《海警法》第68条

第一百零八条 【两人执法与一名警察办案的规定】公安机关进行询问、辨认、勘验,实施行政强制措施等调查取证工作时,人民警察不得少于二人。

公安机关在规范设置、严格管理的执法办案场所进行询问、扣押、辨认的,或者进行调解的,可以由一名人民警察进行。

依照前款规定由一名人民警察进行询问、扣押、辨认、调解的,应当全程同步录音录像。未按规定全程同步录音录像或者录音录像资料损毁、丢失的,相关证据不能作为处罚的根据。

条文注释

1.两人执法的规定

本条规定,吸纳了公安部《公安机关办理行政案件程序规定》的条款。该部门规章第52条规定,公安机关进行询问、辨认、检查、勘验,实施行政强制措施等调查取证工作时,人民警察不得少于二人,并表明执法身份。询问、辨认、检查、勘验以及实施行政强制措施等是较为严格的执法活动,需要两名执法人员相互配合、互相监督。

2.一名警察办案的规定

本条是2025年新增的内容,增加调解以及在执法办案场所进行询问、扣押、辨认的,可以由一名人民警察进行并应全程同步录音录像的规定。《公安机关办理行政案件程序规定》第52条规定,公安机关进行询问、辨认、检查、勘验,实施行政强制措施等调查取证工作时,人民警察不得少于二人,并表明执法身份。接报案、受案登记、接受证据、信息采集、调解、送达文书等工作,可以由一名人民警察带领警务辅助人员进行,但应当全程录音录像。2025年修订内容来源于《公安机关办理行政案件程序规定》第52条第2款的规定,在该条的基础上有所修改。

实践中,公安机关警力严重不足是客观现实,难以在所有执法办案工作中达到两名人民警察的要求,2025年修订对当事人影响较小的程序性办案工作——调解,规定可以由一名人民警察进行。同时,本条第2款将"全程同步录音录像"作为必要条件,不仅落实了《行政处罚法》第47条全程执法记录的工作要求,也强化了对民警一人执法情形的监督。

适用要点

[一名警察办案的注意事项]

一名执法人员办案的现象,常见于交警执法领域。《行政处罚法》第42条中规定:"行政处罚应当由具有行政执法资格的执法人员实施。执法人员不得少于两人,法律另有规定的除外。"《道路交通安全违法行为处理程序规定》规定:适用简易程序处罚的,可以由一名交通警察作出。该规定的"法律"范围是否涵盖部门规章,理论上存在争议。而本法作为狭义的法律,则不存在这个问题。重点的适用内容,是单名警察执法的方法与程序,可参照交警执法及一般执法的重点事项。一是尊重和保护当事人合法权益。公安机关在办案过程中,一名警察应当尊重和保护当事人的合法权益,不得侵犯其人身权、财产权等合法权益。二是文明执法。一名警察在办案时应当文明执法,不得使用暴力、威胁等不正当手段进行调解。三是回避制度。如果该名警察与案件有直接利害关系或者有其他关系可能影响公正执法的,应当回避。当事人也有权申请警察回避。

适用本条规定的范围是治安调解类案件以及在执法办案场所进行询问、扣押、辨认的,除此之外,其他案件与场所均不得适用。

关联法规

《行政处罚法》第42条;《公安机关办理行政案件程序规定》第52条;《道路交通安全违法行为处理程序规定》第7条

第二节 决 定

第一百零九条 【处罚决定机关】治安管理处罚由县级以上地方人民政府公安机关决定;其中警告、一千元以下的罚款,可以由公安派出所决定。

条文注释

治安管理处罚必须由具有行政处罚权的行政机关实施。按照本条规定,县级以上地方人民政府公安机关可以依法作出本法规定的所有治安管理处罚。这是适应公安机关办理治安案件的实际需要,按照公安机关职责任务的不同,对公安机关治安管理处罚权所作的分配,这种做法对于保护行政管理相对人的合法权益,维护社会治安秩序,保障公共安全,具有重要意义。

与2012年《治安管理处罚法》相比,本条的一个明显变化是公安派出所可以决定警告、1000元以下的罚款,2012年《治安管理处罚法》规定的是500元以下的罚款。公安派出所能以自己的名义作出警告、1000元以下的罚款。依法应当予以1000元以上罚款、吊销公安机关发放的许可证、行政拘留以及其他治安管理处罚的,必须由县级以上地方人民政府公安机关依法决定。派出所作为公安机关的派出机构,不是一级公安机关。但是,公安派出所承担着绝大多数的治安管理、维护治安秩序以及治安案件的调查职责,并且治安案件量大面广,查处时效要求高,县级以上地方人民政府公安机关根本不可能承担起对所有治安案件的查处和处罚工作,因此,派出所在得到本法授权之后拥有一定的处罚权。

适用要点

[关于铁路、交通、民航、森林公安机关和海关侦查走私犯罪公安机构以及新疆生产建设兵团所属公安机关的治安管理处罚权问题]

根据有关法律的规定,铁路、交通、民航、森林公安机关依法负责其管辖范围内的治安管理工作。《海关行政处罚实施条例》第6条第1款赋予了海关侦查走私犯罪公安机构对阻碍海关缉私警察依法执行职务的治安案件的查处权。为有效维护社会治安，县级以上铁路、交通、民航、森林公安机关对其管辖的治安案件，可以依法作出治安管理处罚决定；铁路、交通、民航、森林公安派出所可以作出警告、1000元以下罚款的治安管理处罚决定；海关系统相当于县级以上公安机关的侦查走私犯罪公安机构可以依法查处阻碍缉私警察依法执行职务的治安案件，并依法作出治安管理处罚决定。

新疆生产建设兵团系统的县级以上公安局应当视为县级以上地方人民政府公安机关，可以依法作出治安管理处罚决定；其所属的公安派出所可以依法作出警告、1000元以下罚款的治安管理处罚决定。

关联法规

《行政处罚法》第17条

第一百一十条 【行政拘留折抵】对决定给予行政拘留处罚的人，在处罚前已经采取强制措施限制人身自由的时间，应当折抵。限制人身自由一日，折抵行政拘留一日。

条文注释

行政拘留针对的是违法行为。法律将违法行为区分为行政违法行为和犯罪行为，不够刑事处罚且法律、法规、规章规定为违法行为的，才是行政违法行为。实践中存在刑事案件经过侦查后因不够刑事处罚，但构成了违反治安管理行为而被依法予以治安管理处罚的情况。为保障已经被采取强制措施限制人身自由当事人的合法权益，本法对行政拘留前被采取强制措施限制人身自由的时间是否折抵行政拘留时间以及如何折抵问题作了明确规定，即对决定给予行政拘留处罚的人，在处罚前被采取强制措施限制人身自由的，限制人身自由的时间应当折抵行政拘留时间，限制人身自由1日，折抵行政拘留1日。

被采取强制措施限制人身自由的时间,是指被处罚人在被行政拘留前因同一行为被采取强制措施限制人身自由的时间,既包括依法被采取强制措施限制人身自由的时间,也包括违法限制被处罚人人身自由的时间,即只要被处罚人在被行政拘留前因同一行为实际被限制人身自由的,其被限制人身自由的时间就应当折抵行政拘留时间。

适用要点

[强制措施限制人身自由的时间超过行政拘留期限的问题]

这里的强制措施限制人身自由的时间,包括被行政拘留人在被行政拘留前因同一行为被依法刑事拘留、逮捕的时间。如果被行政拘留人被刑事拘留、逮捕的时间已超过其被行政拘留的时间,则行政拘留不再执行,但办案部门必须将治安管理处罚决定书送达被处罚人。

关联法规

《行政处罚法》第35条;《刑事诉讼法》第76条

第一百一十一条 【本人陈述的证据规则】公安机关查处治安案件,对没有本人陈述,但其他证据能够证明案件事实的,可以作出治安管理处罚决定。但是,只有本人陈述,没有其他证据证明的,不能作出治安管理处罚决定。

条文注释

查处治安管理处罚案件,应当重证据,重调查研究,不轻易根据陈述认定案件事实。这是以事实为依据,以法律为准绳原则的必然要求。

本条规定中的"对没有本人陈述,但其他证据能够证明案件事实的,可以作出治安管理处罚决定",是指在办理治安案件中,即使违反治安管理行为人不承认实施了违反治安管理行为,但被侵害人的陈述、其他证人的证言、现场提取的物证等其他证据确实、充分,因果关系清晰,能够相互印证,形成证据链,完全可以证明违反治安管理行为人实施了违反治安管理行为的,可以依法作出治安管理处罚决定。本条的"只有本人陈述,没有其他证据证明的,不能作出治安管理处罚决定",是指在治安案件查处过程中,如果只有违反治安管理行为人承认自己实施了违反治安管理行为的陈述,但没有任何其他证据证明或者佐证的,不能对该人作出治安管理处罚决定。

违反治安管理行为人的陈述属于证据之一,经查证属实的违反治安管理行为人的陈述是案件定性的根据,该陈述对查处治安案件具有重要作用。长期以来,口供被称为"证据之王""具有决定意义的证据"。但是,由于违反治安管理行为人是治安案件的当事人,其在提供陈述时往往会考虑其陈述对自己是否有利,因此其陈述有可能掺杂虚假成分,其甚至可能作出虚假的陈述。如果只有违反治安管理行为人的陈述,而没有其他证据证明案件事实,极有可能造成冤假错案。此外,违反治安管理行为人的陈述不仅有虚假的可能性,同时还带有不确定性。如果仅以违反治安管理人的陈述为依据认定案件事实,而没有其他证据,违反治安管理行为人出于自身利益考虑,随时有推翻其之前陈述的可能。一旦出现这种情况,认定治安管理处罚的事实依据将不复存在,不仅会使公安机关处于被动状态,而且不利于维护法律的严肃性。因此,查处治安案件时,一定要以事实为根据,特别要重视违反治安管理行为人陈述以外的其他证据的收集、判断和运用。

适用要点

[只有当事人陈述没有其他证据,作出治安管理处罚决定的法律责任]

本条涉及社会治安案件证据证明规则,明确强调只有本人陈述,没有其他证据证明的,不能作出治安管理处罚决定。其实不仅是治安案件,无论是民事案件,或者是刑事案件,都遵循这一基本原则。如果只有当事人陈述没有其他证据证明,作出治安管理处罚决定的后果。公安机关对行政案件进行调查时,应当全面、及时、合法地收集、调取证据材料。在仅有当事人本人陈述,公安机关径行作出作出行政处罚,该行政行为将构成"认定事实不清""主要证据不足"的情形。一旦当事人申请行政复议或提起行政诉讼,公安机关将可能面临行政行为被撤销或"败诉"的风险。而败诉率,将直接影响执法人员的政绩考核。

关联法规

《行政处罚法》第46条;《公安机关办理行政案件程序规定》第167条

第一百一十二条 【陈述与申辩】公安机关作出治安管理处罚决定前,应当告知违反治安管理行为人拟作出治安管理处罚的内容及事实、理由、依据,并告知违反治安管理行为人依法享有的权利。

违反治安管理行为人有权陈述和申辩。公安机关必须充分听取违反治安管理行为人的意见,对违反治安管理行为人提出的事实、理由和证据,应当进行复核;违反治安管理行为人提出的事实、理由或者证据成立的,公安机关应当采纳。

违反治安管理行为人不满十八周岁的,还应当依照前两款的规定告知未成年人的父母或者其他监护人,充分听取其意见。

公安机关不得因违反治安管理行为人的陈述、申辩而加重其处罚。

条文注释

根据本条规定,公安机关拟作出治安管理处罚决定前要履行告知义务。法定的告知事项主要包括作出治安管理处罚的内容、事实、理由、依据以及违反治安管理行为人依法享有的权利。这是公安机关的法定义务,公安机关在作出治安管理处罚前必须履行告知义务。同时,这也是违反治安管理行为人的法定权利,违反治安管理行为人在被处罚前,依法享有了解公安机关作出治安管理处罚的事实、理由、依据及自己依法享有的权利。

违反治安管理行为人在公安机关作出处罚决定过程中享有陈述权、申辩权。《行政处罚法》第 7 条第 1 款规定,公民、法人或者其他组织对行政机关所给予的行政处罚,享有陈述权、申辩权。违反治安管理行为人的陈述权、申辩权是其在治安案件查处过程中依法享有的基本权利。为保证违反治安管理行为人充分行使陈述权和申辩权,其不仅有权在公安机关询问时进行陈述和申辩,而且在公安机关履行告知义务时,其仍然依法享有陈述事实、理由,申辩、证明自己有无违反治安管理行为及有无从轻处罚情节的权利。值得注意的是,公安机关不得因违反治安管理行为人的陈述、申辩而加重其处罚。本条是针对实践中可能出现的被处罚人"态度不好""强词夺理"导致公安机关加重对其处罚的问题,作出的一项特别规定,目的是切实保护被处罚人的陈述权和申辩权。

为保护未成年的权利,违反治安管理行为人不满 18 周岁的,公安机关还应当依照规定告知未成年人的父母或者其他监护人,充分听取其意见。

适用要点

[**公安机关应对违反治安管理行为人陈述、申辩的复核制作相应载体**]

违反治安管理行为人就拟将对其作出的处罚所进行的陈述和申辩,是其享有的法定的、重要的程序性权利。与陈述、申辩的程序性权利相对的是,公安机关负有进行听取并复核的法定义务。复核过程中公安机关应判断违反治安管理行为人的陈述和申辩能否成立,在必要情况下甚至可通过适当形式将是否采纳陈述和申辩意见的结果告知违反治安管理行为人,并根据情况说明理由。上述复核过程有必要制作相应的载体,为行政争议的解决提供基础。

关联法规

《行政处罚法》第 5 条;《行政强制法》第 35—37 条;《公安机关办理行政案件程序规定》第 167—169 条

第一百一十三条 【治安案件处理】治安案件调查结束后,公安机关应当根据不同情况,分别作出以下处理:

(一)确有依法应当给予治安管理处罚的违法行为的,根据情节轻重及具体情况,作出处罚决定;

(二)依法不予处罚的,或者违法事实不能成立的,作出不予处罚决定;

(三)违法行为已涉嫌犯罪的,移送有关主管机关依法追究刑事责任;

(四)发现违反治安管理行为人有其他违法行为的,在对违反治安管理行为作出处罚决定的同时,通知或者移送有关主管机关处理。

对情节复杂或者重大违法行为给予治安管理处罚,公安机关负责人应当集体讨论决定。

条文注释

根据本条规定,治安案件调查结束后,公安机关应当根据不同情况,分别作出以下处理:

(1)确有依法应当给予治安管理处罚的违法行为的,根据情节轻重及具体情况,作出治安管理处罚决定。办理治安案件应当坚持教育与处罚相结合原则。这是公安机关在作出治安管理处罚决定时必须遵循的原则。公安机关在对调查结果进行审查后,认定违反治安管理行为人确有依法应当给予治安管理处罚的违法行为的,应当根据违反治安管理行为的情节轻重及具体情况,依照法律、法规和规章的有关规定作出处罚决定。本条规定中的情节轻重,是指违反治安管理行为是否有依法应当减轻、从重或者不予处罚的情形。

(2)依法不予处罚的,或者违法事实不能成立的,作出不予处罚决定。不予处罚,是指公安机关对实施了违反治安管理行为但具有法定免于处罚情形的行为人,依法不适用治安管理处罚的一种法律制度。不予处罚是"教育为主、处罚为辅""教育与处罚相结合"原则的具体体现,依法决定不予处罚的,行为人不会因此有违法前科。

(3)违法行为已涉嫌犯罪的,移送有关主管机关依法追究刑事责任。经过调查,公安机关认为行为人的违法行为涉嫌犯罪的,应当根据《刑事诉讼法》《公安机关办理刑事案件程序规定》等法律、法规、规章的规定,将案件移送至有管辖权的主管机关或者部门处理。这里的"主管机关"既包括承担贪污、渎职等职务犯罪侦查的检察机关,承担间谍等危害国家安全案件侦查的国家安全机关,也包括公安机关内部承担刑事案件侦查的部门。违反治安管理行为涉嫌犯罪的,应当依法追究行为人的刑事责任,不得以治安管理处罚代替刑事处罚。这实际是"一事不再罚"原则的具体体现。

(4)发现违反治安管理行为人有其他违法行为的,在对违反治安管理行为作出处罚决定的同时,通知或者移送有关主管机关处理。公安机关在查处治安案件时,发现违反治安管理行为人有其他尚未构成犯罪的违法行为的,应当在对其依法作出治安管理处罚决定的同时,将其有关情况通知或者移送有关主管机关处理,如果有相关证据材料,应当一并移交有关主管机关。这里的主管机关,是指按照职权分工,对涉及的违法行为有管辖权的行政机关。

此外,本法新增对情节复杂或者重大违法行为给予治安管理处罚,公安机关负责人应当集体讨论决定的规定。治安管理处罚未经负责人集体讨论决定,可能会因程序违法而被撤销。集体讨论决定的内容包括程序与实体两个方面。程序方面包括调查程序是否合法,有无超过法定期限,有无保障当事人陈述、申辩及听证权利;实体方面包括对违法事实的认定是否清楚、定性是否准确、法律依据是否充分、处罚意见是否适当等。讨论实行少数服从多数原则。

适用要点

["集体讨论决定"不能以"审批""认可"等方式代替]

本条要求"集体讨论决定",表明对重大复杂治安案件的处理须持慎重的态度,要求公安机关负责人对认定违法事实的证据、处罚的法律依据及办案程序能够详尽了解,认真审核、充分讨论后发表意见,以保证处罚决定的正确有效。因此,不能以传统的"审批""圈阅""认可"代替"讨论"。根据《公安部关于公安机关适用行政处罚若干问题的指导意见》的规定,案件具有下列情形之一的,一般应当由公安机关负责人集体讨论决定行行政处罚,并形成书面记录:(1)对事实、证据、定性存在重大分歧,认定困难的;(2)涉及重大公共利益的;(3)社会影响较大,引发或者可能引发较大舆情的;(4)法制审核部门或者公安机关负责人认为应当集体讨论决定的其他情形。

关联法规

《行政处罚法》第57条;《公安机关办理行政案件程序规定》第33条

> **第一百一十四条 【法制审核】**有下列情形之一的,在公安机关作出治安管理处罚决定之前,应当由从事治安管理处罚决定法制审核的人员进行法制审核;未经法制审核或者审核未通过的,不得作出决定:
> (一)涉及重大公共利益的;
> (二)直接关系当事人或者第三人重大权益,经过听证程序的;
> (三)案件情况疑难复杂、涉及多个法律关系的。
> 公安机关中初次从事治安管理处罚决定法制审核的人员,应当通过国家统一法律职业资格考试取得法律职业资格。

条文注释

本条是本法2025年新增的内容。行政处罚决定法制审核制度重在合法行政,其要义在于通过推进专业化,实现内部职能分离与互相监督,提高行政效率,规范行政处罚行为,确保行政处罚行为合法。《法治政府建设实施纲要(2021—2025年)》提出:严格执行重大行政执法决定法制审核制度,未经法制审核或者审核未通过的,不得作出决定。在此之前,一些地方和国务院部门根据实践需要开展了一些探索和尝试。2018年,我国开始全面推行重大行政执法决定法制审核制度。

法制审核是指各级公安机关作出重大执法决定前,由法制审核机构对决定的合法性进行审核的活动。2025年修订规定的治安管理处罚决定法制审核,限于涉及重大公共利益,直接关系当事人或者第三人重大权益、经过听证程序的,案件情况疑难复杂、涉及多个法律关系的,等等。本条吸收了《国务院办公厅关于全面推行行政执法公示制度执法全过程记录制度重大执法决定法制审核制度的指导意见》的审核范围等规定。

适用要点

[法制审核的具体内容]

治安管理处罚决定法制审核的内容主要包括:公安机关的行政执法主体是否合法,行政执法人员是否具备执法资格;行政执法程序是否合法;案件事实是否清楚,证据是否合法充分;适用法律、法规、规章是否准确,裁量基准运用是否适当;同类案件是否有畸轻畸重等明显差异;执法是否超越执法机关法定权限;行政执法文书是否完备、规范;违法行为是否涉嫌犯罪、需要移送司法机关等。

[公安机关内部法制审核人员配备比例]

按照《国务院办公厅关于全面推行行政执法公示制度执法全过程记录制度重大执法决定法制审核制度的指导意见》的要求,原则上法制审核人员不少于本单位执法人员总数的5%。

关联法规

《优化营商环境条例》第58条

第一百一十五条 【处罚决定书内容】 公安机关作出治安管理处罚决定的,应当制作治安管理处罚决定书。决定书应当载明下列内容:

(一)被处罚人的姓名、性别、年龄、身份证件的名称和号码、住址;

(二)违法事实和证据;

(三)处罚的种类和依据;

(四)处罚的执行方式和期限；

(五)对处罚决定不服,申请行政复议、提起行政诉讼的途径和期限；

(六)作出处罚决定的公安机关的名称和作出决定的日期。

决定书应当由作出处罚决定的公安机关加盖印章。

条文注释

根据本条规定,公安机关依法作出治安管理处罚决定后,应当制作治安管理处罚决定书。治安管理处罚决定书是公安机关作出治安管理处罚决定具有法律效力的表现形式,对违反治安管理行为人具有约束力,违反治安管理行为人必须依法履行决定书内容。同时,治安管理处罚决定书为被处罚人、被侵害人不服公安机关作出的处罚决定而依法申请行政复议、提起行政诉讼提供了依据。

依照本条规定,治安管理处罚决定书应当载明六个方面的内容。其中重要的内容是,治安管理处罚决定书必须加盖作出处罚决定的公安机关的印章,没有加盖作出处罚决定的公安机关印章的治安管理处罚决定书是无效的,被处罚人可以拒绝执行。另外,公安机关在制作治安管理处罚决定书时,应当使用公安部统一的文书格式,不得使用自行制作的文书格式;否则治安管理处罚决定书不具有法律效力,对被处罚人无法律约束力。

适用要点

[如何载明违法事实]

案件事实的表述要按照第三人称完整准确地表述。案件事实就是案件发生时的一切真实情况,包括违法行为发生的时间、地点、经过、情节和结果等要素。叙述一般应当按照事件发生的时间顺序客观、全面、真实地反映案情,并抓住重点,详述主要情节和因果关系。如案件具备法定从重或者符合从轻、减轻处罚等情形,办案单位应当写明。另外,公安机关在叙述事实时不应加任何主观的评论性语言。

关联法规

《行政处罚法》第59条;《公安机关办理行政案件程序规定》第172条

> **第一百一十六条 【宣告与送达】**公安机关应当向被处罚人宣告治安管理处罚决定书,并当场交付被处罚人;无法当场向被处罚人宣告的,应当在二日以内送达被处罚人。决定给予行政拘留处罚的,应当及时通知被处罚人的家属。
>
> 有被侵害人的,公安机关应当将决定书送达被侵害人。

条文注释

送达是公安机关按照法定的程序和方式,将依法制作的治安管理处罚决定书送交被处罚人、被侵害人的一种程序。通过宣告、送达等方式告知违反治安管理行为人其将受到的治安管理处罚,不仅能使其知晓自己所受到的处罚情况,而且便于其依法履行治安管理处罚决定,同时也为其不服处罚而申请法律救济提供了条件。将违反治安管理行为人所受到的治安管理处罚告知被侵害人,是保证被侵害人知情权的需要。因此,建立治安管理处罚决定书的宣告、送达制度,对于被处罚人、被处罚人亲属和被侵害人来说,有十分重要的意义。按照本条规定,决定给予行政拘留处罚的,应当及时通知被处罚人的家属。另外,文书的送达可适当参照《民事诉讼法》有关送达的规定执行。

适用要点

[决定给予行政拘留处罚的,如何通知没有联系方式的被处罚人家属]

根据《公安机关办理行政案件程序规定》第176条第1、3款的规定,作出行政拘留处罚决定的,应当及时将处罚情况和执行场所或者依法不执行的情况通知被处罚人家属。被处理人拒不提供家属联系方式或者不讲家属的真实姓名、住址,家属身份不明的,可以不予通知,但应当在附卷的决定书中注明。

关联法规
《行政处罚法》第 61 条

> **第一百一十七条 【听证】**公安机关作出吊销许可证件、处四千元以上罚款的治安管理处罚决定或者采取责令停业整顿措施前,应当告知违反治安管理行为人有权要求举行听证;违反治安管理行为人要求听证的,公安机关应当及时依法举行听证。
>
> 对依照本法第二十三条第二款规定可能执行行政拘留的未成年人,公安机关应当告知未成年人和其监护人有权要求举行听证;未成年人和其监护人要求听证的,公安机关应当及时依法举行听证。对未成年人案件的听证不公开举行。
>
> 前两款规定以外的案情复杂或者具有重大社会影响的案件,违反治安管理行为人要求听证,公安机关认为必要的,应当及时依法举行听证。
>
> 公安机关不得因违反治安管理行为人要求听证而加重其处罚。

条文注释

治安管理处罚中的听证程序,是指公安机关为了保障行政管理相对人的合法权益,保证公安机关依法、正确、有效地适用法律,在作出行政处罚决定前,举行的有案件当事人及其代理人、行政机关案件调查人员等参加的,听取上述人员的陈述、申辩、质证的行政程序。听证程序是行政机关作出行政处罚决定前的一种特殊程序,并不是行政处罚的必经程序。仅对法律明确规定应当举行听证的行政处罚种类和幅度,且违法行为人要求听证的,公安机关才举行听证。这两个条件缺一不可。如果是属于听证程序的法定适用范围但违法行为人未要求听证,或者违法行为人要求听证但不属于听证程序适用范围的案件,行政机关可以不举行听证。

为适应办案实际需要,本条对公安机关办理治安案件中听证的适用范围和程序作了新规定。对依照本法第23条第2款规定可能执行行政拘留的未成年人,公安机关应当告知未成年人和其监护人有权要求举行听证,保障当事人的合法权益。对未成年人案件的听证不公开举行。

除此之外,本条第3款规定,有其他的案情复杂或者具有重大社会影响的案件,违反治安管理行为人要求听证,公安机关认为必要的,应当及时依法举行听证。

听证应当依照公开、公正的程序组织。听证笔录是听证结果的书面形式,记录员应当如实记录听证笔录内容。听证笔录应当载明听证时间、地点、案由,听证人员、听证参加人姓名,各方意见以及其他需要载明的事项。

适用要点

[听证的操作规程]

公安机关首先要确定当事人要求举行听证的事项是否符合听证范围,审查当事人要求举行听证的申请是否超过法定期限。对符合条件的申请,公安机关应当在举行听证的7日前,通知当事人听证的时间、地点。举行听证时,调查人员提出当事人违法的事实、证据和行政处罚建议;当事人进行申辩和质疑。公安机关应当制作听证笔录,当事人审核无误后签字或盖章。

关联法规

《行政处罚法》第63条;《公安机关办理行政案件程序规定》第123—153条

第一百一十八条 【办案期限】公安机关办理治安案件的期限,自立案之日起不得超过三十日;案情重大、复杂的,经上一级公安机关批准,可以延长三十日。期限延长以二次为限。公安派出所办理的案件需要延长期限的,由所属公安机关批准。

为了查明案情进行鉴定的期间、听证的期间,不计入办理治安案件的期限。

条文注释

本条第 1 款是关于公安机关办理治安案件期限的规定。本条中的"办理治安案件的期限",是指公安机关在受理治安案件后,对治安案件进行调查直至作出处理决定的最长时间限期、从受理治安案件之日起到依法作出决定之日止。为了体现行政执法的效率原则,保证公安机关依法及时办理治安案件,有效维护社会治安秩序,本条对治安案件的办案期限作了明确规定。根据本条第 1 款规定,公安机关办理治安案件的期限一般为 30 日,但是,案情重大、复杂的,经上一级公安机关批准可以延长 30 日。这里所称的 30 日,不是指工作日,而是包括节假日在内连续计算的时间。期限延长以两次为限。

本条第 2 款是关于鉴定的期间、听证的期间不计入治安案件办案期限的规定。公安机关在办理案件过程中,为了查明案情需要对一些专门问题进行鉴定或听证,必然需要一定的时间才能得出结论。同时,由于鉴定涉及的专业问题不同,其得出鉴定意见的时间也不同。因此,本款规定,为了查明案件而进行鉴定的期间、听证的期间,不计入办理治安案件的期限。

适用要点

[快速办理案件的时限]

《公安机关办理行政案件程序规定》第 47 条规定,对快速办理的行政案件,公安机关应当在违法嫌疑人到案后 48 小时内作出处理决定。

[关于鉴定期间的理解]

为了查明案情进行鉴定的期间,不计入办理治安案件的期限。这里的"鉴定的期间",是指公安机关提交鉴定之日起至鉴定机构作出鉴定意见并送达公安机关的期间。

[违反治安管理行为人逃跑等案件的办案期限]

公安机关应当切实提高办案效率,保证在法定期限内办结治安案件。违反治安管理行为人逃跑等客观原因造成案件不能在法定期限内办结的,公安机关应当继续进行调查取证,及时依法作出处理决定,不能因已超过法定办案期限就不再调查取证。违反治安管理行为人在逃,导致无法查清案件事实,无法收集足够证据而无法结案的,公安机关应当向被侵害人说明原因。对调解未达成协议或者达成协议后当事人不履行的治安案件的办案期限,应当从调解未达成协议或者达成协议后不履行之日起开始计算。

关联法规

《行政处罚法》第60条;《公安机关办理行政案件程序规定》第165条

第一百一十九条 【当场处罚条件】违反治安管理行为事实清楚,证据确凿,处警告或者五百元以下罚款的,可以当场作出治安管理处罚决定。

条文注释

为了提高办案效率,保证及时处理治安案件,本条对当场处罚违反治安管理行为的程序作了明确规定。按照本条规定,公安机关对符合以下条件的治安案件,可以当场作出治安管理处罚决定:

一是治安案件事实清楚,证据确凿。案情简单,因果关系明确,情节轻微,没有必要进一步调查取证即能认定违反治安管理行为事实,是适用当场处罚程序的前提。如果案件事实已清楚,证据也确实、充分,不需要再进行调查取证就能认定案件事实,但是行为情节比较恶劣,人民警察不得当场作出治安管理处罚,而应当依法按照办理治安案件的一般程序办理。

二是依法对违反治安管理行为人作出警告或者500元以下罚款。这是指根据违反治安管理行为的性质、情节、社会危害程度,依法应当对违反治安管理行为人作出警告或者500元以下的罚款处罚。因此,如果对违反治安管理行为人依法应当作出500元以上罚款、行政拘留、吊销许可证等处罚决定,人民警察不得当场作出治安管理处罚决定。

适用要点

[公安机关当场处罚的操作要求]

(1)向违法行为人表明执法身份,指明违法事实,并收集证据。

(2)口头告知被处罚人拟作出处罚的事实、理由、依据及其享有陈述权和申辩权等权利。

(3)听取违法行为人的陈述和申辩,陈述、申辩成立的,应当采纳。

(4)可以当场处罚的,填写当场处罚决定书。

(5)将当场处罚决定书当场交付被处罚人。

(6)当场收缴罚款或告知其在规定期限内到指定银行缴纳。

(7)将处罚决定书副本报所属公安机关备案(24小时内),并将有关信息录入执法办案信息系统。

关联法规

《行政处罚法》第51条;《公安机关办理行政案件程序规定》第37条

第一百二十条 【当场处罚决定程序】 当场作出治安管理处罚决定的,人民警察应当向违反治安管理行为人出示人民警察证,并填写处罚决定书。处罚决定书应当当场交付被处罚人;有被侵害人的,并应当将决定书送达被侵害人。

前款规定的处罚决定书,应当载明被处罚人的姓名、违法行为、处罚依据、罚款数额、时间、地点以及公安机关名称,并由经办的人民警察签名或者盖章。

适用当场处罚,被处罚人对拟作出治安管理处罚的内容及事实、理由、依据没有异议的,可以由一名人民警察作出治安管理处罚决定,并应当全程同步录音录像。

当场作出治安管理处罚决定的,经办的人民警察应当在二十四小时以内报所属公安机关备案。

第四章　处罚程序

条文注释

按照本条规定,人民警察当场作出处罚决定的程序包括以下内容:

(1)全程同步录音录像。依照本条第3款规定,由一名人民警察作出治安管理处罚决定的,应当全程同步录音录像。

(2)表明身份。人民警察当场作出治安管理处罚的,应当向违反治安管理行为人出示人民警察证,表明自己的执法身份,向被处罚人证明其合法性。也就是说,无论人民警察是否身着公安机关人民警察制式服装,都必须向违反治安管理行为人出示人民警察证。

(3)告知被处罚人依法享有的权利。公安机关作出治安管理处罚决定前,应当执行告知程序。这是治安管理处罚必须坚持的基本原则,也是作出治安管理处罚决定前的必经程序。因此,在作出当场处罚决定前,人民警察应当告知违反治安管理行为人拟作出治安管理处罚的事实、理由、依据及其依法享有的申辩、陈述、行政复议、行政诉讼等权利,不能因为是简易程序而不履行告知义务。为了保证处罚程序的合法性,口头告知后,应当做好记录,并由违反治安管理行为人签名、盖章或者按指印。

(4)制作当场处罚决定书并交付被处罚人。与按照一般程序作出的治安管理处罚决定书相比,当场处罚决定书的内容相对简单一些。但是,当场处罚决定书不是随意制作的,人民警察必须按照本条规定的要求认真填写由有权机关制作的统一格式的当场处罚决定书,并应当全程同步录音录像。

(5)报所属公安机关备案。当场处罚是人民警察代表公安机关作出的治安管理处罚决定。处罚决定作出前,并没有经公安机关审查、审批。因此,为了加强对当场处罚的监督,防止错案和乱罚款等现象的发生,本条规定,当场作出治安管理处罚决定的,经办的人民警察应当在24小时以内报所属的公安机关备案。为了保护被处罚人的合法权益,公安机关接到报备材料或者人民警察的口头报备后,应当对有关材料进行审查,审查当场处罚决定是否合法,违法事实是否清楚,证据是否确实、充分,处罚是否公正。如发现问题,应及时予以纠正。

关联法规

《公安机关办理行政案件程序规定》第38条

> **第一百二十一条 【被处罚人、被侵害人的救济】**被处罚人、被侵害人对公安机关依照本法规定作出的治安管理处罚决定,作出的收缴、追缴决定,或者采取的有关限制性、禁止性措施等不服的,可以依法申请行政复议或者提起行政诉讼。

条文注释

被处罚人、被侵害人不服治安管理处罚决定,或者对作出的收缴、追缴决定,以及采取的有关限制性、禁止性措施等不服的,可以申请行政复议或提起行政诉讼。行政复议是行政救济制度之一,是公民、法人或者其他组织等行政相对人不服行政机关作出的行政行为,向行政复议机关提出申请,由受理该申请的行政复议机关依照法定程序和权限对引起争议的行政行为进行全面审查并作出决定的法律制度。行政诉讼是指公民、法人或其他组织认为行政机关的行政行为侵犯其合法权益,向人民法院提起诉讼,人民法院依法予以受理、审理并作出裁判的活动。简言之,行政诉讼是人民法院适用司法程序解决行政争议的活动。

适用要点

[被处罚人是否可以同时依法申请行政复议或者提起行政诉讼]

为了保证被处罚人更充分、更有效地行使法律救济权利,本法赋予了被处罚人自行选择申请行政复议、提起行政诉讼的自主权,即对治安管理处罚决定不服,是依法申请行政复议,还是依法提起行政诉讼,由被处罚人自行选择。需要注意的是,不能同时申请行政复议或提起行政诉讼,根据行政复议与行政诉讼衔接的要求,当不服行政复议决定时可以提起行政诉讼,如果先提起行政诉讼则不能再申请行政复议。

关联法规

《行政处罚法》第 7 条;《公安机关办理行政案件程序规定》

第三节 执 行

> **第一百二十二条 【行政拘留的执行】**对被决定给予行政拘留处罚的人,由作出决定的公安机关送拘留所执行;执行期满,拘留所应当按时解除拘留,发给解除拘留证明书。
>
> 被决定给予行政拘留处罚的人在异地被抓获或者有其他有必要在异地拘留所执行情形的,经异地拘留所主管公安机关批准,可以在异地执行。

条文注释

本条规定中的"作出决定的公安机关",是指依法对被处罚人作出行政拘留处罚的公安机关。行政拘留决定由县级以上人民政府公安机关、公安分局作出。送拘留所执行,是指作出行政拘留决定的公安机关负责将被决定行政拘留的人送到拘留所交付执行的行为。实践中,拘留所依法办理入所手续,接受被处罚人后,才算送达。拘留所,是指依法对被决定给予行政拘留处罚的人执行拘留的场所。执行期满,拘留所应当按时解除拘留,发给解除拘留证明书。

本法 2025 年修订时新增了关于异地执行行政拘留处罚的规定。异地执行行政拘留要符合两个要求:一是被决定给予拘留处罚的人在异地被抓获或者有其他有必要在异地拘留所执行的情形;二是经异地拘留所主管公安机关批准。异地执行行政拘留,创新完善了异地执法协作机制,拓宽了异地代为执行范围面,有助于推进警务协作长效运转,打造跨区域治安管理法治共同体。

适用要点

[行政拘留决定作出后是否必须立即执行]

对被决定行政拘留的人宣告行政拘留决定后,被执行人当场提出行政复议申请并提供保证人或者交纳保证金的,可以依法作出暂缓执行行政拘留的决定,不必等到行政复议机关决定受理后再决定暂缓执行。

关联法规

《公安机关执行〈中华人民共和国治安管理处罚法〉有关问题的解释》第13条;《公安机关办理行政案件程序规定》第164条

第一百二十三条 【当场收缴罚款范围】 受到罚款处罚的人应当自收到处罚决定书之日起十五日以内,到指定的银行或者通过电子支付系统缴纳罚款。但是,有下列情形之一的,人民警察可以当场收缴罚款:

(一)被处二百元以下罚款,被处罚人对罚款无异议的;

(二)在边远、水上、交通不便地区,旅客列车上或者口岸,公安机关及其人民警察依照本法的规定作出罚款决定后,被处罚人到指定的银行或者通过电子支付系统缴纳罚款确有困难,经被处罚人提出的;

(三)被处罚人在当地没有固定住所,不当场收缴事后难以执行的。

条文注释

本条对罚款的缴纳方式和人民警察当场收缴罚款的适用范围作了明确规定。

根据本条规定,罚款的缴纳可分为以下两种方式:

(1)被处罚人自行到指定的银行或者通过电子支付系统缴纳。受到罚款处罚的人主动缴纳罚款,是其应尽的法定义务。受到罚款处罚的人应当自收到处罚决定书之日起15日以内,到指定的银行缴纳罚款。本条规定中的"自收到处罚决定书之日起十五日以内",是指从被处罚人收到治安管理处罚决定书之日起开始计算的包括节假日在内的15日以内。指定的银行或者通过电子支付系统,是指受公安机关指定并与公安机关签订了收缴罚款协议的银行和电子支付系统。银行收缴罚款后,应将罚款直接上缴国库。

(2)人民警察当场收缴。考虑到国情、治安案件的特殊性和被处罚人的特殊情况,本条在规定罚缴分离的同时,对人民警察可以当场收缴罚款的情形作了明确规定:一是被处罚人被处200元以下罚款且无异议的情形。如果罚款数额超过200元,人民警察一般不得当场收缴罚款。被处罚人对罚款无异议,是指被处罚人对公安机关认定的违反治安管理的事实、证据,给予罚款处罚,以及处罚数额等没有不同意见,而不是指被处罚人对当场收缴这种罚款缴纳方式无异议。二是在边远、水上、交通不便地区,旅客列车上或者口岸,公安机关及其人民警察依照本法的规定作出罚款决定后,被处罚人到指定的银行或通过电子支付系统缴纳罚款确有困难,经被处罚人提出的情形。边远、水上、交通不便地区,旅客列车上或者口岸,由于地理位置的特殊性,不仅银行网点稀少,而且道路、交通也不方便,有的边远山区可能连公共交通都没有。在这些地方,公安机关及其人民警察依法作出罚款处罚决定后,被处罚人到指定银行缴纳罚款会有诸多不便和困难。特别是水上发生的违反治安管理行为,公安机关及其人民警察作出处罚决定后,被处罚人不可能即时回到岸上缴纳罚款,有的可能需要很长时间才能回到岸上,强硬要求他们在15日以内到指定银行缴纳罚款,很不现实。需要注意的是,"被处罚人提出"并不需要被处罚人提出书面申请,只需口头提出即可,但是,由于"被处罚人提出"是当场收缴罚款的必备条件之一,为了保证当场收缴罚款的合法性、有效性,人民警察必须将该情况记录在案。三是被处罚人在当地没有固定住所,不当场收缴事后难以执行的。当场收缴罚款必须同时具备以下两个条件:一是被处罚人在当地没有固定住所。二是不当场收缴事后难以执行。"不当场收缴事后难以执行的",由人民警察根据案件及被处罚人的具体情况综合作出判断。本项规定,主要针对的主体是流动性大、身份不易确认、在当地没有固定住所的流动人员。上述人员的处罚决定作出后,如果不当场收缴罚款,事后很有可能难以找到被处罚人,导致无法收缴罚款。

关联法规

《行政处罚法》第68、69条;《公安机关办理行政案件程序规定》第214条

> **第一百二十四条 【当场收缴罚款的交纳期限】**人民警察当场收缴的罚款,应当自收缴罚款之日起二日以内,交至所属的公安机关;在水上、旅客列车上当场收缴的罚款,应当自抵岸或者到站之日起二日以内,交至所属的公安机关;公安机关应当自收到罚款之日起二日以内将罚款缴付指定的银行。

条文注释

人民警察当场收缴罚款,是一种基于法定特殊情形而向被处罚人收缴罚款的行为。为确保人民警察当场收缴的罚款能够及时、全部上缴国库,防止国家利益因罚款流失而受损,本条对人民警察当场收缴罚款的缴付程序和时限作了明确规定。根据规定,当场收缴的罚款,先由负责执行罚款处罚的人民警察交至所属的公安机关,再由该公安机关缴付至指定的银行。本条规定中的"所属的公安机关",是指负责执行罚款处罚的人民警察所隶属的公安机关,而不是人民警察所在的办案部门。公安派出所虽不是一级公安机关,但是,由于公安派出所依法享有部分治安管理处罚权,可以认为,为了提高执法效率,公安派出所的人民警察当场收缴罚款的,应将收缴的罚款上交给其所隶属的公安派出所,由公安派出所将罚款缴付指定的银行。

一般情况下,人民警察将收缴的罚款交至所属公安机关的期限是"二日以内",即自人民警察当场收缴罚款之日起的2日以内。但在水上、旅客列车上当场收缴的罚款交至所属公安机关的期限,则是自人民警察抵岸或者到站之日起的2日以内。公安机关缴付罚款的期限也是"二日以内",即自收到罚款之日起的2日以内,公安机关应将其人民警察上交的罚款缴付指定的银行。本条立法宗旨在于设定公安机关及其人民警察对当场收缴的罚款有及时上交和缴付的义务。换言之,罚款必须全部上缴国库,公安机关及其人民警

察不得以任何形式截留、私分或者变相私分。

适用要点

[抵岸或者到站的理解]

这里所称的"抵岸""到站",是指列车到达当场收缴罚款的人民警察所属的公安机关所在地的车站或岸口,而不是人民警察当场收缴罚款后列车所到达的第一个车站或岸口。

[当场收缴罚款的程序要求]

当场收缴罚款的,公安机关应做好以下几方面程序工作:

(1)当场开具省级或者国家财政部门统一制发的罚款收据,将交被处罚人联当场交被处罚人,处罚机关留存联附卷。

(2)需要被处罚人签名确认的,由被处罚人在罚款收据附卷联签署确认意见并签名。

(3)办案人民警察应当在规定的时间内将罚款交至其所属公安机关。

(4)公安机关应当自收到办案人民警察交来的罚款之日起2日以内将罚款缴付指定的银行,银行出具的凭证应当附卷。

关联法规

《行政处罚法》第71条;《公安机关办理行政案件程序规定》第216条

第一百二十五条 【当场收缴罚款应出具专用票据】 人民警察当场收缴罚款的,应当向被处罚人出具省级以上人民政府财政部门统一制发的专用票据;不出具统一制发的专用票据的,被处罚人有权拒绝缴纳罚款。

条文注释

本条作这样的规定,主要是为了防止不开或者乱开罚款票据从而导致罚款不入账或者不上缴国库,防止滥罚款以及截留、挪用、贪污罚款,促进廉政建设,提升公安机关及其人民警察的形象。之所以规定由省级以上人民政府财政部门统一制发罚款票据,主要是为了对罚款情况进行财政监控。无论是人民警察当场收缴罚款,还是被处罚人自行到银行缴纳罚款,最终这些罚款都要全部上缴财政。因此,由财政部门统一制发罚款票据,可以对罚款进行严格控制,防止滥罚款以及截留、挪用、贪污罚款,促进廉政建设。本条适用于人民警察当场收缴罚款的情形。人民警察当场收缴罚款的,必须依照本条的规定出具罚款票据,不得未出具罚款票据而收缴罚款。

本条还规定,不出具统一制发的罚款票据的,被处罚人有权拒绝缴纳罚款。这一规定有两层含义:第一,不出具罚款票据的,被处罚人有权拒绝缴纳罚款。这里所谓的"有权拒绝缴纳罚款",是指被处罚人拒绝缴纳罚款的行为属于行使法律规定的合法权利,被处罚人对该行为后果不负任何法律责任。第二,出具的罚款票据不是省级以上人民政府财政部门统一制发的,被处罚人也有权拒绝缴纳罚款。

适用要点

[专用票据的认定]

专用票据由国务院财政部门或者省、自治区、直辖市人民政府财政部门统一制发,其他行政机关无权制发。根据《财政票据管理办法》第10条的规定,财政票据由省级以上财政部门按照管理权限分别监(印)制。财政部门是财政票据的主管部门。财政部负责全国财政票据管理工作,承担中央单位财政票据的印制、发放、核销、销毁和监督检查等工作,指导地方财政票据管理工作。省、自治区、直辖市人民政府财政部门,新疆生产建设兵团财政局负责本行政区域财政票据的监(印)制、发放、核销、销毁和监督检查等工作,指导下级财政部门财政票据管理工作。省级以下财政部门负责本行政区域财政票据的申领、发放、核销、销毁和监督检查等工作,无权制发票据。

关联法规

《行政处罚法》第53条;《公安机关办理行政案件程序规定》第215条

第一百二十六条 【暂缓执行行政拘留】被处罚人不服行政拘留处罚决定,申请行政复议、提起行政诉讼的,遇有参加升学考试、子女出生或者近亲属病危、死亡等情形的,可以向公安机关提出暂缓执行行政拘留的申请。公安机关认为暂缓执行行政拘留不致发生社会危险的,由被处罚人或者其近亲属提出符合本法第一百二十七条规定条件的担保人,或者按每日行政拘留二百元的标准交纳保证金,行政拘留的处罚决定暂缓执行。

正在被执行行政拘留处罚的人遇有参加升学考试、子女出生或者近亲属病危、死亡等情形,被拘留人或者其近亲属申请出所的,由公安机关依照前款规定执行。被拘留人出所的时间不计入拘留期限。

条文注释

行政拘留是一种最为严厉的处罚种类,一旦错误执行,即使当事人获得国家赔偿也难以弥补所受损害,因而本法对拘留决定规定了暂缓执行的制度。本条规定包含以下几层意思:

(1)暂缓执行只限于行政拘留处罚,正是考虑到行政拘留处罚的严厉性及其不可恢复性,从更有利于保障公民的合法权益出发,作了暂缓执行行政拘留处罚的规定。

(2)暂缓执行行政拘留适用于被处罚人不服行政拘留处罚决定,申请行政复议、提起行政诉讼等情形,公安机关不能主动自行决定。

(3)公安机关认为暂缓执行行政拘留不致发生社会危险的,才可以暂缓执行行政拘留。暂缓执行行政拘留处罚的一个必要条件,是公安机关认为暂缓执行行政拘留不致发生社会危险。这里所说的"发生社会危险",主要是指被处罚人有可能阻碍、逃避公安机关、行政复议机关或者人民法院的传唤、复议、审理和执行,如逃跑,干扰证人,串供,毁灭、伪造证据,又实施其他违法犯罪行为。判断做处罚人是否会发生社会危险,要根据被处罚人的各方面情况综合考虑。

(4)被处罚人向公安机关申请暂缓执行行政拘留,必须提供一定的保证措施。本条共规定了两种保证措施:一是担保人。被处罚人或者其近亲属可以提出符合本法规定条件的担保人来保证被处罚人不会阻碍、逃避公安机关、行政复议机关或者人民法院的传唤、复议、审理和执行。二是保证金。根据本条规定,被处罚人或者其近亲属选择交纳保证金的,应当按照每日行政拘留200元的标准交纳。对于本条规定的两种保证措施,被处罚人及其近亲属只需要选择其中一种。公安机关不得要求被处罚人或者其近亲属同时提出担保人和交纳保证金。

本条是2025年修订时新增规定,正在被执行行政拘留处罚的人遇有参加升学考试、子女出生或者近亲属病危、死亡等情形,被拘留人或者其近亲属申请出所的,由公安机关依照本条第1款规定执行。

此外,虽然暂缓执行行政拘留的申请只能由被处罚人提出,但担保人的提出或者保证金的交纳既可以由被处罚人进行,也可以由被处罚人的近亲属进行。

关联法规

《行政处罚法》第66条;《公安机关办理行政案件程序规定》第222—226条

第一百二十七条 【担保人条件】 担保人应当符合下列条件:

(一)与本案无牵连;
(二)享有政治权利,人身自由未受到限制;
(三)在当地有常住户口和固定住所;
(四)有能力履行担保义务。

条文注释

担保人是否有能力履行担保义务需要综合进行判断,不能仅凭

其本人的说法来判断其是有履行担保义务的能力。担保人必须同时符合以下四个条件:

第一,必须与案件无牵连。与案件无牵连,是指担保人与被处罚人所涉及的治安案件没有任何利害关系,担保人既不能是同一治安案件的当事人,也不能是该治安案件的证人。

第二,必须享有政治权利,人身自由未受到限制。担保人在为被暂缓执行行政拘留处罚的被处罚人承担担保义务时,其本人并没有因为违法犯罪行为而被剥夺政治权利或者被限制人身自由。

第三,必须在当地有常住户口和固定住所。这里所说的"当地",是指办理该治安案件的公安机关所在地。担保人在当地有常住户口并有固定住所,有利于保持其与公安机关之间的联系,保证其履行担保义务。

第四,必须有能力履行担保义务。"有能力履行担保义务",包括担保人必须达到一定年龄并具有民事行为能力,而且担保人对被处罚人有一定的影响力,以及担保人的身体状况能使他完成监督被处罚人行为的任务等。

适用要点

[享有政治权利及人身自由未受到限制的判断]

这里所说的"享有政治权利",是指享有下列权利:选举权和被选举权;言论、出版、集会、结社、游行、示威自由的权利;担任国家机关职务的权利;担任国有公司、企业、事业单位和人民团体领导职务的权利。这里所说的"人身自由未受到限制",是指担保人未受到任何剥夺或者限制其人身自由的刑事处罚,未被采取任何剥夺或者限制其人身自由的刑事、行政强制措施,也未受到任何限制其人身自由的行政处罚。

关联法规

《公安机关办理行政案件程序规定》第227条

> **第一百二十八条 【担保人义务】**担保人应当保证被担保人不逃避行政拘留处罚的执行。
>
> 担保人不履行担保义务,致使被担保人逃避行政拘留处罚的执行的,处三千元以下罚款。

条文注释

根据本条规定,担保人具有保证被担保人(被处罚人)不逃避行政拘留处罚执行的责任。在被担保人暂缓执行行政拘留期间,担保人要保证被担保人认真配合公安机关的工作,不得阻碍调查取证,也不能以申请暂缓执行行政拘留为名逃避治安处罚之实。

担保人不履行担保义务要承担法律责任。担保人如果没有尽到法定的义务,致使被担保人逃避行政拘留处罚的执行,处3000元以下罚款。具体的罚款数额,应结合被担保人逃避处罚的严重程度、担保人的责任大小及其经济状况来确定。如果担保人对罚款决定不服,可根据《行政处罚法》的规定,申请行政复议或提起行政诉讼。

适用要点

[担保人的免责]

实践中应当注意两个方面的问题:首先,如果担保人积极履行其担保义务,但被担保人还是通过逃跑或者躲避等逃避行政拘留处罚的执行,不应对担保人进行处罚。其次,担保人不履行担保义务,虽然被担保人有其他违法行为,如干扰复议、扰乱法庭秩序,但其并未逃避行政拘留处罚的执行,也不能对担保人进行处罚。

关联法规

《海关法》第69条;《公安机关办理行政案件程序规定》第229、230条

第一百二十九条 【没收保证金】被决定给予行政拘留处罚的人交纳保证金,暂缓行政拘留或者出所后,逃避行政拘留处罚的执行的,保证金予以没收并上缴国库,已经作出的行政拘留决定仍应执行。

条文注释

本法设立暂缓执行行政拘留或者出所后的保证金制度的目的,一方面是为了更好地保护被拘留人的合法权益,防止因执行错误的行政拘留决定给被拘留人造成难以弥补的损失;另一方面是为了防止被拘留人逃避行政拘留的执行。因而,保证金既不是对被拘留人的加重处罚,也不能以金钱折抵拘留。根据本条规定,被拘留人暂缓执行行政拘留或者出所后,逃避行政拘留处罚执行的,公安机关应当依法同时作出如下处理:

(1)没收被拘留人或者其近亲属交纳的保证金,并上缴国库。保证金是被拘留人或者其近亲属为申请暂缓执行行政拘留决定而交纳的保证被拘留人在行政复议或者行政诉讼期间不逃避行政拘留处罚执行的现金。没收被拘留人的保证金,是对其逃避行政拘留处罚执行的一种惩罚。

(2)已经作出的行政拘留决定仍应执行。如果被拘留人在暂缓执行行政拘留期间实施了逃避行政拘留执行的行为,无论是否既遂,都说明被拘留人已不符合本法规定的行政拘留暂缓执行条件。因此,作出行政拘留决定的公安机关应当依照本法第121条第1款的规定,将该被拘留人依法送达拘留所执行。

被拘留人暂缓执行后逃避行政拘留处罚执行的,不仅要没收保证金,已经作出的行政拘留决定也要依法执行。公安机关不能因为没收了保证金,而不再执行已经作出的行政拘留决定,也不能因行政拘留决定仍要执行,而不依法没收保证金。

关联法规

《公安机关办理行政案件程序规定》第232条

第一百三十条 【退还保证金】行政拘留的处罚决定被撤销,行政拘留处罚开始执行,或者出所后继续执行的,公安机关收取的保证金应当及时退还交纳人。

条文注释

本法设立暂缓执行行政拘留保证金的目的,主要是保证被拘留人不逃避处罚。如果被拘留人遵守了相关规定、履行了相应义务,行政拘留无论是被撤销还是被执行,公安机关应当将收取的保证金及时退还交纳人。保证金可以由被拘留人或者其近亲属交纳,但是,由于被拘留人的近亲属交纳保证金是代替被拘留人交纳的,因此,这里的交纳人是指申请行政拘留暂缓执行的被拘留人。这里的"及时",根据本条规定的立法精神,要求公安机关应当在尽可能短的时间内将保证金退还交纳人。

适用要点

[行政拘留的处罚决定被撤销的情形]

本条规定的退还保证金的情形之一为行政拘留的处罚决定被撤销,即经过行政复议或者行政诉讼,原先决定的行政拘留处罚被撤销。根据《行政复议法》第64条第1款的规定,行政行为有下列情形之一的,行政复议机关决定撤销或者部分撤销该行政行为,并可以责令被申请人在一定期限内重新作出行政行为:(1)主要事实不清、证据不足;(2)违反法定程序;(3)适用的依据不合法;(4)超越职权或者滥用职权。根据《行政诉讼法》第70条的规定,人民法院经过审理,对于有下列情形之一的,判决撤销或者部分撤销,并可以判决被告重新作出行政行为:(1)主要证据不足的;(2)适用法律、法规错误的;(3)违反法定程序的;(4)超越职权的;(5)滥用职权的;(6)明显不当的。因此,本条所规定的行政拘留的处罚决定被撤销,既包括在行政复议程序中被行政复议机关依法撤销,也包括在行政诉讼程序中被人民法院依法撤销。

关联法规

《拘留所条例实施办法》第57条;《公安机关办理行政案件程序

规定》第232条

第五章 执法监督

第一百三十一条 【规范执法】公安机关及其人民警察应当依法、公正、严格、高效办理治安案件,文明执法,不得徇私舞弊、玩忽职守、滥用职权。

条文注释

公安机关及其人民警察应当秉持以下执法原则:(1)依法。依法治国,是党领导人民治理国家的基本方略。依法行政,既是依法治国的应有之义,又是国家行政管理活动中贯彻落实依法治国方略的根本体现。公安机关及其人民警察应当按照依法治国、依法行政的要求,切实尊重法律。(2)公正。公正,即公平正直,是指公安机关及其人民警察平等地对待当事各方,坚持一个标准对待不同案件的当事人,不偏袒任何人,也不歧视任何人,对一切违法犯罪行为都依法予以打击,对公民的一切合法权益都依法予以保护,平等和公正地适用法律。公正是法治的灵魂,是人民警察应当具备的品质。(3)严格。严格,是指公安机关及其人民警察认真按照法律规定的制度和标准办事,一点也不放松。有法必依、执法必严、违法必究是社会主义法治原则,也是严格执法的必然要求。公安机关及其人民警察要严格按照法律规定办事,严格执法,坚持做到不枉不纵,严格依法查处违反治安管理行为,坚决防止和纠正执法"不作为"和"乱作为"。(4)高效。公正与效率已成为执法和司法活动最重要的价值取向。迟到的公正就是不公正。公安机关在行使权力和执法活动中重视公正的同时,必须讲究效率。办理治安案件作为公安机关的一项重要执法活动,也必须讲究效率。(5)文明。文明是社会发展到较高阶段和具有较高文化所表现出来的一种状态。这里的"文明",是指人民警察在办理治安案件过程中,应当做到言行举止得体、警容风纪严整。它要求人民警察在工作中使用文明、礼貌的语言，善于在不同的场合使用不同的用语对不同的对象进行询问，在受到顶撞或者不礼貌的对待时，尽可能做到不气、不急、不躁，善于运用智慧和谋略达到调查的目的，要求人民警察严格按照有关规定着装，使公安队伍在整体上给人以守纪律、有礼节、仪表整洁威严、举止干练有素的良好形象。(6)不得徇私舞弊。徇私舞弊，一般是指国家机关工作人员在处理公务过程中，利用职务之便，徇私情、谋私利，故意违背事实和法律，弄虚作假，隐瞒事实。不徇私舞弊，是依法、公正、严格办理治安案件的必然要求。徇私舞弊是一种严重的违法乱纪行为，人民警察一旦实施，将受到行政处分。(7)不得玩忽职守。玩忽职守是指公安机关及人民警察不负责任，不履行或不正确地履行自己的工作职责。(8)不得滥用职权。滥用职权是指公安机关及人民警察超越职权，违法决定、处理其无权决定、处理的事项，或者违反规定处理公务的行为。

适用要点

[滥用职权的客观表现形式]

滥用职权以公安机关拥有并行使某项职权为前提。一方面，滥用职权要求公安机关自身拥有组织、领导、监督、管理等职权，自身无职权则不存在职权的滥用问题。另一方面，滥用职权行为是在行使职权中实施的行为，如果公安机关实施的行为与其职务活动无关，则不存在滥用职权的问题。

滥用职权有多种客观表现形式。客观表现是判断滥用职权行为最为直观的方式之一，主要体现为权内违规。权内违规，主要表现为公安机关不按照法律法规规定的程序或者要求行使其自身拥有的职权。比如，公安机关本应对违反治安管理行为人作出罚款决定，却作出了不罚款的决定。同时，权内违规既可表现为作为，也可表现为不作为。此种情形下的不作为是指按照规定应当履行某项职责而出于某种目的故意不履行，即应当作为而故意不作为。

关联法规

《人民警察法》第4条

第一百三十二条 【禁止行为】公安机关及其人民警察办理治安案件,禁止对违反治安管理行为人打骂、虐待或者侮辱。

条文注释

本条是公安机关及其人民警察应当遵守的行为准则。打骂,是指公安机关及其人民警察对违反治安管理行为人进行殴打、谩骂。虐待,是指公安机关及其人民警察以打骂以外的冻、饿、渴、不让睡觉、制造噪声等方法,对违反治安管理行为人进行肉体上、精神上的摧残和折磨。侮辱,是指公安机关及其人民警察贬低违反治安管理行为人的人格,损害治安管理行为人的名誉。打骂、虐待或者侮辱他人,是国家法律明令禁止的行为。人民警察作为国家机关工作人员,更不能实施这些侵犯人权的行为。

适用要点

[公安机关及其人民警察实施禁止行为应承担的法律责任]

公安机关及其人民警察办理治安案件,禁止对违反治安管理行为人打骂、虐待或者侮辱,这是公安机关及其人民警察应该遵守的行为准则,侮辱违反治安管理行为人的公安机关及其人民警察应受到相应的行政处分。依据《公安机关内部执法监督工作规定》第19条第4项的规定,公安机关及其人民警察违法行使职权已经给公民、法人和其他组织造成损害,需要给予国家赔偿的,应当依照《国家赔偿法》的规定予以国家赔偿。

关联法规

《人民警察法》第22条;《公职人员政务处分法》第40条

第一百三十三条 【监督与监察】公安机关及其人民警察办理治安案件,应当自觉接受社会和公民的监督。

公安机关及其人民警察办理治安案件,不严格执法或者有违法违纪行为的,任何单位和个人都有权向公安机关或者人民检察院、监察机关检举、控告;收到检举、控告的机关,应当依据职责及时处理。

条文注释

本条第1款规定了公安机关及其人民警察办理治安案件接受外部监督的原则;第2款规定了单位和个人检举、控告的权利和途径,以及有权机关查处违法违纪行为的义务。对公安机关及其人民警察办理治安案件的执法监督,是指由法律授权的机关、人民群众,以及公安机关内部对公安机关有关部门及其人民警察办理治安案件的工作和遵守纪律的情况进行的监察、督促、检查和纠正。由法律、法规或者规章授权的监督机关和其他单位、公民,按照法律、法规和规章规定的职权范围和程序所实施的监督,公安机关及其人民警察必须接受。

外部监督,即国家检察机关、监察机关、社会和公民对公安机关及其人民警察的监督。从广义来说,对公安机关办理治安案件的外部监督还包括国家权力机关、人民政府、审判机关等机关实施的监督。内部监督,即公安机关内部对有关办案部门及其人民警察办理治安案件的监督,主要是上级公安机关对下级公安机关的监督、警务督察部门和法制部门的监督。此外,公安机关的内部监督还包括纪律检查部门、行政监察部门、政工部门的监督,上级业务部门对下级业务部门的监督,本级公安机关对所属业务部门、派出机构及其人民警察的监督。外部监督和内部监督紧密结合,构成了严密的、完整的监督机制。

关联法规

《行政处罚法》第75条

第一百三十四条 【公职人员的政务处分】公安机关作出治安管理处罚决定,发现被处罚人是公职人员,依照《中华人民共和国公职人员政务处分法》的规定需要给予政务处分的,应当依照有关规定及时通报监察机关等有关单位。

第五章 执法监督

条文注释

本条是2025年修订时新增的内容,旨在加强与《公职人员政务处分法》《监察法》的衔接适用,规范和追究公职人员违反治安管理处罚的法律责任。所谓公职人员,可参照《监察法》第15条规定的人员范围。政务处分是监察机关针对所有行使公权力的公职人员,包括行政机关的工作人员、审判机关、检察机关、事业单位以及基层群众自治组织的管理人员,企业的管理人员和其他的行使公权力的公职人员所给予的纪律处分和惩戒。具体类型,包括警告、记过、记大过、降级、撤职、开除等六种。

监察机关是行使国家监察职能的专责机关,对所有行使公权力的公职人员进行监察,调查职务违法和职务犯罪,开展廉政建设和反腐败工作。《监察法》规定,为了深入开展廉政建设和反腐败工作,加强对所有行使公权力的公职人员的监督,实现国家监察全面覆盖,持续深化国家监察体制改革,推进国家治理体系和治理能力现代化。《公务员法》第57条规定,机关应当对公务员的思想政治、履行职责、作风表现、遵纪守法等情况进行监督,开展勤政廉政教育,建立日常管理监督制度。对公务员监督发现问题的,应当区分不同情况,予以谈话提醒、批评教育、责令检查、诫勉、组织调整、处分。对公务员涉嫌职务违法和职务犯罪的,应当依法移送监察机关处理。

适用要点

[治安管理处罚与政务处分的衔接要点]

公职人员的违法行为可能会同时违反《公职人员政务处分法》和《治安管理处罚法》,带来两项制度的衔接适用问题。举个例子,假设公职人员对家庭成员实施暴力,根据《公职人员政务处分法》规定,实施家庭暴力,虐待、遗弃家庭成员及其他严重违反家庭美德、社会公德的行为,按照情节轻重分别给予警告、记过、记大过、降级、撤职、开除;根据《治安管理处罚法》规定,虐待家庭成员或者遗弃没有独立生活能力的被抚养人的处警告或拘留。治安管理处罚作为责任追究的关键一环,其严厉程度介于刑罚和政务处分之间。为此,公安机关应当依照有关规定及时通报监察机关等单位。

除了公安机关的通报,还有必要实现双向衔接。其中,关键是从立案、调查、证据、程序、处理等方面具体实现。例如在案件调查方面,《公职人员政务处分法》第49条规定,对依法受到行政处罚的公职人员,应当给予政务处分的,监察机关可根据行政处罚决定认定的事实和情节,经立案调查核实后依法给予政务处分。同样,政务处分受行政处罚决定的影响。比如,监察机关依法作出政务处分后,行政机关依法改变原生效处罚决定等,会对原政务处分决定产生一定影响。在处理此类问题时,监察机关既要尊重公安机关作出的行政决定,也要坚持实事求是原则,对发现公安机关作出的决定等可能存在事实不清、证据不足等问题,应及时采取通报、建议等程序予以纠正。

关联法规

《公职人员政务处分法》第1、7、40、49条;《监察法》第11、15条;《行政复议法》第86条

第一百三十五条　【罚缴分离】公安机关依法实施罚款处罚,应当依照有关法律、行政法规的规定,实行罚款决定与罚款收缴分离;收缴的罚款应当全部上缴国库,不得返还、变相返还,不得与经费保障挂钩。

条文注释

罚款是包括治安管理处罚在内的各种行政处罚中应用最广泛的一种,也是执法中容易失控乃至出现问题最多的一个方面。为防止公安机关利用职权将罚款作为创收手段,避免执法人员滥罚款,甚至中饱私囊,从制度上堵塞罚款收缴工作中的漏洞,切实保护行政管理相对人的合法权益,《行政处罚法》第67条第1、2款规定,作出罚款决定的行政机关应当与收缴罚款的机构分离,除依法当场收缴的罚款外,作出行政处罚决定的行政机关及其执法人员不得自行收缴罚款。由此,本法确立了治安管理处罚的罚缴分离原则,并要

求收缴的罚款应当全部上缴国库,不得返还、变相返还,不得与经费保障挂钩。

适用要点

[公安机关罚缴分离执行程序]

一是通知送达。公安机关作出行政处罚决定后,在将行政处罚决定书送达当事人的同时,还应将行政处罚决定书的副本送交代收机构。因此,公安机关在行政处罚决定书中不仅要写明当事人应缴纳罚款的数额、期限,还要写明代收机构名称、地址并且写明对当事人逾期缴纳罚款是否要加处罚款、如何加处等问题。当事人应当按照行政处罚决定书确定的罚款数额、期限,到指定的代收机构缴纳罚款,代收机构应当依协议履行职责。二是代收机构催缴。代收机构应当根据行政处罚决定书中规定的当事人自动履行期限检查当事人是否按期缴纳罚款。如果临近期限届满之日,当事人仍未缴纳罚款,代收机构可以向当事人发出催缴通知书,提醒和督促当事人按时主动履行义务。三是收缴罚款。代收机构代收罚款时应当向当事人出具财政部门规定使用的罚款收据。当事人逾期缴纳罚款,行政处罚决定书中明确规定应加处罚款的,代收机构应当按照行政处罚决定书的规定加收罚款。当事人如果对加收罚款有异议,应当先缴纳罚款和加收的罚款,再依法向作出行政处罚决定的公安机关申请复议。代收机构应当按照代收罚款协议规定的方式、期限,将当事人的姓名或者名称,缴纳罚款的数额、时间等情况书面告知作出行政处罚决定的行政机关,以便行政机关及时了解当事人缴纳罚款的情况。四是罚款上缴国库。代收机构应当按照《行政处罚法》和有关规定,把代收的罚款直接上缴国库。有关部门应当按照《国家金库条例》的规定,定期同财政部门和公安机关对账,以保证收缴的罚款和上缴国库的罚款数额一致。

关联法规

《行政处罚法》第67条;《罚款决定与罚款收缴分离实施办法》

第一百三十六条 【违法记录封存】违反治安管理的记录应当予以封存,不得向任何单位和个人提供或者公开,但有关国家机关为办案需要或者有关单位根据国家规定进行查询的除外。依法进行查询的单位,应当对被封存的违法记录的情况予以保密。

条文注释

治安违法案件数量大、涉及人数多,如何让一些有过治安违法记录的人放下"包袱"?2025年修订《治安管理处罚法》明确规定:违反治安管理的记录应当予以封存,不得向任何单位和个人提供或者公开,但有关国家机关为办案需要或者有关单位根据国家规定进行查询的除外。依法进行查询的单位,应当对被封存的违法记录的情况予以保密。建立治安违法记录封存制度是对党的二十届三中全会决定中"建立轻微犯罪记录封存制度"的具体探索,是推进国家治理体系和治理能力现代化的客观需要。建立治安违法记录封存制度的本质在于以制度善意激发向善动力。通过科学划定封存边界、构建权限明晰的查询机制等方面,既能修复个体人生轨迹,又能增强社会安全韧性。

第一百三十七条 【录音录像全过程记录】公安机关应当履行同步录音录像运行安全管理职责,完善技术措施,定期维护设施设备,保障录音录像设备运行连续、稳定、安全。

条文注释

本条是2025年本法修订时新增的内容,遵循了执法全过程记录的要求。这是指行政机关采用文字、音像记录的形式,对执法的启动、调查取证、审核、决定、送达、执行等全部过程进行记录,并全面系统归档保存,实现执法全过程留痕和可回溯管理。录音音像记录,是指通过照相机、录音机、摄像机、执法记录仪、视频监控等记录设备,以音频、视频、图片等形式,实时对执法活动进行记录,是执法全过程记录的辅助方式。

公安机关应当履行同步录音录像运行安全管理职责,从技术上进行保障,加强公安行政执法活动的监督管理,强化公安行政执法人员的证据意识,保障行政相对人和行政执法人员的合法权益,增强执法的强制力和公信力。

适用要点

[治安案件中现场执法视音频记录的常见范围]

根据《公安机关现场执法视音频记录工作规定》的规定,对于以下现场执法活动,公安机关应当进行现场执法视音频记录:(1)接受群众报警或者"110"指令后出警;(2)当场盘问、检查;(3)对日常工作中发现的违反治安管理、出入境管理、消防管理、道路交通安全管理等违法犯罪行为和道路交通事故等进行现场处置、当场处罚;(4)办理行政、刑事案件进行现场勘验、检查、搜查、扣押、辨认、扣留;(5)消防管理、道路交通安全管理等领域的排除妨害、恢复原状和强制停止施工、停止使用、停产停业等行政强制执行;(6)处置重大突发事件、群体性事件。

地方公安机关和各警种可以根据本地区、本警种实际情况,确定其他进行现场执法视音频记录的情形。

关联法规

《行政处罚法》第47条;《反间谍法》第31条

第一百三十八条 【个人信息、识别信息的妥善管理】公安机关及其人民警察不得将在办理治安案件过程中获得的个人信息,依法提取、采集的相关信息、样本用于与治安管理、查处犯罪无关的用途,不得出售、提供给其他单位或者个人。

条文注释

个人信息,是指以电子或者其他方式记录的能够单独或者与其他信息结合识别特定自然人身份或者反映特定自然人活动情况的各种信息,包括姓名、身份证件号码、通信联系方式、住址、账号密码、财产状况、行踪轨迹等。2021年《个人信息保护法》经第十三届全国人民代表大会常务委员会第三十次会议通过。公安机关应该落实相关措施,在办理治安案件过程中获得的个人信息不得泄露,不得出售、提供给他人,筑牢个人信息"防火墙"。依法提取、采集的相关人体生物识别信息、样本是公民的敏感信息,公安机关应严格管理。

适用要点

[公安机关及人民警察违规使用个人信息应受处分的情形]

公安机关及其人民警察有下列行为之一的,对责任人员按照有关规定予以处分;构成犯罪的,依法追究刑事责任:(1)编造虚假公民个人信息的;(2)篡改、毁损公民个人信息的;(3)故意或者过失泄露公民个人信息的;(4)出售、非法提供公民个人信息的。

关联法规

《个人信息保护法》第1、2条

第一百三十九条 【违法违纪的惩处】人民警察办理治安案件,有下列行为之一的,依法给予处分;构成犯罪的,依法追究刑事责任:

(一)刑讯逼供、体罚、打骂、虐待、侮辱他人的;

(二)超过询问查证的时间限制人身自由的;

(三)不执行罚款决定与罚款收缴分离制度或者不按规定将罚没的财物上缴国库或者依法处理的;

(四)私分、侵占、挪用、故意损毁所收缴、追缴、扣押的财物的;

(五)违反规定使用或者不及时返还被侵害人财物的;

(六)违反规定不及时退还保证金的;

(七)利用职务上的便利收受他人财物或者谋取其他利益的;

(八)当场收缴罚款不出具专用票据或者不如实填写罚款数额的;

(九)接到要求制止违反治安管理行为的报警后,不及时出警的;

(十)在查处违反治安管理活动时,为违法犯罪行为人通风报信的;

(十一)泄露办理治安案件过程中的工作秘密或者其他依法应当保密的信息的;

(十二)将在办理治安案件过程中获得的个人信息、依法提取、采集的相关信息、样本用于与治安管理、查处犯罪无关的用途,或者出售、提供给其他单位或者个人的;

(十三)剪接、删改、损毁、丢失办理治安案件的同步录音录像资料的;

(十四)有徇私舞弊、玩忽职守、滥用职权,不依法履行法定职责的其他情形的。

办理治安案件的公安机关有前款所列行为的,对负有责任的领导人员和直接责任人员,依法给予处分。

条文注释

本条第1款是关于人民警察个人违反规定应当承担行政责任和刑事责任情形的规定;第2款是对负有责任的领导人员和直接责任人员依法给予处分的规定。

本条贯彻"权力与责任对等""权力与责任平衡"原则,既充分赋予了公安机关及其人民警察履行治安管理职责所必需的权力,又对权力的行使作了更加严格的规范;既要使违反治安管理行为人依法受到必要的惩处,又要注意防止公安机关及其人民警察不当使用权力甚至滥用权力对公民合法权益造成侵害。本法在赋予公安机关及其人民警察履行治安管理职责所必需的权力,如检查权、扣押权、处罚权等,同时,也对公安机关及其人民警察行使权力作了严格的规范,强化了对公安机关及其人民警察执法行为的规范和监督,规定了公安机关及其人民警察办理治安案件应当遵守的规定和禁止实施的行为,并明确规定违反这些规定的,应当依法给予行政处分;构成犯罪的,还要依法追究刑事责任。本条在2025年修改时新增规定,明确了公安机关负有责任的领导人员和直接责任人员的处分规定,督促其严格履行职责,避免滥用职权。

关联法规

《行政处罚法》第8条;《行政强制法》第61、62条

第一百四十条 【赔偿责任】公安机关及其人民警察违法行使职权,侵犯公民、法人和其他组织合法权益的,应当赔礼道歉;造成损害的,应当依法承担赔偿责任。

条文注释

即使本法对公安机关及其人民警察办理治安案件的程序作了严格的规范,对违反规定的要追究法律责任,直至刑事处罚,但实践中还是会发生公安机关及其人民警察违法行使职权的问题。对此,如何弥补公民、法人和其他组织受到的损害,本条作出了明确规定。

赔偿是指公安机关及人民警察侵犯公民、法人或者其他组织合法权益时,对该主体给予的补偿,即公安机关及其人民警察违法行使职权,侵犯公民、法人和其他组织合法权益的,应当赔礼道歉;造成损害的,应当依法承担赔偿责任。赔礼道歉,是指违法行使职权的公安机关或者人民警察向合法权益受到侵犯的公民、法人或者其他组织承认错误,表示歉意的一种方法。造成损害,是指公安机关及其人民警察违法行使职权的行为给公民、法人或者其他组织造成的经济损失和人身伤害。赔偿责任,包括民事赔偿责任和国家赔偿责任。

适用要点

[提出赔偿请求的主要途径]

公民、法人和其他组织提出赔偿请求的途径主要有以下几种:

(1)直接向作出具体决定的有关公安机关提出,公安机关经核查后,认为其请求合理的,应当对本部门及其办案的人民警察的违法行为造成公民、法人和其他组织的损失予以赔偿。(2)在依法向有关行政机关提起行政复议的同时,提出赔偿请求。行政复议机关经审理认为原行政机关作出的决定是错误的或有违法的情形,在作出撤销、变更原行政决定或者确认原行政决定违法的同时,决定作出原行政决定的公安机关予以赔偿。(3)在依法向人民法院提起行政诉讼时,提出赔偿请求。可以在行政机关不予赔偿时,单独就损害赔偿问题向人民法院提起诉讼,由人民法院判决原行政机关予以赔偿。

关联法规

《刑法》第37条;《国家赔偿法》第6—16条

第六章 附 则

第一百四十一条 【法律衔接】其他法律中规定由公安机关给予行政拘留处罚的,其处罚程序适用本法规定。

公安机关依照《中华人民共和国枪支管理法》、《民用爆炸物品安全管理条例》等直接关系公共安全和社会治安秩序的法律、行政法规实施处罚的,其处罚程序适用本法规定。

本法第三十二条、第三十四条、第四十六条、第五十六条规定给予行政拘留处罚,其他法律、行政法规同时规定给予罚款、没收违法所得、没收非法财物等其他行政处罚的行为,由相关主管部门依照相应规定处罚;需要给予行政拘留处罚的,由公安机关依照本法规定处理。

条文注释

本条是2025年修订时新增的内容,明确了与其他相关法律制度、《枪支管理法》《民用爆炸物品安全管理条例》等法律法规的衔接。

1. 行政拘留的衔接适用

除了本法规定，《环境保护法》《海警法》多部法律都规定了行政拘留的处罚种类。如根据《环境保护法》第63条的规定，企业事业单位和其他生产经营者若有以下行为之一，且尚不构成犯罪的，除依照相关法律法规进行处罚外，还将由县级以上人民政府环境保护主管部门或其他有关部门将案件移送公安机关。公安机关可对其直接负责的主管人员和其他直接责任人员实施行政拘留。鉴于行政拘留主要由公安机关予以执行，本条明确了其处罚程序适用本法规定。

2. 枪支管理、民用爆炸物品安全管理的衔接适用

本条从行政处罚程序上加强了与相关法律的联系，尤其是与《枪支管理法》《民用爆炸物品安全管理条例》的衔接。依据"程序从新实体从旧"原则，涉及法律适用在时间效力上的问题。根据新法与旧法的关系，对于程序法的适用往往采取从新原则，即以案件处理时有效的法律为准。《治安管理处罚法》既有实体法内容，也有程序法规定，结合《行政处罚法》与治安管理实践作出了最新修订。公安机关在处理涉及枪支管理、民用爆炸物品安全管理等方面的案件，除了依据《枪支管理法》《民用爆炸物品安全管理条例》已有的行政处罚规定，还应该适用本法的最新程序规定。

关联法规

《枪支管理法》；《民用爆炸物品安全管理条例》

第一百四十二条　【海警机构的职权】海警机构履行海上治安管理职责，行使本法规定的公安机关的职权，但是法律另有规定的除外。

条文注释

海警机构履行的海上治安管理职责，与公安机关履行的治安管理职责一致，本条明确了其在治安案件中的职权。根据《海警法》第

2条第2款的规定,海警机构包括中国海警局及其海区分局和直属局、省级海警局、市级海警局、海警工作站。

适用要点

[治安案件中海警机构与沿海公安机关的管辖分工]

海警机构与沿海公安机关之间存在职责分工问题。关于治安案件的分工,可适当参考海警机构与公安机关之间关于刑事案件的做法。根据《刑事诉讼法》的规定,中国海警局履行海上维权执法职责,对海上发生的刑事案件行使侦查权。有关改革文件进一步明确了海警部门管辖的案件范围,即中国海警局负责查处海(岛屿)岸线以外我国管辖海域内发生的海警管辖的违法犯罪行为。其中,沿海港岙口、码头、滩涂、台轮停泊点等区域发生的违法犯罪行为,由公安机关负责组织查处。《公安机关办理刑事案件程序规定》吸收了改革文件中关于海警机构与公安机关在刑事案件管辖方面的职责分工规定。

关联法规

《海警法》第2条

第一百四十三条 【以上、以下、以内的含义】本法所称以上、以下、以内,包括本数。

条文注释

一般来说,法律规范中所称的"以上""以下""以内",都应当包括本数。为了避免引起歧义,本条对此作出明确规定。本条规定遵循了上述惯例。本数,是指计算"以上""以下""以内"的基数。包括本数,是指包括基数。

关联法规

《民法典》第1259条;《海关行政处罚实施条例》第64条

第一百四十四条 【施行日期】本法自2026年1月1日起施行。

条文注释

只要有法律的产生,就会有关于法律施行日期的规定。本条规定的是本法修订后开始施行的时间。《立法法》第 61 条规定:"法律应当明确规定施行日期。"法律从何时开始生效,一般根据该项法律的性质和实际需要来决定。本法自 2006 年 3 月起施行。本次修订是对原有法律内容重大而全面的调整,修订后生效时间重新计算,即自 2026 年 1 月 1 日起施行。

适用要点

[修订与修正的区别]

修订与修正存在区别。立法活动,主要包括制定、修改、废止以及法律解释四个方面。法律修改分为修正和修订两种类型。二者的区别在于,修正是对现行法律个别或部分条款作少量修改;修订则是对现行法律全面进行修改。简单地说,修正是小修小改,修订是大修大改。为了尽可能保持法律的稳定性,修改法律的方式以修正为主。2025 年《治安管理处罚法》的修改属于修订。

关联法规

《立法法》第 61 条;《公安机关执行〈中华人民共和国治安管理处罚法〉有关问题的解释》第 15 条

附 录

中华人民共和国行政处罚法

（1996年3月17日第八届全国人民代表大会第四次会议通过 根据2009年8月27日第十一届全国人民代表大会常务委员会第十次会议《关于修改部分法律的决定》第一次修正 根据2017年9月1日第十二届全国人民代表大会常务委员会第二十九次会议《关于修改〈中华人民共和国法官法〉等八部法律的决定》第二次修正 2021年1月22日第十三届全国人民代表大会常务委员会第二十五次会议修订）

目 录

第一章 总 则
第二章 行政处罚的种类和设定
第三章 行政处罚的实施机关
第四章 行政处罚的管辖和适用
第五章 行政处罚的决定
　第一节 一般规定
　第二节 简易程序
　第三节 普通程序
　第四节 听证程序
第六章 行政处罚的执行
第七章 法律责任
第八章 附 则

第一章 总 则

第一条 【立法目的】为了规范行政处罚的设定和实施,保障和监督行政机关有效实施行政管理,维护公共利益和社会秩序,保护公民、法人或者其他组织的合法权益,根据宪法,制定本法。

第二条 【定义】行政处罚是指行政机关依法对违反行政管理秩序的公民、法人或者其他组织,以减损权益或者增加义务的方式予以惩戒的行为。

第三条 【适用范围】行政处罚的设定和实施,适用本法。

第四条 【处罚法定】公民、法人或者其他组织违反行政管理秩序的行为,应当给予行政处罚的,依照本法由法律、法规、规章规定,并由行政机关依照本法规定的程序实施。

第五条 【公正、公开和过罚相当原则】行政处罚遵循公正、公开的原则。

设定和实施行政处罚必须以事实为依据,与违法行为的事实、性质、情节以及社会危害程度相当。

对违法行为给予行政处罚的规定必须公布;未经公布的,不得作为行政处罚的依据。

第六条 【处罚与教育相结合原则】实施行政处罚,纠正违法行为,应当坚持处罚与教育相结合,教育公民、法人或者其他组织自觉守法。

第七条 【权利保障原则】公民、法人或者其他组织对行政机关所给予的行政处罚,享有陈述权、申辩权;对行政处罚不服的,有权依法申请行政复议或者提起行政诉讼。

公民、法人或者其他组织因行政机关违法给予行政处罚受到损害的,有权依法提出赔偿要求。

第八条 【民事责任与禁止以罚代刑】公民、法人或者其他组织因违法行为受到行政处罚,其违法行为对他人造成损害的,应当依法承担民事责任。

违法行为构成犯罪,应当依法追究刑事责任的,不得以行政处罚代替刑事处罚。

第二章 行政处罚的种类和设定

第九条 【行政处罚的种类】行政处罚的种类：
（一）警告、通报批评；
（二）罚款、没收违法所得、没收非法财物；
（三）暂扣许可证件、降低资质等级、吊销许可证件；
（四）限制开展生产经营活动、责令停产停业、责令关闭、限制从业；
（五）行政拘留；
（六）法律、行政法规规定的其他行政处罚。

第十条 【法律的行政处罚设定权】法律可以设定各种行政处罚。

限制人身自由的行政处罚，只能由法律设定。

第十一条 【行政法规的行政处罚设定权】行政法规可以设定除限制人身自由以外的行政处罚。

法律对违法行为已经作出行政处罚规定，行政法规需要作出具体规定的，必须在法律规定的给予行政处罚的行为、种类和幅度的范围内规定。

法律对违法行为未作出行政处罚规定，行政法规为实施法律，可以补充设定行政处罚。拟补充设定行政处罚的，应当通过听证会、论证会等形式广泛听取意见，并向制定机关作出书面说明。行政法规报送备案时，应当说明补充设定行政处罚的情况。

第十二条 【地方性法规的行政处罚设定权】地方性法规可以设定除限制人身自由、吊销营业执照以外的行政处罚。

法律、行政法规对违法行为已经作出行政处罚规定，地方性法规需要作出具体规定的，必须在法律、行政法规规定的给予行政处罚的行为、种类和幅度的范围内规定。

法律、行政法规对违法行为未作出行政处罚规定，地方性法规为实施法律、行政法规，可以补充设定行政处罚。拟补充设定行政处罚的，应当通过听证会、论证会等形式广泛听取意见，并向制定机关作出书面说明。地方性法规报送备案时，应当说明补充设定行政处罚的情况。

第十三条 【国务院部门规章的行政处罚设定权】国务院部门规章可以在法律、行政法规规定的给予行政处罚的行为、种类和幅度的范围内作出具体规定。

尚未制定法律、行政法规的,国务院部门规章对违反行政管理秩序的行为,可以设定警告、通报批评或者一定数额罚款的行政处罚。罚款的限额由国务院规定。

第十四条 【地方政府规章的行政处罚设定权】地方政府规章可以在法律、法规规定的给予行政处罚的行为、种类和幅度的范围内作出具体规定。

尚未制定法律、法规的,地方政府规章对违反行政管理秩序的行为,可以设定警告、通报批评或者一定数额罚款的行政处罚。罚款的限额由省、自治区、直辖市人民代表大会常务委员会规定。

第十五条 【行政处罚的评估】国务院部门和省、自治区、直辖市人民政府及其有关部门应当定期组织评估行政处罚的实施情况和必要性,对不适当的行政处罚事项及种类、罚款数额等,应当提出修改或者废止的建议。

第十六条 【其他规范性文件不得设定行政处罚】除法律、法规、规章外,其他规范性文件不得设定行政处罚。

第三章 行政处罚的实施机关

第十七条 【行政处罚的实施主体】行政处罚由具有行政处罚权的行政机关在法定职权范围内实施。

第十八条 【相对集中行政处罚权】国家在城市管理、市场监管、生态环境、文化市场、交通运输、应急管理、农业等领域推行建立综合行政执法制度,相对集中行政处罚权。

国务院或者省、自治区、直辖市人民政府可以决定一个行政机关行使有关行政机关的行政处罚权。

限制人身自由的行政处罚权只能由公安机关和法律规定的其他机关行使。

第十九条 【行政处罚的授权】法律、法规授权的具有管理公共事务职能的组织可以在法定授权范围内实施行政处罚。

第二十条 【行政处罚的委托】行政机关依照法律、法规、规章的规定,可以在其法定权限内书面委托符合本法第二十一条规定条件的组织实施行政处罚。行政机关不得委托其他组织或者个人实施行政处罚。

委托书应当载明委托的具体事项、权限、期限等内容。委托行政机关和受委托组织应当将委托书向社会公布。

委托行政机关对受委托组织实施行政处罚的行为应当负责监督,并对该行为的后果承担法律责任。

受委托组织在委托范围内,以委托行政机关名义实施行政处罚;不得再委托其他组织或者个人实施行政处罚。

第二十一条 【受委托组织的条件】受委托组织必须符合以下条件:

(一)依法成立并具有管理公共事务职能;

(二)有熟悉有关法律、法规、规章和业务并取得行政执法资格的工作人员;

(三)需要进行技术检查或者技术鉴定的,应当有条件组织进行相应的技术检查或者技术鉴定。

第四章 行政处罚的管辖和适用

第二十二条 【行政处罚的地域管辖】行政处罚由违法行为发生地的行政机关管辖。法律、行政法规、部门规章另有规定的,从其规定。

第二十三条 【行政处罚的级别管辖和职能管辖】行政处罚由县级以上地方人民政府具有行政处罚权的行政机关管辖。法律、行政法规另有规定的,从其规定。

第二十四条 【下放行政处罚权的条件与情形】省、自治区、直辖市根据当地实际情况,可以决定将基层管理迫切需要的县级人民政府部门的行政处罚权交由能够有效承接的乡镇人民政府、街道办事处行使,并定期组织评估。决定应当公布。

承接行政处罚权的乡镇人民政府、街道办事处应当加强执法能力建设,按照规定范围、依照法定程序实施行政处罚。

有关地方人民政府及其部门应当加强组织协调、业务指导、执法监督,建立健全行政处罚协调配合机制,完善评议、考核制度。

第二十五条 【行政处罚案件管辖及管辖争议】两个以上行政机关都有管辖权的,由最先立案的行政机关管辖。

对管辖发生争议的,应当协商解决,协商不成的,报请共同的上一级行政机关指定管辖;也可以直接由共同的上一级行政机关指定管辖。

第二十六条 【行政处罚的协助实施请求权】行政机关因实施行政处罚的需要,可以向有关机关提出协助请求。协助事项属于被请求机关职权范围内的,应当依法予以协助。

第二十七条 【行政处罚案件的移送管辖】违法行为涉嫌犯罪的,行政机关应当及时将案件移送司法机关,依法追究刑事责任。对依法不需要追究刑事责任或者免于刑事处罚,但应当给予行政处罚的,司法机关应当及时将案件移送有关行政机关。

行政处罚实施机关与司法机关之间应当加强协调配合,建立健全案件移送制度,加强证据材料移交、接收衔接,完善案件处理信息通报机制。

第二十八条 【责令改正违法行为与没收违法所得】行政机关实施行政处罚时,应当责令当事人改正或者限期改正违法行为。

当事人有违法所得,除依法应当退赔的外,应当予以没收。违法所得是指实施违法行为所取得的款项。法律、行政法规、部门规章对违法所得的计算另有规定的,从其规定。

第二十九条 【一事不再罚】对当事人的同一个违法行为,不得给予两次以上罚款的行政处罚。同一个违法行为违反多个法律规范应当给予罚款处罚的,按照罚款数额高的规定处罚。

第三十条 【未成年人的行政处罚】不满十四周岁的未成年人有违法行为的,不予行政处罚,责令监护人加以管教;已满十四周岁不满十八周岁的未成年人有违法行为的,应当从轻或者减轻行政处罚。

第三十一条 【精神状况异常及智力低下的人的行政处罚】精神病人、智力残疾人在不能辨认或者不能控制自己行为时有违法行为的,不予行政处罚,但应当责令其监护人严加看管和治疗。间歇性精神病人在精神正常时有违法行为的,应当给予行政处罚。尚未完全丧失辨认或者控制自己行为能力的精神病人、智力残疾人有违法行为的,可以从轻或者减轻行政处罚。

第三十二条 【从轻或减轻处罚】当事人有下列情形之一,应当从轻或者减轻行政处罚:

(一)主动消除或者减轻违法行为危害后果的;

(二)受他人胁迫或者诱骗实施违法行为的;

(三)主动供述行政机关尚未掌握的违法行为的;

(四)配合行政机关查处违法行为有立功表现的;

（五）法律、法规、规章规定其他应当从轻或者减轻行政处罚的。

第三十三条 【免予处罚】违法行为轻微并及时改正，没有造成危害后果的，不予行政处罚。初次违法且危害后果轻微并及时改正的，可以不予行政处罚。

当事人有证据足以证明没有主观过错的，不予行政处罚。法律、行政法规另有规定的，从其规定。

对当事人的违法行为依法不予行政处罚的，行政机关应当对当事人进行教育。

第三十四条 【裁量基准的制定】行政机关可以依法制定行政处罚裁量基准，规范行使行政处罚裁量权。行政处罚裁量基准应当向社会公布。

第三十五条 【刑罚的折抵】违法行为构成犯罪，人民法院判处拘役或者有期徒刑时，行政机关已经给予当事人行政拘留的，应当依法折抵相应刑期。

违法行为构成犯罪，人民法院判处罚金时，行政机关已经给予当事人罚款的，应当折抵相应罚金；行政机关尚未给予当事人罚款的，不再给予罚款。

第三十六条 【行政处罚追责时效】违法行为在二年内未被发现的，不再给予行政处罚；涉及公民生命健康安全、金融安全且有危害后果的，上述期限延长至五年。法律另有规定的除外。

前款规定的期限，从违法行为发生之日起计算；违法行为有连续或者继续状态的，从行为终了之日起计算。

第三十七条 【从旧兼从轻原则】实施行政处罚，适用违法行为发生时的法律、法规、规章的规定。但是，作出行政处罚决定时，法律、法规、规章已被修改或者废止，且新的规定处罚较轻或者不认为是违法的，适用新的规定。

第三十八条 【无效的行政处罚】行政处罚没有依据或者实施主体不具有行政主体资格的，行政处罚无效。

违反法定程序构成重大且明显违法的，行政处罚无效。

第五章 行政处罚的决定

第一节 一般规定

第三十九条 【行政处罚公示范围】行政处罚的实施机关、立案依据、实施程序和救济渠道等信息应当公示。

第四十条 【行政处罚的前提条件】公民、法人或者其他组织违反行政管理秩序的行为,依法应当给予行政处罚的,行政机关必须查明事实;违法事实不清、证据不足的,不得给予行政处罚。

第四十一条 【规范利用电子技术监控设备】行政机关依照法律、行政法规规定利用电子技术监控设备收集、固定违法事实的,应当经过法制和技术审核,确保电子技术监控设备符合标准、设置合理、标志明显,设置地点应当向社会公布。

电子技术监控设备记录违法事实应当真实、清晰、完整、准确。行政机关应当审核记录内容是否符合要求;未经审核或者经审核不符合要求的,不得作为行政处罚的证据。

行政机关应当及时告知当事人违法事实,并采取信息化手段或者其他措施,为当事人查询、陈述和申辩提供便利。不得限制或者变相限制当事人享有的陈述权、申辩权。

第四十二条 【执法人员及执法要求】行政处罚应当由具有行政执法资格的执法人员实施。执法人员不得少于两人,法律另有规定的除外。

执法人员应当文明执法,尊重和保护当事人合法权益。

第四十三条 【行政执法人员回避制度】执法人员与案件有直接利害关系或者有其他关系可能影响公正执法的,应当回避。

当事人认为执法人员与案件有直接利害关系或者有其他关系可能影响公正执法的,有权申请回避。

当事人提出回避申请的,行政机关应当依法审查,由行政机关负责人决定。决定作出之前,不停止调查。

第四十四条 【行政机关的告知义务】行政机关在作出行政处罚决定之前,应当告知当事人拟作出的行政处罚内容及事实、理由、依据,并告知当事人依法享有的陈述、申辩、要求听证等权利。

第四十五条 【当事人的陈述和申辩权】当事人有权进行陈述和申辩。行政机关必须充分听取当事人的意见,对当事人提出的事实、理由和证据,应当进行复核;当事人提出的事实、理由或者证据成立的,行政机关应当采纳。

行政机关不得因当事人陈述、申辩而给予更重的处罚。

第四十六条 【证据的种类及审查适用规则】证据包括:

(一)书证;
(二)物证;
(三)视听资料;
(四)电子数据;
(五)证人证言;
(六)当事人的陈述;
(七)鉴定意见;
(八)勘验笔录、现场笔录。

证据必须经查证属实,方可作为认定案件事实的根据。

以非法手段取得的证据,不得作为认定案件事实的根据。

第四十七条 【行政执法全过程记录制度】行政机关应当依法以文字、音像等形式,对行政处罚的启动、调查取证、审核、决定、送达、执行等进行全过程记录,归档保存。

第四十八条 【行政处罚决定信息公开】具有一定社会影响的行政处罚决定应当依法公开。

公开的行政处罚决定被依法变更、撤销、确认违法或者确认无效的,行政机关应当在三日内撤回行政处罚决定信息并公开说明理由。

第四十九条 【重大突发事件快速、从重处罚】发生重大传染病疫情等突发事件,为了控制、减轻和消除突发事件引起的社会危害,行政机关对违反突发事件应对措施的行为,依法快速、从重处罚。

第五十条 【保护国家秘密、商业秘密或者个人隐私义务】行政机关及其工作人员对实施行政处罚过程中知悉的国家秘密、商业秘密或者个人隐私,应当依法予以保密。

第二节 简易程序

第五十一条 【当场处罚】违法事实确凿并有法定依据,对公民处以二百元以下、对法人或者其他组织处以三千元以下罚款或者警告的行政处罚的,可以当场作出行政处罚决定。法律另有规定的,从其规定。

第五十二条 【当场处罚需履行法定手续】执法人员当场作出行政处罚决定的,应当向当事人出示执法证件,填写预定格式、编有号码的行政处罚决定书,并当场交付当事人。当事人拒绝签收的,应当在行政处罚决定书上注明。

前款规定的行政处罚决定书应当载明当事人的违法行为,行政处罚的种类和依据、罚款数额、时间、地点,申请行政复议、提起行政诉讼的途径和期限以及行政机关名称,并由执法人员签名或者盖章。

执法人员当场作出的行政处罚决定,应当报所属行政机关备案。

第五十三条 【当场处罚履行方式】对当场作出的行政处罚决定,当事人应当依照本法第六十七条至第六十九条的规定履行。

第三节 普通程序

第五十四条 【处罚前的调查取证】除本法第五十一条规定的可以当场作出的行政处罚外,行政机关发现公民、法人或者其他组织有依法应当给予行政处罚的行为的,必须全面、客观、公正地调查,收集有关证据;必要时,依照法律、法规的规定,可以进行检查。

符合立案标准的,行政机关应当及时立案。

第五十五条 【执法人员出示执法证件及调查对象配合义务】执法人员在调查或者进行检查时,应当主动向当事人或者有关人员出示执法证件。当事人或者有关人员有权要求执法人员出示执法证件。执法人员不出示执法证件的,当事人或者有关人员有权拒绝接受调查或者检查。

当事人或者有关人员应当如实回答询问,并协助调查或者检查,不得拒绝或者阻挠。询问或者检查应当制作笔录。

第五十六条 【取证方法和程序】行政机关在收集证据时,可以采取抽样取证的方法;在证据可能灭失或者以后难以取得的情况下,经行政机关负责人批准,可以先行登记保存,并应当在七日内及时作出处理决定,在此期间,当事人或者有关人员不得销毁或者转移证据。

第五十七条 【处罚决定】调查终结,行政机关负责人应当对调查结果进行审查,根据不同情况,分别作出如下决定:

(一)确有应受行政处罚的违法行为的,根据情节轻重及具体情况,作出行政处罚决定;

(二)违法行为轻微,依法可以不予行政处罚的,不予行政处罚;

(三)违法事实不能成立的,不予行政处罚;
(四)违法行为涉嫌犯罪的,移送司法机关。

对情节复杂或者重大违法行为给予行政处罚,行政机关负责人应当集体讨论决定。

第五十八条 【特定事项法制审核及审核人员资质要求】有下列情形之一,在行政机关负责人作出行政处罚的决定之前,应当由从事行政处罚决定法制审核的人员进行法制审核;未经法制审核或者审核未通过的,不得作出决定:

(一)涉及重大公共利益的;
(二)直接关系当事人或者第三人重大权益,经过听证程序的;
(三)案件情况疑难复杂、涉及多个法律关系的;
(四)法律、法规规定应当进行法制审核的其他情形。

行政机关中初次从事行政处罚决定法制审核的人员,应当通过国家统一法律职业资格考试取得法律职业资格。

第五十九条 【处罚决定书的制作及所含内容】行政机关依照本法第五十七条的规定给予行政处罚,应当制作行政处罚决定书。行政处罚决定书应当载明下列事项:

(一)当事人的姓名或者名称、地址;
(二)违反法律、法规、规章的事实和证据;
(三)行政处罚的种类和依据;
(四)行政处罚的履行方式和期限;
(五)申请行政复议、提起行政诉讼的途径和期限;
(六)作出行政处罚决定的行政机关名称和作出决定的日期。

行政处罚决定书必须盖有作出行政处罚决定的行政机关的印章。

第六十条 【行政处罚办案期限】行政机关应当自行政处罚案件立案之日起九十日内作出行政处罚决定。法律、法规、规章另有规定的,从其规定。

第六十一条 【行政处罚决定书的送达】行政处罚决定书应当在宣告后当场交付当事人;当事人不在场的,行政机关应当在七日内依照《中华人民共和国民事诉讼法》的有关规定,将行政处罚决定书送达当事人。

当事人同意并签订确认书的,行政机关可以采用传真、电子邮件等方式,将行政处罚决定书等送达当事人。

第六十二条 【行政处罚程序违法的法律后果】行政机关及其执法人员在作出行政处罚决定之前,未依照本法第四十四条、第四十五条的规定向当事人告知拟作出的行政处罚内容及事实、理由、依据,或者拒绝听取当事人的陈述、申辩,不得作出行政处罚决定;当事人明确放弃陈述或者申辩权利的除外。

第四节 听证程序

第六十三条 【听证程序的适用范围】行政机关拟作出下列行政处罚决定,应当告知当事人有要求听证的权利,当事人要求听证的,行政机关应当组织听证:

(一)较大数额罚款;
(二)没收较大数额违法所得、没收较大价值非法财物;
(三)降低资质等级、吊销许可证件;
(四)责令停产停业、责令关闭、限制从业;
(五)其他较重的行政处罚;
(六)法律、法规、规章规定的其他情形。
当事人不承担行政机关组织听证的费用。

第六十四条 【听证程序】听证应当依照以下程序组织:

(一)当事人要求听证的,应当在行政机关告知后五日内提出;
(二)行政机关应当在举行听证的七日前,通知当事人及有关人员听证的时间、地点;
(三)除涉及国家秘密、商业秘密或者个人隐私依法予以保密外,听证公开举行;
(四)听证由行政机关指定的非本案调查人员主持;当事人认为主持人与本案有直接利害关系的,有权申请回避;
(五)当事人可以亲自参加听证,也可以委托一至二人代理;
(六)当事人及其代理人无正当理由拒不出席听证或者未经许可中途退出听证的,视为放弃听证权利,行政机关终止听证;
(七)举行听证时,调查人员提出当事人违法的事实、证据和行政处罚建议,当事人进行申辩和质证;

（八）听证应当制作笔录。笔录应当交当事人或者其代理人核对无误后签字或者盖章。当事人或者其代理人拒绝签字或者盖章的，由听证主持人在笔录中注明。

第六十五条　【作出决定】听证结束后，行政机关应当根据听证笔录，依照本法第五十七条的规定，作出决定。

第六章　行政处罚的执行

第六十六条　【履行期限】行政处罚决定依法作出后，当事人应当在行政处罚决定书载明的期限内，予以履行。

当事人确有经济困难，需要延期或者分期缴纳罚款的，经当事人申请和行政机关批准，可以暂缓或者分期缴纳。

第六十七条　【罚缴分离原则】作出罚款决定的行政机关应当与收缴罚款的机构分离。

除依照本法第六十八条、第六十九条的规定当场收缴的罚款外，作出行政处罚决定的行政机关及其执法人员不得自行收缴罚款。

当事人应当自收到行政处罚决定书之日起十五日内，到指定的银行或者通过电子支付系统缴纳罚款。银行应当收受罚款，并将罚款直接上缴国库。

第六十八条　【当场收缴罚款情形】依照本法第五十一条的规定当场作出行政处罚决定，有下列情形之一，执法人员可以当场收缴罚款：

（一）依法给予一百元以下罚款的；

（二）不当场收缴事后难以执行的。

第六十九条　【特殊地区当场收缴罚款】在边远、水上、交通不便地区，行政机关及其执法人员依照本法第五十一条、第五十七条的规定作出罚款决定后，当事人到指定的银行或者通过电子支付系统缴纳罚款确有困难，经当事人提出，行政机关及其执法人员可以当场收缴罚款。

第七十条　【罚款专用票据】行政机关及其执法人员当场收缴罚款的，必须向当事人出具国务院财政部门或者省、自治区、直辖市人民政府财政部门统一制发的专用票据；不出具财政部门统一制发的专用票据的，当事人有权拒绝缴纳罚款。

第七十一条　【当场收缴罚款上缴程序】执法人员当场收缴的罚款，应当自收缴罚款之日起二日内,交至行政机关;在水上当场收缴的罚款,应当自抵岸之日起二日内交至行政机关;行政机关应当在二日内将罚款缴付指定的银行。

第七十二条 【执行措施】当事人逾期不履行行政处罚决定的,作出行政处罚决定的行政机关可以采取下列措施:

(一)到期不缴纳罚款的,每日按罚款数额的百分之三加处罚款,加处罚款的数额不得超出罚款的数额;

(二)根据法律规定,将查封、扣押的财物拍卖、依法处理或者将冻结的存款、汇款划拨抵缴罚款;

(三)根据法律规定,采取其他行政强制执行方式;

(四)依照《中华人民共和国行政强制法》的规定申请人民法院强制执行。

行政机关批准延期、分期缴纳罚款的,申请人民法院强制执行的期限,自暂缓或者分期缴纳罚款期限结束之日起计算。

第七十三条 【复议、诉讼期间行政处罚不停止执行】当事人对行政处罚决定不服,申请行政复议或者提起行政诉讼的,行政处罚不停止执行,法律另有规定的除外。

当事人对限制人身自由的行政处罚决定不服,申请行政复议或者提起行政诉讼的,可以向作出决定的机关提出暂缓执行申请。符合法律规定情形的,应当暂缓执行。

当事人申请行政复议或者提起行政诉讼的,加处罚款的数额在行政复议或者行政诉讼期间不予计算。

第七十四条 【罚没非法财物的处理】除依法应当予以销毁的物品外,依法没收的非法财物必须按照国家规定公开拍卖或者按照国家有关规定处理。

罚款、没收的违法所得或者没收非法财物拍卖的款项,必须全部上缴国库,任何行政机关或者个人不得以任何形式截留、私分或者变相私分。

罚款、没收的违法所得或者没收非法财物拍卖的款项,不得同作出行政处罚决定的行政机关及其工作人员的考核、考评直接或者变相挂钩。除依法应当退还、退赔的外,财政部门不得以任何形式向作出行政处罚决定的行政机关返还罚款、没收的违法所得或者没收非法财物拍卖的款项。

第七十五条 【监督制度】行政机关应当建立健全对行政处罚的监督制度。县级以上人民政府应当定期组织开展行政执法评议、考核,加强对行政处罚的监督检查,规范和保障行政处罚的实施。

行政机关实施行政处罚应当接受社会监督。公民、法人或者其他组织对行政机关实施行政处罚的行为,有权申诉或者检举;行政机关应当认真审查,发现有错误的,应当主动改正。

第七章 法 律 责 任

第七十六条 【违法实施处罚人员的法律责任】行政机关实施行政处罚,有下列情形之一,由上级行政机关或者有关机关责令改正,对直接负责的主管人员和其他直接责任人员依法给予处分:

(一)没有法定的行政处罚依据的;
(二)擅自改变行政处罚种类、幅度的;
(三)违反法定的行政处罚程序的;
(四)违反本法第二十条关于委托处罚的规定的;
(五)执法人员未取得执法证件的。

行政机关对符合立案标准的案件不及时立案的,依照前款规定予以处理。

第七十七条 【违法使用单据的法律责任】行政机关对当事人进行处罚不使用罚款、没收财物单据或者使用非法定部门制发的罚款、没收财物单据的,当事人有权拒绝,并有权予以检举,由上级行政机关或者有关机关对使用的非法单据予以收缴销毁,对直接负责的主管人员和其他直接责任人员依法给予处分。

第七十八条 【违反罚缴分离原则的法律责任】行政机关违反本法第六十七条的规定自行收缴罚款的,财政部门违反本法第七十四条的规定向行政机关返还罚款、没收的违法所得或者拍卖款项的,由上级行政机关或者有关机关责令改正,对直接负责的主管人员和其他直接责任人员依法给予处分。

第七十九条 【截留私分罚没款的法律责任】行政机关截留、私分或者变相私分罚款、没收的违法所得或者财物的,由财政部门或者有关机关予以追缴,对直接负责的主管人员和其他直接责任人员依法给予处分;情节严重构成犯罪的,依法追究刑事责任。

执法人员利用职务上的便利,索取或者收受他人财物、将收缴罚款据为己有,构成犯罪的,依法追究刑事责任;情节轻微不构成犯罪的,依法给予处分。

第八十条 【使用、损毁扣押财物的法律责任】行政机关使用或者损毁查封、扣押的财物,对当事人造成损失的,应当依法予以赔偿,对直接负责的主管人员和其他直接责任人员依法给予处分。

第八十一条 【违法检查和执行的法律责任】行政机关违法实施检查措施或者执行措施,给公民人身或者财产造成损害、给法人或者其他组织造成损失的,应当依法予以赔偿,对直接负责的主管人员和其他直接责任人员依法给予处分;情节严重构成犯罪的,依法追究刑事责任。

第八十二条 【以罚代刑及徇私舞弊、包庇纵容的法律责任】行政机关对应当依法移交司法机关追究刑事责任的案件不移交,以行政处罚代替刑事处罚,由上级行政机关或者有关机关责令改正,对直接负责的主管人员和其他直接责任人员依法给予处分;情节严重构成犯罪的,依法追究刑事责任。

第八十三条 【执法人员玩忽职守的法律责任】行政机关对应当予以制止和处罚的违法行为不予制止、处罚,致使公民、法人或者其他组织的合法权益、公共利益和社会秩序遭受损害的,对直接负责的主管人员和其他直接责任人员依法给予处分;情节严重构成犯罪的,依法追究刑事责任。

第八章 附 则

第八十四条 【法的对象效力范围】外国人、无国籍人、外国组织在中华人民共和国领域内有违法行为,应当给予行政处罚的,适用本法,法律另有规定的除外。

第八十五条 【期限的计算】本法中"二日""三日""五日""七日"的规定是指工作日,不含法定节假日。

第八十六条 【施行日期】本法自2021年7月15日起施行。

中华人民共和国行政强制法

(2011年6月30日第十一届全国人民代表大会常务委员会第二十一次会议通过 2011年6月30日中华人民共和国主席令第49号公布 自2012年1月1日起施行)

目 录

第一章 总 则
第二章 行政强制的种类和设定
第三章 行政强制措施实施程序
  第一节 一般规定
  第二节 查封、扣押
  第三节 冻 结
第四章 行政机关强制执行程序
  第一节 一般规定
  第二节 金钱给付义务的执行
  第三节 代 履 行
第五章 申请人民法院强制执行
第六章 法律责任
第七章 附 则

第一章 总 则

第一条 【立法目的】为了规范行政强制的设定和实施,保障和监督行政机关依法履行职责,维护公共利益和社会秩序,保护公民、法人和其他组织的合法权益,根据宪法,制定本法。

第二条 【行政强制】本法所称行政强制,包括行政强制措施和行政强制执行。

行政强制措施,是指行政机关在行政管理过程中,为制止违法行为、防止证据损毁、避免危害发生、控制危险扩大等情形,依法对公民的人身自由实施暂时性限制,或者对公民、法人或者其他组织的财物实施暂时性控制的行为。

行政强制执行,是指行政机关或者行政机关申请人民法院,对不履行行政决定的公民、法人或者其他组织,依法强制履行义务的行为。

第三条 【适用范围】行政强制的设定和实施,适用本法。

发生或者即将发生自然灾害、事故灾难、公共卫生事件或者社会安全事件等突发事件,行政机关采取应急措施或者临时措施,依照有关法律、行政法规的规定执行。

行政机关采取金融业审慎监管措施、进出境货物强制性技术监控措施,依照有关法律、行政法规的规定执行。

第四条 【合法性原则】行政强制的设定和实施,应当依照法定的权限、范围、条件和程序。

第五条 【适当性原则】行政强制的设定和实施,应当适当。采用非强制手段可以达到行政管理目的的,不得设定和实施行政强制。

第六条 【教育与强制相结合原则】实施行政强制,应当坚持教育与强制相结合。

第七条 【不得利用行政强制权谋取利益】行政机关及其工作人员不得利用行政强制权为单位或者个人谋取利益。

第八条 【正当程序和权利救济】公民、法人或者其他组织对行政机关实施行政强制,享有陈述权、申辩权;有权依法申请行政复议或者提起行政诉讼;因行政机关违法实施行政强制受到损害的,有权依法要求赔偿。

公民、法人或者其他组织因人民法院在强制执行中有违法行为或者扩大强制执行范围受到损害的,有权依法要求赔偿。

第二章 行政强制的种类和设定

第九条 【行政强制措施的种类】行政强制措施的种类:

(一)限制公民人身自由;

（二）查封场所、设施或者财物；
（三）扣押财物；
（四）冻结存款、汇款；
（五）其他行政强制措施。

第十条　【行政强制措施的设定权】行政强制措施由法律设定。

尚未制定法律，且属于国务院行政管理职权事项的，行政法规可以设定除本法第九条第一项、第四项和应当由法律规定的行政强制措施以外的其他行政强制措施。

尚未制定法律、行政法规，且属于地方性事务的，地方性法规可以设定本法第九条第二项、第三项的行政强制措施。

法律、法规以外的其他规范性文件不得设定行政强制措施。

第十一条　【行政法规、地方性法规的规定权】法律对行政强制措施的对象、条件、种类作了规定的，行政法规、地方性法规不得作出扩大规定。

法律中未设定行政强制措施的，行政法规、地方性法规不得设定行政强制措施。但是，法律规定特定事项由行政法规规定具体管理措施的，行政法规可以设定除本法第九条第一项、第四项和应当由法律规定的行政强制措施以外的其他行政强制措施。

第十二条　【行政强制执行的方式】行政强制执行的方式：
（一）加处罚款或者滞纳金；
（二）划拨存款、汇款；
（三）拍卖或者依法处理查封、扣押的场所、设施或者财物；
（四）排除妨碍、恢复原状；
（五）代履行；
（六）其他强制执行方式。

第十三条　【行政强制执行的设定权】行政强制执行由法律设定。

法律没有规定行政机关强制执行的，作出行政决定的行政机关应当申请人民法院强制执行。

第十四条　【设定行政强制应听取意见和说明必要性】起草法律草案、法规草案，拟设定行政强制的，起草单位应当采取听证会、论证会等形式听取意见，并向制定机关说明设定该行政强制的必要性、可能产生的影响以及听取和采纳意见的情况。

第十五条 【已设定行政强制的评价】行政强制的设定机关应当定期对其设定的行政强制进行评价,并对不适当的行政强制及时予以修改或者废止。

行政强制的实施机关可以对已设定的行政强制的实施情况及存在的必要性适时进行评价,并将意见报告该行政强制的设定机关。

公民、法人或者其他组织可以向行政强制的设定机关和实施机关就行政强制的设定和实施提出意见和建议。有关机关应当认真研究论证,并以适当方式予以反馈。

第三章 行政强制措施实施程序

第一节 一般规定

第十六条 【实施行政强制措施的条件】行政机关履行行政管理职责,依照法律、法规的规定,实施行政强制措施。

违法行为情节显著轻微或者没有明显社会危害的,可以不采取行政强制措施。

第十七条 【实施主体】行政强制措施由法律、法规规定的行政机关在法定职权范围内实施。行政强制措施权不得委托。

依据《中华人民共和国行政处罚法》的规定行使相对集中行政处罚权的行政机关,可以实施法律、法规规定的与行政处罚权有关的行政强制措施。

行政强制措施应当由行政机关具备资格的行政执法人员实施,其他人员不得实施。

第十八条 【一般实施程序】行政机关实施行政强制措施应当遵守下列规定:

(一)实施前须向行政机关负责人报告并经批准;

(二)由两名以上行政执法人员实施;

(三)出示执法身份证件;

(四)通知当事人到场;

(五)当场告知当事人采取行政强制措施的理由、依据以及当事人依法享有的权利、救济途径;

（六）听取当事人的陈述和申辩；

（七）制作现场笔录；

（八）现场笔录由当事人和行政执法人员签名或者盖章，当事人拒绝的，在笔录中予以注明；

（九）当事人不到场的，邀请见证人到场，由见证人和行政执法人员在现场笔录上签名或者盖章；

（十）法律、法规规定的其他程序。

第十九条 【即时强制】情况紧急，需要当场实施行政强制措施的，行政执法人员应当在二十四小时内向行政机关负责人报告，并补办批准手续。行政机关负责人认为不应当采取行政强制措施的，应当立即解除。

第二十条 【限制人身自由的程序】依照法律规定实施限制公民人身自由的行政强制措施，除应当履行本法第十八条规定的程序外，还应当遵守下列规定：

（一）当场告知或者实施行政强制措施后立即通知当事人家属实施行政强制措施的行政机关、地点和期限；

（二）在紧急情况下当场实施行政强制措施的，在返回行政机关后，立即向行政机关负责人报告并补办批准手续；

（三）法律规定的其他程序。

实施限制人身自由的行政强制措施不得超过法定期限。实施行政强制措施的目的已经达到或者条件已经消失，应当立即解除。

第二十一条 【涉嫌犯罪应当移送司法机关】违法行为涉嫌犯罪应当移送司法机关的，行政机关应当将查封、扣押、冻结的财物一并移送，并书面告知当事人。

第二节 查封、扣押

第二十二条 【查封、扣押的实施主体】查封、扣押应当由法律、法规规定的行政机关实施，其他任何行政机关或者组织不得实施。

第二十三条 【查封、扣押的对象】查封、扣押限于涉案的场所、设施或者财物，不得查封、扣押与违法行为无关的场所、设施或者财物；不得查封、扣押公民个人及其所扶养家属的生活必需品。

当事人的场所、设施或者财物已被其他国家机关依法查封的,不得重复查封。

第二十四条　【查封、扣押实施程序】行政机关决定实施查封、扣押的,应当履行本法第十八条规定的程序,制作并当场交付查封、扣押决定书和清单。

查封、扣押决定书应当载明下列事项:

(一)当事人的姓名或者名称、地址;

(二)查封、扣押的理由、依据和期限;

(三)查封、扣押场所、设施或者财物的名称、数量等;

(四)申请行政复议或者提起行政诉讼的途径和期限;

(五)行政机关的名称、印章和日期。

查封、扣押清单一式二份,由当事人和行政机关分别保存。

第二十五条　【查封、扣押的期限和检测费用的承担】查封、扣押的期限不得超过三十日;情况复杂的,经行政机关负责人批准,可以延长,但是延长期限不得超过三十日。法律、行政法规另有规定的除外。

延长查封、扣押的决定应当及时书面告知当事人,并说明理由。

对物品需要进行检测、检验、检疫或者技术鉴定的,查封、扣押的期间不包括检测、检验、检疫或者技术鉴定的期间。检测、检验、检疫或者技术鉴定的期间应当明确,并书面告知当事人。检测、检验、检疫或者技术鉴定的费用由行政机关承担。

第二十六条　【查封、扣押财物的保管】对查封、扣押的场所、设施或者财物,行政机关应当妥善保管,不得使用或者损毁;造成损失的,应当承担赔偿责任。

对查封的场所、设施或者财物,行政机关可以委托第三人保管,第三人不得损毁或者擅自转移、处置。因第三人的原因造成的损失,行政机关先行赔付后,有权向第三人追偿。

因查封、扣押发生的保管费用由行政机关承担。

第二十七条　【查封、扣押财物的处理】行政机关采取查封、扣押措施后,应当及时查清事实,在本法第二十五条规定的期限内作出处理决定。对违法事实清楚,依法应当没收的非法财物予以没收;法律、行政法规规定应当销毁的,依法销毁;应当解除查封、扣押的,作出解除查封、扣押的决定。

第二十八条 【查封、扣押的解除】有下列情形之一的,行政机关应当及时作出解除查封、扣押决定:

(一)当事人没有违法行为;

(二)查封、扣押的场所、设施或者财物与违法行为无关;

(三)行政机关对违法行为已经作出处理决定,不再需要查封、扣押;

(四)查封、扣押期限已经届满;

(五)其他不再需要采取查封、扣押措施的情形。

解除查封、扣押应当立即退还财物;已将鲜活物品或者其他不易保管的财物拍卖或者变卖的,退还拍卖或者变卖所得款项。变卖价格明显低于市场价格,给当事人造成损失的,应当给予补偿。

第三节 冻 结

第二十九条 【冻结的实施主体与数额】冻结存款、汇款应当由法律规定的行政机关实施,不得委托给其他行政机关或者组织;其他任何行政机关或者组织不得冻结存款、汇款。

冻结存款、汇款的数额应当与违法行为涉及的金额相当;已被其他国家机关依法冻结的,不得重复冻结。

第三十条 【冻结的程序】行政机关依照法律规定决定实施冻结存款、汇款的,应当履行本法第十八条第一项、第二项、第三项、第七项规定的程序,并向金融机构交付冻结通知书。

金融机构接到行政机关依法作出的冻结通知书后,应当立即予以冻结,不得拖延,不得在冻结前向当事人泄露信息。

法律规定以外的行政机关或者组织要求冻结当事人存款、汇款的,金融机构应当拒绝。

第三十一条 【冻结决定书的内容和交付期限】依照法律规定冻结存款、汇款的,作出决定的行政机关应当在三日内向当事人交付冻结决定书。冻结决定书应当载明下列事项:

(一)当事人的姓名或者名称、地址;

(二)冻结的理由、依据和期限;

(三)冻结的账号和数额;

（四）申请行政复议或者提起行政诉讼的途径和期限；

（五）行政机关的名称、印章和日期。

第三十二条 【冻结的期限与延长】自冻结存款、汇款之日起三十日内，行政机关应当作出处理决定或者作出解除冻结决定；情况复杂的，经行政机关负责人批准，可以延长，但是延长期限不得超过三十日。法律另有规定的除外。

延长冻结的决定应当及时书面告知当事人，并说明理由。

第三十三条 【冻结的解除】有下列情形之一的，行政机关应当及时作出解除冻结决定：

（一）当事人没有违法行为；

（二）冻结的存款、汇款与违法行为无关；

（三）行政机关对违法行为已经作出处理决定，不再需要冻结；

（四）冻结期限已经届满；

（五）其他不再需要采取冻结措施的情形。

行政机关作出解除冻结决定的，应当及时通知金融机构和当事人。金融机构接到通知后，应当立即解除冻结。

行政机关逾期未作出处理决定或者解除冻结决定的，金融机构应当自冻结期满之日起解除冻结。

第四章　行政机关强制执行程序

第一节　一般规定

第三十四条 【行政机关强制执行】行政机关依法作出行政决定后，当事人在行政机关决定的期限内不履行义务的，具有行政强制执行权的行政机关依照本章规定强制执行。

第三十五条 【催告程序】行政机关作出强制执行决定前，应当事先催告当事人履行义务。催告应当以书面形式作出，并载明下列事项：

（一）履行义务的期限；

（二）履行义务的方式；

（三）涉及金钱给付的，应当有明确的金额和给付方式；
（四）当事人依法享有的陈述权和申辩权。

第三十六条 【当事人的陈述权、申辩权】当事人收到催告书后有权进行陈述和申辩。行政机关应当充分听取当事人的意见，对当事人提出的事实、理由和证据，应当进行记录、复核。当事人提出的事实、理由或者证据成立的，行政机关应当采纳。

第三十七条 【强制执行决定书】经催告，当事人逾期仍不履行行政决定，且无正当理由的，行政机关可以作出强制执行决定。

强制执行决定应当以书面形式作出，并载明下列事项：
（一）当事人的姓名或者名称、地址；
（二）强制执行的理由和依据；
（三）强制执行的方式和时间；
（四）申请行政复议或者提起行政诉讼的途径和期限；
（五）行政机关的名称、印章和日期。

在催告期间，对有证据证明有转移或者隐匿财物迹象的，行政机关可以作出立即强制执行决定。

第三十八条 【催告书、强制执行决定书的送达】催告书、行政强制执行决定书应当直接送达当事人。当事人拒绝接收或者无法直接送达当事人的，应当依照《中华人民共和国民事诉讼法》的有关规定送达。

第三十九条 【中止执行】有下列情形之一的，中止执行：
（一）当事人履行行政决定确有困难或者暂无履行能力的；
（二）第三人对执行标的主张权利，确有理由的；
（三）执行可能造成难以弥补的损失，且中止执行不损害公共利益的；
（四）行政机关认为需要中止执行的其他情形。

中止执行的情形消失后，行政机关应当恢复执行。对没有明显社会危害，当事人确无能力履行，中止执行满三年未恢复执行的，行政机关不再执行。

第四十条 【终结执行】有下列情形之一的，终结执行：
（一）公民死亡，无遗产可供执行，又无义务承受人的；
（二）法人或者其他组织终止，无财产可供执行，又无义务承受人的；
（二）执行标的灭失的；

(四)据以执行的行政决定被撤销的;

(五)行政机关认为需要终结执行的其他情形。

第四十一条 【执行回转】在执行中或者执行完毕后,据以执行的行政决定被撤销、变更,或者执行错误的,应当恢复原状或者退还财物;不能恢复原状或者退还财物的,依法给予赔偿。

第四十二条 【执行和解】实施行政强制执行,行政机关可以在不损害公共利益和他人合法权益的情况下,与当事人达成执行协议。执行协议可以约定分阶段履行;当事人采取补救措施的,可以减免加处的罚款或者滞纳金。

执行协议应当履行。当事人不履行执行协议的,行政机关应当恢复强制执行。

第四十三条 【文明执法】行政机关不得在夜间或者法定节假日实施行政强制执行。但是,情况紧急的除外。

行政机关不得对居民生活采取停止供水、供电、供热、供燃气等方式迫使当事人履行相关行政决定。

第四十四条 【违法建筑物、构筑物、设施强制的拆除】对违法的建筑物、构筑物、设施等需要强制拆除的,应当由行政机关予以公告,限期当事人自行拆除。当事人在法定期限内不申请行政复议或者提起行政诉讼,又不拆除的,行政机关可以依法强制拆除。

第二节 金钱给付义务的执行

第四十五条 【加处罚款或者滞纳金】行政机关依法作出金钱给付义务的行政决定,当事人逾期不履行的,行政机关可以依法加处罚款或者滞纳金。加处罚款或者滞纳金的标准应当告知当事人。

加处罚款或者滞纳金的数额不得超出金钱给付义务的数额。

第四十六条 【金钱给付义务的直接强制执行】行政机关依照本法第四十五条规定实施加处罚款或者滞纳金超过三十日,经催告当事人仍不履行的,具有行政强制执行权的行政机关可以强制执行。

行政机关实施强制执行前,需要采取查封、扣押、冻结措施的,依照本法第三章规定办理。

没有行政强制执行权的行政机关应当申请人民法院强制执行。但是,当事人在法定期限内不申请行政复议或者提起行政诉讼,经催告仍不履行的,在实施行政管理过程中已经采取查封、扣押措施的行政机关,可以将查封、扣押的财物依法拍卖抵缴罚款。

第四十七条 【划拨存款、汇款】划拨存款、汇款应当由法律规定的行政机关决定,并书面通知金融机构。金融机构接到行政机关依法作出划拨存款、汇款的决定后,应当立即划拨。

法律规定以外的行政机关或者组织要求划拨当事人存款、汇款的,金融机构应当拒绝。

第四十八条 【委托拍卖】依法拍卖财物,由行政机关委托拍卖机构依照《中华人民共和国拍卖法》的规定办理。

第四十九条 【划拨存款、汇款的上缴】划拨的存款、汇款以及拍卖和依法处理所得的款项应当上缴国库或者划入财政专户。任何行政机关或者个人不得以任何形式截留、私分或者变相私分。

第三节 代 履 行

第五十条 【代履行】行政机关依法作出要求当事人履行排除妨碍、恢复原状等义务的行政决定,当事人逾期不履行,经催告仍不履行,其后果已经或者将危害交通安全、造成环境污染或者破坏自然资源的,行政机关可以代履行,或者委托没有利害关系的第三人代履行。

第五十一条 【代履行的实施程序、费用】代履行应当遵守下列规定:

(一)代履行前送达决定书,代履行决定书应当载明当事人的姓名或者名称、地址,代履行的理由和依据、方式和时间、标的、费用预算以及代履行人;

(二)代履行三日前,催告当事人履行,当事人履行的,停止代履行;

(三)代履行时,作出决定的行政机关应当派员到场监督;

(四)代履行完毕,行政机关到场监督的工作人员、代履行人和当事人或者见证人应当在执行文书上签名或者盖章。

代履行的费用按照成本合理确定,由当事人承担。但是,法律另有规定的除外。

代履行不得采用暴力、胁迫以及其他非法方式。

第五十二条 【立即代履行】需要立即清除道路、河道、航道或者公共场所的遗洒物、障碍物或者污染物，当事人不能清除的，行政机关可以决定立即实施代履行；当事人不在场的，行政机关应当在事后立即通知当事人，并依法作出处理。

第五章 申请人民法院强制执行

第五十三条 【申请法院强制执行】当事人在法定期限内不申请行政复议或者提起行政诉讼，又不履行行政决定的，没有行政强制执行权的行政机关可以自期限届满之日起三个月内，依照本章规定申请人民法院强制执行。

第五十四条 【催告与执行管辖】行政机关申请人民法院强制执行前，应当催告当事人履行义务。催告书送达十日后当事人仍未履行义务的，行政机关可以向所在地有管辖权的人民法院申请强制执行；执行对象是不动产的，向不动产所在地有管辖权的人民法院申请强制执行。

第五十五条 【申请强制执行提供的材料】行政机关向人民法院申请强制执行，应当提供下列材料：

（一）强制执行申请书；
（二）行政决定书及作出决定的事实、理由和依据；
（三）当事人的意见及行政机关催告情况；
（四）申请强制执行标的情况；
（五）法律、行政法规规定的其他材料。

强制执行申请书应当由行政机关负责人签名，加盖行政机关的印章，并注明日期。

第五十六条 【申请的受理】人民法院接到行政机关强制执行的申请，应当在五日内受理。

行政机关对人民法院不予受理的裁定有异议的，可以在十五日内向上一级人民法院申请复议，上一级人民法院应当自收到复议申请之日起十五日内作出是否受理的裁定。

第五十七条 【申请的书面审查】人民法院对行政机关强制执行的申请

进行书面审查,对符合本法第五十五条规定,且行政决定具备法定执行效力的,除本法第五十八条规定的情形外,人民法院应当自受理之日起七日内作出执行裁定。

第五十八条 【申请的违法审查】人民法院发现有下列情形之一的,在作出裁定前可以听取被执行人和行政机关的意见:

(一)明显缺乏事实根据的;

(二)明显缺乏法律、法规依据的;

(三)其他明显违法并损害被执行人合法权益的。

人民法院应当自受理之日起三十日内作出是否执行的裁定。裁定不予执行的,应当说明理由,并在五日内将不予执行的裁定送达行政机关。

行政机关对人民法院不予执行的裁定有异议的,可以自收到裁定之日起十五日内向上一级人民法院申请复议,上一级人民法院应当自收到复议申请之日起三十日内作出是否执行的裁定。

第五十九条 【申请法院立即执行】因情况紧急,为保障公共安全,行政机关可以申请人民法院立即执行。经人民法院院长批准,人民法院应当自作出执行裁定之日起五日内执行。

第六十条 【执行费用】行政机关申请人民法院强制执行,不缴纳申请费。强制执行的费用由被执行人承担。

人民法院以划拨、拍卖方式强制执行的,可以在划拨、拍卖后将强制执行的费用扣除。

依法拍卖财物,由人民法院委托拍卖机构依照《中华人民共和国拍卖法》的规定办理。

划拨的存款、汇款以及拍卖和依法处理所得的款项应当上缴国库或者划入财政专户,不得以任何形式截留、私分或者变相私分。

第六章 法律责任

第六十一条 【违法实施行政强制的法律责任】行政机关实施行政强制,有下列情形之一的,由上级行政机关或者有关部门责令改正,对直接负责的主管人员和其他直接责任人员依法给予处分:

(一)没有法律、法规依据的;

（二）改变行政强制对象、条件、方式的；

（三）违反法定程序实施行政强制的；

（四）违反本法规定，在夜间或者法定节假日实施行政强制执行的；

（五）对居民生活采取停止供水、供电、供热、供燃气等方式迫使当事人履行相关行政决定的；

（六）有其他违法实施行政强制情形的。

第六十二条 【违法实施查封、扣押、冻结的法律责任】违反本法规定，行政机关有下列情形之一的，由上级行政机关或者有关部门责令改正，对直接负责的主管人员和其他直接责任人员依法给予处分：

（一）扩大查封、扣押、冻结范围的；

（二）使用或者损毁查封、扣押场所、设施或者财物的；

（三）在查封、扣押法定期间不作出处理决定或者未依法及时解除查封、扣押的；

（四）在冻结存款、汇款法定期间不作出处理决定或者未依法及时解除冻结的。

第六十三条 【截留、私分或变相私分和据为己有的法律责任】行政机关将查封、扣押的财物或者划拨的存款、汇款以及拍卖和依法处理所得的款项，截留、私分或者变相私分的，由财政部门或者有关部门予以追缴；对直接负责的主管人员和其他直接责任人员依法给予记大过、降级、撤职或者开除的处分。

行政机关工作人员利用职务上的便利，将查封、扣押的场所、设施或者财物据为己有的，由上级行政机关或者有关部门责令改正，依法给予记大过、降级、撤职或者开除的处分。

第六十四条 【利用行政强制权为单位或者个人谋取利益的法律责任】行政机关及其工作人员利用行政强制权为单位或者个人谋取利益的，由上级行政机关或者有关部门责令改正，对直接负责的主管人员和其他直接责任人员依法给予处分。

第六十五条 【金融机构违法冻结、划拨的法律责任】违反本法规定，金融机构有下列行为之一的，由金融业监督管理机构责令改正，对直接负责的主管人员和其他直接责任人员依法给予处分：

（一）在冻结前向当事人泄露信息的；

（二）对应当立即冻结、划拨的存款、汇款不冻结或者不划拨,致使存款、汇款转移的;

（三）将不应当冻结、划拨的存款、汇款予以冻结或者划拨的;

（四）未及时解除冻结存款、汇款的。

第六十六条 【款项未划入规定账户的法律责任】违反本法规定,金融机构将款项划入国库或者财政专户以外的其他账户的,由金融业监督管理机构责令改正,并处以违法划拨款项二倍的罚款;对直接负责的主管人员和其他直接责任人员依法给予处分。

违反本法规定,行政机关、人民法院指令金融机构将款项划入国库或者财政专户以外的其他账户的,对直接负责的主管人员和其他直接责任人员依法给予处分。

第六十七条 【人民法院违法执行的法律责任】人民法院及其工作人员在强制执行中有违法行为或者扩大强制执行范围的,对直接负责的主管人员和其他直接责任人员依法给予处分。

第六十八条 【赔偿责任和刑事责任】违反本法规定,给公民、法人或者其他组织造成损失的,依法给予赔偿。

违反本法规定,构成犯罪的,依法追究刑事责任。

第七章 附 则

第六十九条 【期限的计算】本法中十日以内期限的规定是指工作日,不含法定节假日。

第七十条 【法律、行政法规授权的具有管理公共事务职能的组织的主体资格】法律、行政法规授权的具有管理公共事务职能的组织在法定授权范围内,以自己的名义实施行政强制,适用本法有关行政机关的规定。

第七十一条 【施行日期】本法自2012年1月1日起施行。

公安机关办理行政案件程序规定

(2012年12月19日公安部令第125号修订发布 根据2014年6月29日公安部令第132号《关于修改部分部门规章的决定》第一次修正 根据2018年11月25日公安部令第149号《关于修改〈公安机关办理行政案件程序规定〉的决定》第二次修正 根据2020年8月6日公安部令第160号《关于废止和修改部分规章的决定》第三次修正)

目 录

第一章 总 则
第二章 管 辖
第三章 回 避
第四章 证 据
第五章 期间与送达
第六章 简易程序和快速办理
　第一节 简易程序
　第二节 快速办理
第七章 调查取证
　第一节 一般规定
　第二节 受 案
　第三节 询 问
　第四节 勘验、检查
　第五节 鉴 定
　第六节 辨 认
　第七节 证据保全
　第八节 办案协作

第八章　听证程序
　第一节　一般规定
　第二节　听证人员和听证参加人
　第三节　听证的告知、申请和受理
　第四节　听证的举行
第九章　行政处理决定
　第一节　行政处罚的适用
　第二节　行政处理的决定
第十章　治安调解
第十一章　涉案财物的管理和处理
第十二章　执　　行
　第一节　一般规定
　第二节　罚款的执行
　第三节　行政拘留的执行
　第四节　其他处理决定的执行
第十三章　涉外行政案件的办理
第十四章　案件终结
第十五章　附　　则

第一章　总　　则

第一条　为了规范公安机关办理行政案件程序，保障公安机关在办理行政案件中正确履行职责，保护公民、法人和其他组织的合法权益，根据《中华人民共和国行政处罚法》《中华人民共和国行政强制法》《中华人民共和国治安管理处罚法》等有关法律、行政法规，制定本规定。

第二条　本规定所称行政案件，是指公安机关依照法律、法规和规章的规定对违法行为人决定行政处罚以及强制隔离戒毒等处理措施的案件。

本规定所称公安机关，是指县级以上公安机关、公安派出所、依法具有独立执法主体资格的公安机关业务部门以及出入境边防检查站。

第三条　办理行政案件应当以事实为根据，以法律为准绳。

第四条 办理行政案件应当遵循合法、公正、公开、及时的原则,尊重和保障人权,保护公民的人格尊严。

第五条 办理行政案件应当坚持教育与处罚相结合的原则,教育公民、法人和其他组织自觉守法。

第六条 办理未成年人的行政案件,应当根据未成年人的身心特点,保障其合法权益。

第七条 办理行政案件,在少数民族聚居或者多民族共同居住的地区,应当使用当地通用的语言进行询问。对不通晓当地通用语言文字的当事人,应当为他们提供翻译。

第八条 公安机关及其人民警察在办理行政案件时,对涉及的国家秘密、商业秘密或者个人隐私,应当保密。

第九条 公安机关人民警察在办案中玩忽职守、徇私舞弊、滥用职权、索取或者收受他人财物的,依法给予处分;构成犯罪的,依法追究刑事责任。

第二章 管 辖

第十条 行政案件由违法行为地的公安机关管辖。由违法行为人居住地公安机关管辖更为适宜的,可以由违法行为人居住地公安机关管辖,但是涉及卖淫、嫖娼、赌博、毒品的案件除外。

违法行为地包括违法行为发生地和违法结果发生地。违法行为发生地,包括违法行为的实施地以及开始地、途经地、结束地等与违法行为有关的地点;违法行为有连续、持续或者继续状态的,违法行为连续、持续或者继续实施的地方都属于违法行为发生地。违法结果发生地,包括违法对象被侵害地、违法所得的实际取得地、藏匿地、转移地、使用地、销售地。

居住地包括户籍所在地、经常居住地。经常居住地是指公民离开户籍所在地最后连续居住一年以上的地方,但在医院住院就医的除外。

移交违法行为人居住地公安机关管辖的行政案件,违法行为地公安机关在移交前应当及时收集证据,并配合违法行为人居住地公安机关开展调查取证工作。

第十一条 针对或者利用网络实施的违法行为,用于实施违法行为的网站服务器所在地、网络接入地以及网站建立者或者管理者所在地,被侵害的网络及其运营者所在地,违法过程中违法行为人、被侵害人使用的网络及其运营者所在地,被侵害人被侵害时所在地,以及被侵害人财产遭受损失地公安机关可以管辖。

第十二条 行驶中的客车上发生的行政案件,由案发后客车最初停靠地公安机关管辖;必要时,始发地、途经地、到达地公安机关也可以管辖。

第十三条 行政案件由县级公安机关及其公安派出所、依法具有独立执法主体资格的公安机关业务部门以及出入境边防检查站按照法律、行政法规、规章授权和管辖分工办理,但法律、行政法规、规章规定由设区的市级以上公安机关办理的除外。

第十四条 几个公安机关都有权管辖的行政案件,由最初受理的公安机关管辖。必要时,可以由主要违法行为地公安机关管辖。

第十五条 对管辖权发生争议的,报请共同的上级公安机关指定管辖。对于重大、复杂的案件,上级公安机关可以直接办理或者指定管辖。

上级公安机关直接办理或者指定管辖的,应当书面通知被指定管辖的公安机关和其他有关的公安机关。

原受理案件的公安机关自收到上级公安机关书面通知之日起不再行使管辖权,并立即将案卷材料移送被指定管辖的公安机关或者办理的上级公安机关,及时书面通知当事人。

第十六条 铁路公安机关管辖列车上、火车站工作区域内、铁路系统的机关、厂、段、所、队等单位内发生的行政案件,以及在铁路线上放置障碍物或者损毁、移动铁路设施等可能影响铁路运输安全、盗窃铁路设施的行政案件。对倒卖、伪造、变造火车票案件,由最初受理的铁路或者地方公安机关管辖。必要时,可以移送主要违法行为发生地的铁路或者地方公安机关管辖。

交通公安机关管辖港航管理机构管理的轮船上、港口、码头工作区域内和港航系统的机关、厂、所、队等单位内发生的行政案件。

民航公安机关管辖民航管理机构管理的机场工作区域以及民航系统的机关、厂、所、队等单位内和民航飞机上发生的行政案件。

国有林区的森林公安机关管辖林区内发生的行政案件。

海关缉私机构管辖阻碍海关缉私警察依法执行职务的治安案件。

第三章 回 避

第十七条 公安机关负责人、办案人民警察有下列情形之一的,应当自行提出回避申请,案件当事人及其法定代理人有权要求他们回避:
(一)是本案的当事人或者当事人近亲属的;
(二)本人或者其近亲属与本案有利害关系的;
(三)与本案当事人有其他关系,可能影响案件公正处理的。

第十八条 公安机关负责人、办案人民警察提出回避申请的,应当说明理由。

第十九条 办案人民警察的回避,由其所属的公安机关决定;公安机关负责人的回避,由上一级公安机关决定。

第二十条 当事人及其法定代理人要求公安机关负责人、办案人民警察回避的,应当提出申请,并说明理由。口头提出申请的,公安机关应当记录在案。

第二十一条 对当事人及其法定代理人提出的回避申请,公安机关应当在收到申请之日起二日内作出决定并通知申请人。

第二十二条 公安机关负责人、办案人民警察具有应当回避的情形之一,本人没有申请回避,当事人及其法定代理人也没有申请其回避的,有权决定其回避的公安机关可以指令其回避。

第二十三条 在行政案件调查过程中,鉴定人和翻译人员需要回避的,适用本章的规定。

鉴定人、翻译人员的回避,由指派或者聘请的公安机关决定。

第二十四条 在公安机关作出回避决定前,办案人民警察不得停止对行政案件的调查。

作出回避决定后,公安机关负责人、办案人民警察不得再参与该行政案件的调查和审核、审批工作。

第二十五条 被决定回避的公安机关负责人、办案人民警察、鉴定人和翻译人员,在回避决定作出前所进行的与案件有关的活动是否有效,由作出回避决定的公安机关根据是否影响案件依法公正处理等情况决定。

第四章 证 据

第二十六条 可以用于证明案件事实的材料,都是证据。公安机关办理行政案件的证据包括:

(一)物证;

(二)书证;

(三)被侵害人陈述和其他证人证言;

(四)违法嫌疑人的陈述和申辩;

(五)鉴定意见;

(六)勘验、检查、辨认笔录、现场笔录;

(七)视听资料、电子数据。

证据必须经过查证属实,才能作为定案的根据。

第二十七条 公安机关必须依照法定程序,收集能够证实违法嫌疑人是否违法、违法情节轻重的证据。

严禁刑讯逼供和以威胁、欺骗等非法方法收集证据。采用刑讯逼供等非法方法收集的违法嫌疑人的陈述和申辩以及采用暴力、威胁等非法方法收集的被侵害人陈述、其他证人证言,不能作为定案的根据。收集物证、书证不符合法定程序,可能严重影响执法公正的,应当予以补正或者作出合理解释;不能补正或者作出合理解释的,不能作为定案的根据。

第二十八条 公安机关向有关单位和个人收集、调取证据时,应当告知其必须如实提供证据,并告知其伪造、隐匿、毁灭证据,提供虚假证词应当承担的法律责任。

需要向有关单位和个人调取证据的,经公安机关办案部门负责人批准,开具调取证据通知书,明确调取的证据和提供时限。被调取人应当在通知书上盖章或者签名,被调取人拒绝的,公安机关应当注明。必要时,公安机关应当采用录音、录像等方式固定证据内容及取证过程。

需要向有关单位紧急调取证据的,公安机关可以在电话告知人民警察身份的同时,将调取证据通知书连同办案人民警察的人民警察证复印件通过传真、互联网通讯工具等方式送达有关单位。

第二十九条 收集调取的物证应当是原物。在原物不便搬运、不易保存或者依法应当由有关部门保管、处理或者依法应当返还时,可以拍摄或者制作足以反映原物外形或者内容的照片、录像。

物证的照片、录像,经与原物核实无误或者经鉴定证明为真实的,可以作为证据使用。

第三十条 收集、调取的书证应当是原件。在取得原件确有困难时,可以使用副本或者复制件。

书证的副本、复制件,经与原件核实无误或者经鉴定证明为真实的,可以作为证据使用。书证有更改或者更改迹象不能作出合理解释的,或者书证的副本、复制件不能反映书证原件及其内容的,不能作为证据使用。

第三十一条 物证的照片、录像,书证的副本、复制件,视听资料的复制件,应当附有关制作过程及原件、原物存放处的文字说明,并由制作人和物品持有人或者持有单位有关人员签名。

第三十二条 收集电子数据,能够扣押电子数据原始存储介质的,应当扣押。

无法扣押原始存储介质的,可以提取电子数据。提取电子数据,应当制作笔录,并附电子数据清单,由办案人民警察、电子数据持有人签名。持有人无法或者拒绝签名的,应当在笔录中注明。

由于客观原因无法或者不宜依照前两款规定收集电子数据的,可以采取打印、拍照或者录像等方式固定相关证据,并附有关原因、过程等情况的文字说明,由办案人民警察、电子数据持有人签名。持有人无法或者拒绝签名的,应当注明情况。

第三十三条 刑事案件转为行政案件办理的,刑事案件办理过程中收集的证据材料,可以作为行政案件的证据使用。

第三十四条 凡知道案件情况的人,都有作证的义务。

生理上、精神上有缺陷或者年幼,不能辨别是非、不能正确表达的人,不能作为证人。

第五章 期间与送达

第三十五条 期间以时、日、月、年计算,期间开始之时或者日不计算在内。法律文书送达的期间不包括路途上的时间。期间的最后一日是节假日的,以节假日后的第一日为期满日期,但违法行为人被限制人身自由的期间,应当至期满之日为止,不得因节假日而延长。

第三十六条　送达法律文书,应当遵守下列规定:

(一)依照简易程序作出当场处罚决定的,应当将决定书当场交付被处罚人,并由被处罚人在备案的决定书上签名或者捺指印;被处罚人拒绝的,由办案人民警察在备案的决定书上注明;

(二)除本款第一项规定外,作出行政处罚决定和其他行政处理决定,应当在宣告后将决定书当场交付被处理人,并由被处理人在附卷的决定书上签名或者捺指印,即为送达;被处理人拒绝的,由办案人民警察在附卷的决定书上注明;被处理人不在场的,公安机关应当在作出决定的七日内将决定书送达被处理人,治安管理处罚决定应当在二日内送达。

送达法律文书应当首先采取直接送达方式,交给受送达人本人;受送达人不在的,可以交付其成年家属、所在单位的负责人员或者其居住地居(村)民委员会代收。受送达人本人或者代收人拒绝接收或者拒绝签名和捺指印的,送达人可以邀请其邻居或者其他见证人到场,说明情况,也可以对拒收情况进行录音录像,把文书留在受送达人处,在附卷的法律文书上注明拒绝的事由、送达日期,由送达人、见证人签名或者捺指印,即视为送达。

无法直接送达的,委托其他公安机关代为送达,或者邮寄送达。经受送达人同意,可以采用传真、互联网通讯工具等能够确认其收悉的方式送达。

经采取上述送达方式仍无法送达的,可以公告送达。公告的范围和方式应当便于公民知晓,公告期限不得少于六十日。

第六章　简易程序和快速办理

第一节　简易程序

第三十七条　违法事实确凿,且具有下列情形之一的,人民警察可以当场作出处罚决定,有违禁品的,可以当场收缴:

(一)对违反治安管理行为人或者道路交通违法行为人处二百元以下罚款或者警告的;

（二）出入境边防检查机关对违反出境入境管理行为人处五百元以下罚款或者警告的；

（三）对有其他违法行为的个人处五十元以下罚款或者警告、对单位处一千元以下罚款或者警告的；

（四）法律规定可以当场处罚的其他情形。

涉及卖淫、嫖娼、赌博、毒品的案件，不适用当场处罚。

第三十八条 当场处罚，应当按照下列程序实施：

（一）向违法行为人表明执法身份；

（二）收集证据；

（三）口头告知违法行为人拟作出行政处罚决定的事实、理由和依据，并告知违法行为人依法享有的陈述权和申辩权；

（四）充分听取违法行为人的陈述和申辩。违法行为人提出的事实、理由或者证据成立的，应当采纳；

（五）填写当场处罚决定书并当场交付被处罚人；

（六）当场收缴罚款的，同时填写罚款收据，交付被处罚人；未当场收缴罚款的，应当告知被处罚人在规定期限内到指定的银行缴纳罚款。

第三十九条 适用简易程序处罚的，可以由人民警察一人作出行政处罚决定。

人民警察当场作出行政处罚决定的，应当于作出决定后的二十四小时内将当场处罚决定书报所属公安机关备案，交通警察应当于作出决定后的二日内报所属公安机关交通管理部门备案。在旅客列车、民航飞机、水上作出行政处罚决定的，应当在返回后的二十四小时内报所属公安机关备案。

第二节 快速办理

第四十条 对不适用简易程序，但事实清楚，违法嫌疑人自愿认错认罚，且对违法事实和法律适用没有异议的行政案件，公安机关可以通过简化取证方式和审核审批手续等措施快速办理。

第四十一条 行政案件具有下列情形之一的，不适用快速办理：

（一）违法嫌疑人系盲、聋、哑人，未成年人或者疑似精神病人的；

（二）依法应当适用听证程序的；

(三)可能作出十日以上行政拘留处罚的;

(四)其他不宜快速办理的。

第四十二条 快速办理行政案件前,公安机关应当书面告知违法嫌疑人快速办理的相关规定,征得其同意,并由其签名确认。

第四十三条 对符合快速办理条件的行政案件,违法嫌疑人在自行书写材料或者询问笔录中承认违法事实、认错认罚,并有视音频记录、电子数据、检查笔录等关键证据能够相互印证的,公安机关可以不再开展其他调查取证工作。

第四十四条 对适用快速办理的行政案件,可以由专兼职法制员或者办案部门负责人审核后,报公安机关负责人审批。

第四十五条 对快速办理的行政案件,公安机关可以根据不同案件类型,使用简明扼要的格式询问笔录,尽量减少需要文字记录的内容。

被询问人自行书写材料的,办案单位可以提供样式供其参考。

使用执法记录仪等设备对询问过程录音录像的,可以替代书面询问笔录,必要时,对视听资料的关键内容和相应时间段等作文字说明。

第四十六条 对快速办理的行政案件,公安机关可以根据违法行为人认错悔改、纠正违法行为、赔偿损失以及被侵害人谅解情况等情节,依法对违法行为人从轻、减轻处罚或者不予行政处罚。

对快速办理的行政案件,公安机关可以采用口头方式履行处罚前告知程序,由办案人民警察在案卷材料中注明告知情况,并由被告知人签名确认。

第四十七条 对快速办理的行政案件,公安机关应当在违法嫌疑人到案后四十八小时内作出处理决定。

第四十八条 公安机关快速办理行政案件时,发现不适宜快速办理的,转为一般案件办理。快速办理阶段依法收集的证据,可以作为定案的根据。

第七章 调查取证

第一节 一般规定

第四十九条 对行政案件进行调查时,应当合法、及时、客观、全面地收集、调取证据材料,并予以审查、核实。

第五十条 需要调查的案件事实包括:
(一)违法嫌疑人的基本情况;
(二)违法行为是否存在;
(三)违法行为是否为违法嫌疑人实施;
(四)实施违法行为的时间、地点、手段、后果以及其他情节;
(五)违法嫌疑人有无法定从重、从轻、减轻以及不予行政处罚的情形;
(六)与案件有关的其他事实。

第五十一条 公安机关调查取证时,应当防止泄露工作秘密。

第五十二条 公安机关进行询问、辨认、检查、勘验,实施行政强制措施等调查取证工作时,人民警察不得少于二人,并表明执法身份。

接报案、受案登记、接受证据、信息采集、调解、送达文书等工作,可以由一名人民警察带领警务辅助人员进行,但应当全程录音录像。

第五十三条 对查获或者到案的违法嫌疑人应当进行安全检查,发现违禁品或者管制器具、武器、易燃易爆等危险品以及与案件有关的需要作为证据的物品的,应当立即扣押;对违法嫌疑人随身携带的与案件无关的物品,应当按照有关规定予以登记、保管、退还。安全检查不需要开具检查证。

前款规定的扣押适用本规定第五十五条和第五十六条以及本章第七节的规定。

第五十四条 办理行政案件时,可以依法采取下列行政强制措施:
(一)对物品、设施、场所采取扣押、扣留、查封、先行登记保存、抽样取证、封存文件资料等强制措施,对恐怖活动嫌疑人的存款、汇款、债券、股票、基金份额等财产还可以采取冻结措施;
(二)对违法嫌疑人采取保护性约束措施、继续盘问、强制传唤、强制检测、拘留审查、限制活动范围,对恐怖活动嫌疑人采取约束措施等强制措施。

第五十五条 实施行政强制措施应当遵守下列规定:
(一)实施前须依法向公安机关负责人报告并经批准;
(二)通知当事人到场,当场告知当事人采取行政强制措施的理由、依据以及当事人依法享有的权利、救济途径。当事人不到场的,邀请见证人到场,并在现场笔录中注明;
(三)听取当事人的陈述和申辩;

（四）制作现场笔录，由当事人和办案人民警察签名或者盖章，当事人拒绝的，在笔录中注明。当事人不在场的，由见证人和办案人民警察在笔录上签名或者盖章；

（五）实施限制公民人身自由的行政强制措施的，应当当场告知当事人家属实施强制措施的公安机关、理由、地点和期限；无法当场告知的，应当在实施强制措施后立即通过电话、短信、传真等方式通知；身份不明、拒不提供家属联系方式或者因自然灾害等不可抗力导致无法通知的，可以不予通知。告知、通知家属情况或者无法通知家属的原因应当在询问笔录中注明；

（六）法律、法规规定的其他程序。

勘验、检查时实施行政强制措施，制作勘验、检查笔录的，不再制作现场笔录。

实施行政强制措施的全程录音录像，已经具备本条第一款第二项、第三项规定的实质要素的，可以替代书面现场笔录，但应当对视听资料的关键内容和相应时间段等作文字说明。

第五十六条　情况紧急，当场实施行政强制措施的，办案人民警察应当在二十四小时内依法向其所属的公安机关负责人报告，并补办批准手续。当场实施限制公民人身自由的行政强制措施的，办案人民警察应当在返回单位后立即报告，并补办批准手续。公安机关负责人认为不应当采取行政强制措施的，应当立即解除。

第五十七条　为维护社会秩序，人民警察对有违法嫌疑的人员，经表明执法身份后，可以当场盘问、检查。对当场盘问、检查后，不能排除其违法嫌疑，依法可以适用继续盘问的，可以将其带至公安机关，经公安派出所负责人批准，对其继续盘问。对违反出境入境管理的嫌疑人依法适用继续盘问的，应当经县级以上公安机关或者出入境边防检查机关负责人批准。

继续盘问的时限一般为十二小时；对在十二小时以内确难以证实或者排除其违法犯罪嫌疑的，可以延长至二十四小时；对不讲真实姓名、住址、身份，且在二十四小时以内仍不能证实或者排除其违法犯罪嫌疑的，可以延长至四十八小时。

第五十八条　违法嫌疑人在醉酒状态中，对本人有危险或者对他人的人身、财产或者公共安全有威胁的，可以对其采取保护性措施约束至酒醒，也可以通知其家属、亲友或者所属单位将其领回看管，必要时，应当送医院醒酒。

对行为举止失控的醉酒人,可以使用约束带或者警绳等进行约束,但是不得使用手铐、脚镣等警械。

约束过程中,应当指定专人严加看护。确认醉酒人酒醒后,应当立即解除约束,并进行询问。约束时间不计算在询问查证时间内。

第五十九条 对恐怖活动嫌疑人实施约束措施,应当遵守下列规定:

(一)实施前须经县级以上公安机关负责人批准;

(二)告知嫌疑人采取约束措施的理由、依据以及其依法享有的权利、救济途径;

(三)听取嫌疑人的陈述和申辩;

(四)出具决定书。

公安机关可以采取电子监控、不定期检查等方式对被约束人遵守约束措施的情况进行监督。

约束措施的期限不得超过三个月。对不需要继续采取约束措施的,应当及时解除并通知被约束人。

第二节 受 案

第六十条 县级公安机关及其公安派出所、依法具有独立执法主体资格的公安机关业务部门以及出入境边防检查站对报案、控告、举报、群众扭送或者违法嫌疑人投案,以及其他国家机关移送的案件,应当及时受理并按照规定进行网上接报案登记。对重复报案、案件正在办理或者已经办结的,应当向报案人、控告人、举报人、扭送人、投案人作出解释,不再登记。

第六十一条 公安机关应当对报案、控告、举报、群众扭送或者违法嫌疑人投案分别作出下列处理,并将处理情况在接报案登记中注明:

(一)对属于本单位管辖范围内的案件,应当立即调查处理,制作受案登记表和受案回执,并将受案回执交报案人、控告人、举报人、扭送人;

(二)对属于公安机关职责范围,但不属于本单位管辖的,应当在二十四小时内移送有管辖权的单位处理,并告知报案人、控告人、举报人、扭送人、投案人;

(三)对不属于公安机关职责范围的事项,在接报案时能够当场判断的,应当立即口头告知报案人、控告人、举报人、扭送人、投案人向其他主管机关报案或者投案,报案人、控告人、举报人、扭送人、投案人对口头告知内容有异议或者不能当场判断的,应当书面告知,但因没有联系方式、身份不明等客观原因无法书面告知的除外。

在日常执法执勤中发现的违法行为,适用前款规定。

第六十二条 属于公安机关职责范围但不属于本单位管辖的案件,具有下列情形之一的,受理案件或者发现案件的公安机关及其人民警察应当依法先行采取必要的强制措施或者其他处置措施,再移送有管辖权的单位处理:

(一)违法嫌疑人正在实施危害行为的;

(二)正在实施违法行为或者违法后即时被发现的现行犯被扭送至公安机关的;

(三)在逃的违法嫌疑人已被抓获或者被发现的;

(四)有人员伤亡,需要立即采取救治措施的;

(五)其他应当采取紧急措施的情形。

行政案件移送管辖的,询问查证时间和扣押等措施的期限重新计算。

第六十三条 报案人不愿意公开自己的姓名和报案行为的,公安机关应当在受案登记时注明,并为其保密。

第六十四条 对报案人、控告人、举报人、扭送人、投案人提供的有关证据材料、物品等应当登记,出具接受证据清单,并妥善保管。必要时,应当拍照、录音、录像。移送案件时,应当将有关证据材料和物品一并移交。

第六十五条 对发现或者受理的案件暂时无法确定为刑事案件或者行政案件的,可以按照行政案件的程序办理。在办理过程中,认为涉嫌构成犯罪的,应当按照《公安机关办理刑事案件程序规定》办理。

第三节 询 问

第六十六条 询问违法嫌疑人,可以到违法嫌疑人住处或者单位进行,也可以将违法嫌疑人传唤到其所在市、县内的指定地点进行。

第六十七条 需要传唤违法嫌疑人接受调查的,经公安派出所、县级以上公安机关办案部门或者出入境边防检查机关负责人批准,使用传唤证传唤。对现场发现的违法嫌疑人,人民警察经出示人民警察证,可以口头传唤,并在询问笔录中注明违法嫌疑人到案经过、到案时间和离开时间。

单位违反公安行政管理规定,需要传唤其直接负责的主管人员和其他直接责任人员的,适用前款规定。

对无正当理由不接受传唤或者逃避传唤的违反治安管理、出境入境管理的嫌疑人以及法律规定可以强制传唤的其他违法嫌疑人,经公安派出所、县级以上公安机关办案部门或者出入境边防检查机关负责人批准,可以强制传唤。强制传唤时,可以依法使用手铐、警绳等约束性警械。

公安机关应当将传唤的原因和依据告知被传唤人,并通知其家属。公安机关通知被传唤人家属适用本规定第五十五条第一款第五项的规定。

第六十八条 使用传唤证传唤的,违法嫌疑人被传唤到案后和询问查证结束后,应当由其在传唤证上填写到案和离开时间并签名。拒绝填写或者签名的,办案人民警察应当在传唤证上注明。

第六十九条 对被传唤的违法嫌疑人,应当及时询问查证,询问查证的时间不得超过八小时;案情复杂,违法行为依法可能适用行政拘留处罚的,询问查证的时间不得超过二十四小时。

不得以连续传唤的形式变相拘禁违法嫌疑人。

第七十条 对于投案自首或者群众扭送的违法嫌疑人,公安机关应当立即进行询问查证,并在询问笔录中记明违法嫌疑人到案经过、到案和离开时间。询问查证时间适用本规定第六十九条第一款的规定。

对于投案自首或者群众扭送的违法嫌疑人,公安机关应当适用本规定第五十五条第一款第五项的规定通知其家属。

第七十一条 在公安机关询问违法嫌疑人,应当在办案场所进行。

询问查证期间应当保证违法嫌疑人的饮食和必要的休息时间,并在询问笔录中注明。

在询问查证的间隙期间,可以将违法嫌疑人送入候问室,并按照候问室的管理规定执行。

第七十二条 询问违法嫌疑人、被侵害人或者其他证人,应当个别进行。

第七十三条 首次询问违法嫌疑人时,应当问明违法嫌疑人的姓名、出生日期、户籍所在地、现住址、身份证件种类及号码,是否为各级人民代表大会代表,是否受过刑事处罚或者行政拘留、强制隔离戒毒、社区戒毒、收容教养等情况。必要时,还应当问明其家庭主要成员、工作单位、文化程度、民族、身体状况等情况。

违法嫌疑人为外国人的,首次询问时还应当问明其国籍、出入境证件种类及号码、签证种类、入境时间、入境事由等情况。必要时,还应当问明其在华关系人等情况。

第七十四条 询问时,应当告知被询问人必须如实提供证据、证言和故意作伪证或者隐匿证据应负的法律责任,对与本案无关的问题有拒绝回答的权利。

第七十五条 询问未成年人时,应当通知其父母或者其他监护人到场,其父母或者其他监护人不能到场的,也可以通知未成年人的其他成年亲属,所在学校、单位、居住地基层组织或者未成年人保护组织的代表到场,并将有关情况记录在案。确实无法通知或者通知后未到场的,应当在询问笔录中注明。

第七十六条 询问聋哑人,应当有通晓手语的人提供帮助,并在询问笔录中注明被询问人的聋哑情况以及翻译人员的姓名、住址、工作单位和联系方式。

对不通晓当地通用的语言文字的被询问人,应当为其配备翻译人员,并在询问笔录中注明翻译人员的姓名、住址、工作单位和联系方式。

第七十七条 询问笔录应当交被询问人核对,对没有阅读能力的,应当向其宣读。记录有误或者遗漏的,应当允许被询问人更正或者补充,并要求其在修改处捺指印。被询问人确认笔录无误后,应当在询问笔录上逐页签名或者捺指印。拒绝签名和捺指印的,办案人民警察应当在询问笔录中注明。

办案人民警察应当在询问笔录上签名,翻译人员应当在询问笔录的结尾处签名。

询问时,可以全程录音、录像,并保持录音、录像资料的完整性。

第七十八条 询问违法嫌疑人时,应当听取违法嫌疑人的陈述和申辩。对违法嫌疑人的陈述和申辩,应当核查。

第七十九条 询问被侵害人或者其他证人,可以在现场进行,也可以到其单位、学校、住所、其居住地居(村)民委员会或者其提出的地点进行。必要时,也可以书面、电话或者当场通知其到公安机关提供证言。

在现场询问的,办案人民警察应当出示人民警察证。

询问前,应当了解被询问人的身份以及其与被侵害人、其他证人、违法嫌疑人之间的关系。

第八十条 违法嫌疑人、被侵害人或者其他证人请求自行提供书面材料的,应当准许。必要时,办案人民警察也可以要求违法嫌疑人、被侵害人或者其他证人自行书写。违法嫌疑人、被侵害人或者其他证人应当在其提供的书面材料的结尾处签名或者捺指印。对打印的书面材料,违法嫌疑人、被侵害人或者其他证人应当逐页签名或者捺指印。办案人民警察收到书面材料后,应当在首页注明收到日期,并签名。

第四节 勘验、检查

第八十一条 对于违法行为案发现场,必要时应当进行勘验,提取与案件有关的证据材料,判断案件性质,确定调查方向和范围。

现场勘验参照刑事案件现场勘验的有关规定执行。

第八十二条 对与违法行为有关的场所、物品、人身可以进行检查。检查时,人民警察不得少于二人,并应当出示人民警察证和县级以上公安机关开具的检查证。对确有必要立即进行检查的,人民警察经出示人民警察证,可以当场检查;但检查公民住所的,必须有证据表明或者有群众报警公民住所内正在发生危害公共安全或者公民人身安全的案(事)件,或者违法存放危险物质,不立即检查可能会对公共安全或者公民人身、财产安全造成重大危害。

对机关、团体、企业、事业单位或者公共场所进行日常执法监督检查,依照有关法律、法规和规章执行,不适用前款规定。

第八十三条 对违法嫌疑人,可以依法提取或者采集肖像、指纹等人体生物识别信息;涉嫌酒后驾驶机动车、吸毒、从事恐怖活动等违法行为的,可以依照《中华人民共和国道路交通安全法》《中华人民共和国禁毒法》《中华人民共和国反恐怖主义法》等规定提取或者采集血液、尿液、毛发、脱落细胞等生物样本。人身安全检查和当场检查时已经提取、采集的信息,不再提取、采集。

第八十四条 对违法嫌疑人进行检查时,应当尊重被检查人的人格尊严,不得以有损人格尊严的方式进行检查。

检查妇女的身体,应当由女性工作人员进行。

依法对卖淫、嫖娼人员进行性病检查,应当由医生进行。

第八十五条 检查场所或者物品时,应当注意避免对物品造成不必要的损坏。

检查场所时,应当有被检查人或者见证人在场。

第八十六条 检查情况应当制作检查笔录。检查笔录由检查人员、被检查人或者见证人签名;被检查人不在场或者拒绝签名的,办案人民警察应当在检查笔录中注明。

检查时的全程录音录像可以替代书面检查笔录,但应当对视听资料的关键内容和相应时间段等作文字说明。

第五节 鉴 定

第八十七条 为了查明案情,需要对专门性技术问题进行鉴定的,应当指派或者聘请具有专门知识的人员进行。

需要聘请本公安机关以外的人进行鉴定的,应当经公安机关办案部门负责人批准后,制作鉴定聘请书。

第八十八条 公安机关应当为鉴定提供必要的条件,及时送交有关检材和比对样本等原始材料,介绍与鉴定有关的情况,并且明确提出要求鉴定解决的问题。

办案人民警察应当做好检材的保管和送检工作,并注明检材送检环节的责任人,确保检材在流转环节中的同一性和不被污染。

禁止强迫或者暗示鉴定人作出某种鉴定意见。

第八十九条 对人身伤害的鉴定由法医进行。

卫生行政主管部门许可的医疗机构具有执业资格的医生出具的诊断证明,可以作为公安机关认定人身伤害程度的依据,但具有本规定第九十条规定情形的除外。

对精神病的鉴定,由有精神病鉴定资格的鉴定机构进行。

第九十条 人身伤害案件具有下列情形之一的,公安机关应当进行伤情鉴定:

(一)受伤程度较重,可能构成轻伤以上伤害程度的;

(二)被侵害人要求作伤情鉴定的;

(三)违法嫌疑人、被侵害人对伤害程度有争议的。

第九十一条 对需要进行伤情鉴定的案件,被侵害人拒绝提供诊断证明或者拒绝进行伤情鉴定的,公安机关应当将有关情况记录在案,并可以根据已认定的事实作出处理决定。

经公安机关通知,被侵害人无正当理由未在公安机关确定的时间内作伤情鉴定的,视为拒绝鉴定。

第九十二条 对电子数据涉及的专门性问题难以确定的,由司法鉴定机构出具鉴定意见,或者由公安部指定的机构出具报告。

第九十三条 涉案物品价值不明或者难以确定的,公安机关应当委托价格鉴证机构估价。

根据当事人提供的购买发票等票据能够认定价值的涉案物品,或者价值明显不够刑事立案标准的涉案物品,公安机关可以不进行价格鉴证。

第九十四条 对涉嫌吸毒的人员,应当进行吸毒检测,被检测人员应当配合;对拒绝接受检测的,经县级以上公安机关或者其派出机构负责人批准,可以强制检测。采集女性被检测人检测样本,应当由女性工作人员进行。

对涉嫌服用国家管制的精神药品、麻醉药品驾驶机动车的人员,可以对其进行体内国家管制的精神药品、麻醉药品含量检验。

第九十五条 对有酒后驾驶机动车嫌疑的人,应当对其进行呼气酒精测试,对具有下列情形之一的,应当立即提取血样,检验血液酒精含量:

(一)当事人对呼气酒精测试结果有异议的;

(二)当事人拒绝配合呼气酒精测试的;

(三)涉嫌醉酒驾驶机动车的;

(四)涉嫌饮酒后驾驶机动车发生交通事故的。

当事人对呼气酒精测试结果无异议的,应当签字确认。事后提出异议的,不予采纳。

第九十六条 鉴定人鉴定后,应当出具鉴定意见。鉴定意见应当载明委托人、委托鉴定的事项、提交鉴定的相关材料、鉴定的时间、依据和结论性意见等内容,并由鉴定人签名或者盖章。通过分析得出鉴定意见的,应当有分析过程的说明。鉴定意见应当附有鉴定机构和鉴定人的资质证明或者其他证明文件。

鉴定人对鉴定意见负责,不受任何机关、团体、企业、事业单位和个人的干涉。多人参加鉴定,对鉴定意见有不同意见的,应当注明。

鉴定人故意作虚假鉴定的,应当承担法律责任。

第九十七条 办案人民警察应当对鉴定意见进行审查。

对经审查作为证据使用的鉴定意见,公安机关应当在收到鉴定意见之日起五日内将鉴定意见复印件送达违法嫌疑人和被侵害人。

医疗机构出具的诊断证明作为公安机关认定人身伤害程度的依据的,应当将诊断证明结论书面告知违法嫌疑人和被侵害人。

违法嫌疑人或者被侵害人对鉴定意见有异议的,可以在收到鉴定意见复印件之日起三日内提出重新鉴定的申请,经县级以上公安机关批准后,进行重新鉴定。同一行政案件的同一事项重新鉴定以一次为限。

当事人是否申请重新鉴定,不影响案件的正常办理。

公安机关认为必要时,也可以直接决定重新鉴定。

第九十八条 具有下列情形之一的,应当进行重新鉴定:

(一)鉴定程序违法或者违反相关专业技术要求,可能影响鉴定意见正确性的;

(二)鉴定机构、鉴定人不具备鉴定资质和条件的;

(三)鉴定意见明显依据不足的;

(四)鉴定人故意作虚假鉴定的;

(五)鉴定人应当回避而没有回避的;

(六)检材虚假或者被损坏的;

(七)其他应当重新鉴定的。

不符合前款规定情形的,经县级以上公安机关负责人批准,作出不准予重新鉴定的决定,并在作出决定之日起的三日以内书面通知申请人。

第九十九条 重新鉴定,公安机关应当另行指派或者聘请鉴定人。

第一百条 鉴定费用由公安机关承担,但当事人自行鉴定的除外。

第六节 辨 认

第一百零一条 为了查明案情,办案人民警察可以让违法嫌疑人、被侵害人或者其他证人对与违法行为有关的物品、场所或者违法嫌疑人进行辨认。

第一百零二条 辨认由二名以上办案人民警察主持。

组织辨认前,应当向辨认人详细询问辨认对象的具体特征,并避免辨认人见到辨认对象。

第一百零三条 多名辨认人对同一辨认对象或者一名辨认人对多名辨认对象进行辨认时,应当个别进行。

第一百零四条 辨认时,应当将辨认对象混杂在特征相类似的其他对象中,不得给辨认人任何暗示。

辨认违法嫌疑人时,被辨认的人数不得少于七人;对违法嫌疑人照片进行辨认的,不得少于十人的照片。

辨认每一件物品时,混杂的同类物品不得少于五件。

同一辨认人对与同一案件有关的辨认对象进行多组辨认的,不得重复使用陪衬照片或者陪衬人。

第一百零五条 辨认人不愿意暴露身份的,对违法嫌疑人的辨认可以在不暴露辨认人的情况下进行,公安机关及其人民警察应当为其保守秘密。

第一百零六条 辨认经过和结果,应当制作辨认笔录,由办案人民警察和辨认人签名或者捺指印。必要时,应当对辨认过程进行录音、录像。

第七节 证据保全

第一百零七条 对下列物品,经公安机关负责人批准,可以依法扣押或者扣留:

(一)与治安案件、违反出境入境管理的案件有关的需要作为证据的物品;

(二)道路交通安全法律、法规规定适用扣留的车辆、机动车驾驶证;

(三)《中华人民共和国反恐怖主义法》等法律、法规规定适用扣押或者扣留的物品。

对下列物品,不得扣押或者扣留:

(一)与案件无关的物品;

(二)公民个人及其所扶养家属的生活必需品;

(三)被侵害人或者善意第三人合法占有的财产。

对具有本条第二款第二项、第三项情形的,应当予以登记,写明登记财物的名称、规格、数量、特征,并由占有人签名或者捺指印。必要时,可以进行拍照。但是,与案件有关必须鉴定的,可以依法扣押,结束后应当立即解除。

第一百零八条 办理下列行政案件时,对专门用于从事无证经营活动的场所、设施、物品,经公安机关负责人批准,可以依法查封。但对与违法行为无关的场所、设施,公民个人及其扶养家属的生活必需品不得查封:

(一)擅自经营按照国家规定需要由公安机关许可的行业的;

(二)依照《娱乐场所管理条例》可以由公安机关采取取缔措施的;

(三)《中华人民共和国反恐怖主义法》等法律、法规规定适用查封的其他公安行政案件。

场所、设施、物品已被其他国家机关依法查封的,不得重复查封。

第一百零九条 收集证据时,经公安机关办案部门负责人批准,可以采取抽样取证的方法。

抽样取证应当采取随机的方式,抽取样品的数量以能够认定本品的品质特征为限。

抽样取证时,应当对抽样取证的现场、被抽样物品及被抽取的样品进行拍照或者对抽样过程进行录像。

对抽取的样品应当及时进行检验。经检验,能够作为证据使用的,应当依法扣押、先行登记保存或者登记;不属于证据的,应当及时返还样品。样品有减损的,应当予以补偿。

第一百一十条 在证据可能灭失或者以后难以取得的情况下,经公安机关办案部门负责人批准,可以先行登记保存。

先行登记保存期间,证据持有人及其他人员不得损毁或者转移证据。

对先行登记保存的证据,应当在七日内作出处理决定。逾期不作出处理决定的,视为自动解除。

第一百一十一条 实施扣押、扣留、查封、抽样取证、先行登记保存等证据保全措施时,应当会同当事人查点清楚,制作并当场交付证据保全决定书。必要时,应当对采取证据保全措施的证据进行拍照或者对采取证据保全的过程进行录像。证据保全决定书应当载明下列事项:

(一)当事人的姓名或者名称、地址;

(二)抽样取证、先行登记保存、扣押、扣留、查封的理由、依据和期限;

(三)申请行政复议或者提起行政诉讼的途径和期限;

(四)作出决定的公安机关的名称、印章和日期。

证据保全决定书应当附清单,载明被采取证据保全措施的场所、设施、物品的名称、规格、数量、特征等,由办案人民警察和当事人签名后,一份交当事人,一份附卷。有见证人的,还应当由见证人签名。当事人或者见证人拒绝签名的,办案人民警察应当在证据保全清单上注明。

对可以作为证据使用的录音带、录像带,在扣押时应当予以检查,记明案由、内容以及录取和复制的时间、地点等,并妥为保管。

对扣押的电子数据原始存储介质,应当封存,保证在不解除封存状态的情况下,无法增加、删除、修改电子数据,并在证据保全清单中记录封存状态。

第一百一十二条 扣押、扣留、查封期限为三十日,情况复杂的,经县级以上公安机关负责人批准,可以延长三十日;法律、行政法规另有规定的除外。延长扣押、扣留、查封期限的,应当及时书面告知当事人,并说明理由。

对物品需要进行鉴定的,鉴定期间不计入扣押、扣留、查封期间,但应当将鉴定的期间书面告知当事人。

第一百一十三条 公安机关对恐怖活动嫌疑人的存款、汇款、债券、股票、基金份额等财产采取冻结措施的,应当经县级以上公安机关负责人批准,向金融机构交付冻结通知书。

作出冻结决定的公安机关应当在三日内向恐怖活动嫌疑人交付冻结决定书。冻结决定书应当载明下列事项:

(一)恐怖活动嫌疑人的姓名或者名称、地址;

(二)冻结的理由、依据和期限;

(三)冻结的账号和数额;

(四)申请行政复议或者提起行政诉讼的途径和期限;

(五)公安机关的名称、印章和日期。

第一百一十四条 自被冻结之日起二个月内,公安机关应当作出处理决定或者解除冻结;情况复杂的,经上一级公安机关负责人批准,可以延长一个月。

延长冻结的决定应当及时书面告知恐怖活动嫌疑人,并说明理由。

第一百一十五条 有下列情形之一的,公安机关应当立即退还财物,并由当事人签名确认;不涉及财物退还的,应当书面通知当事人解除证据保全:

(一)当事人没有违法行为的;

(二)被采取证据保全的场所、设施、物品、财产与违法行为无关的;

（三）已经作出处理决定,不再需要采取证据保全措施的;
（四）采取证据保全措施的期限已经届满的;
（五）其他不再需要采取证据保全措施的。
作出解除冻结决定的,应当及时通知金融机构。

第一百一十六条 行政案件变更管辖时,与案件有关的财物及其孳息应当随案移交,并书面告知当事人。移交时,由接收人、移交人当面查点清楚,并在交接单据上共同签名。

第八节 办案协作

第一百一十七条 办理行政案件需要异地公安机关协作的,应当制作办案协作函件。负责协作的公安机关接到请求协作的函件后,应当办理。

第一百一十八条 需要到异地执行传唤的,办案人民警察应当持传唤证、办案协作函件和人民警察证,与协作地公安机关联系,在协作地公安机关的协作下进行传唤。协作地公安机关应当协助将违法嫌疑人传唤到其所在市、县内的指定地点或者到其住处、单位进行询问。

第一百一十九条 需要异地办理检查、查询,查封、扣押或者冻结与案件有关的财物、文件的,应当持相关的法律文书、办案协作函件和人民警察证,与协作地公安机关联系,协作地公安机关应当协助执行。

在紧急情况下,可以将办案协作函件和相关的法律文书传真或者通过执法办案信息系统发送至协作地公安机关,协作地公安机关应当及时采取措施。办案地公安机关应当立即派员前往协作地办理。

第一百二十条 需要进行远程视频询问、处罚前告知的,应当由协作地公安机关事先核实被询问、告知人的身份。办案地公安机关应当制作询问、告知笔录并传输至协作地公安机关。询问、告知笔录经被询问、告知人确认并逐页签名或者捺指印后,由协作地公安机关协作人员签名或者盖章,并将原件或者电子签名笔录提供给办案地公安机关。办案地公安机关负责询问、告知的人民警察应当在首页注明收到日期,并签名或者盖章。询问、告知过程应当全程录音录像。

第一百二十一条 办案地公安机关可以委托异地公安机关代为询问、向有关单位和个人调取电子数据、接收自行书写材料、进行辨认、履行处罚前告知程序、送达法律文书等工作。

委托代为询问、辨认、处罚前告知的,办案地公安机关应当列出明确具体的询问、辨认、告知提纲,提供被辨认对象的照片和陪衬照片。

委托代为向有关单位和个人调取电子数据的,办案地公安机关应当将办案协作函件和相关法律文书传真或者通过执法办案信息系统发送至协作地公安机关,由协作地公安机关办案部门审核确认后办理。

第一百二十二条 协作地公安机关依照办案地公安机关的要求,依法履行办案协作职责所产生的法律责任,由办案地公安机关承担。

第八章 听证程序

第一节 一般规定

第一百二十三条 在作出下列行政处罚决定之前,应当告知违法嫌疑人有要求举行听证的权利:

(一)责令停产停业;
(二)吊销许可证或者执照;
(三)较大数额罚款;
(四)法律、法规和规章规定违法嫌疑人可以要求举行听证的其他情形。

前款第三项所称"较大数额罚款",是指对个人处以二千元以上罚款,对单位处以一万元以上罚款,对违反边防出入境管理法律、法规和规章的个人处以六千元以上罚款。对依据地方性法规或者地方政府规章作出的罚款处罚,适用听证的罚款数额按照地方规定执行。

第一百二十四条 听证由公安机关法制部门组织实施。

依法具有独立执法主体资格的公安机关业务部门以及出入境边防检查站依法作出行政处罚决定的,由其非本案调查人员组织听证。

第一百二十五条 公安机关不得因违法嫌疑人提出听证要求而加重处罚。

第一百二十六条 听证人员应当就行政案件的事实、证据、程序、适用法律等方面全面听取当事人陈述和申辩。

第二节 听证人员和听证参加人

第一百二十七条 听证设听证主持人一名,负责组织听证;记录员一名,负责制作听证笔录。必要时,可以设听证员一至二名,协助听证主持人进行听证。

本案调查人员不得担任听证主持人、听证员或者记录员。

第一百二十八条 听证主持人决定或者开展下列事项:

(一)举行听证的时间、地点;

(二)听证是否公开举行;

(三)要求听证参加人到场参加听证,提供或者补充证据;

(四)听证的延期、中止或者终止;

(五)主持听证,就案件的事实、理由、证据、程序、适用法律等组织质证和辩论;

(六)维持听证秩序,对违反听证纪律的行为予以制止;

(七)听证员、记录员的回避;

(八)其他有关事项。

第一百二十九条 听证参加人包括:

(一)当事人及其代理人;

(二)本案办案人民警察;

(三)证人、鉴定人、翻译人员;

(四)其他有关人员。

第一百三十条 当事人在听证活动中享有下列权利:

(一)申请回避;

(二)委托一至二人代理参加听证;

(三)进行陈述、申辩和质证;

(四)核对、补正听证笔录;

(五)依法享有的其他权利。

第一百三十一条 与听证案件处理结果有直接利害关系的其他公民、法人或者其他组织,作为第三人申请参加听证的,应当允许。为查明案情,必要时,听证主持人也可以通知其参加听证。

第三节 听证的告知、申请和受理

第一百三十二条 对适用听证程序的行政案件,办案部门在提出处罚意见后,应当告知违法嫌疑人拟作出的行政处罚和有要求举行听证的权利。

第一百三十三条 违法嫌疑人要求听证的,应当在公安机关告知后三日内提出申请。

第一百三十四条 违法嫌疑人放弃听证或者撤回听证要求后,处罚决定作出前,又提出听证要求的,只要在听证申请有效期限内,应当允许。

第一百三十五条 公安机关收到听证申请后,应当在二日内决定是否受理。认为听证申请人的要求不符合听证条件,决定不予受理的,应当制作不予受理听证通知书,告知听证申请人。逾期不通知听证申请人的,视为受理。

第一百三十六条 公安机关受理听证后,应当在举行听证的七日前将举行听证通知书送达听证申请人,并将举行听证的时间、地点通知其他听证参加人。

第四节 听证的举行

第一百三十七条 听证应当在公安机关收到听证申请之日起十日内举行。

除涉及国家秘密、商业秘密、个人隐私的行政案件外,听证应当公开举行。

第一百三十八条 听证申请人不能按期参加听证的,可以申请延期,是否准许,由听证主持人决定。

第一百三十九条 二个以上违法嫌疑人分别对同一行政案件提出听证要求的,可以合并举行。

第一百四十条 同一行政案件中有二个以上违法嫌疑人,其中部分违法嫌疑人提出听证申请的,应当在听证举行后一并作出处理决定。

第一百四十一条 听证开始时,听证主持人核对听证参加人;宣布案由;宣布听证员、记录员和翻译人员名单;告知当事人在听证中的权利和义务;询问当事人是否提出回避申请；对不公开听证的行政案件，宣布不公开听证的理由。

第一百四十二条 听证开始后，首先由办案人民警察提出听证申请人违法的事实、证据和法律依据及行政处罚意见。

第一百四十三条 办案人民警察提出证据时，应当向听证会出示。对证人证言、鉴定意见、勘验笔录和其他作为证据的文书，应当当场宣读。

第一百四十四条 听证申请人可以就办案人民警察提出的违法事实、证据和法律依据以及行政处罚意见进行陈述、申辩和质证，并可以提出新的证据。

第三人可以陈述事实，提出新的证据。

第一百四十五条 听证过程中，当事人及其代理人有权申请通知新的证人到会作证，调取新的证据。对上述申请，听证主持人应当当场作出是否同意的决定；申请重新鉴定的，按照本规定第七章第五节有关规定办理。

第一百四十六条 听证申请人、第三人和办案人民警察可以围绕案件的事实、证据、程序、适用法律、处罚种类和幅度等问题进行辩论。

第一百四十七条 辩论结束后，听证主持人应当听取听证申请人、第三人、办案人民警察各方最后陈述意见。

第一百四十八条 听证过程中，遇有下列情形之一，听证主持人可以中止听证：

（一）需要通知新的证人到会、调取新的证据或者需要重新鉴定或者勘验的；

（二）因回避致使听证不能继续进行的；

（三）其他需要中止听证的。

中止听证的情形消除后，听证主持人应当及时恢复听证。

第一百四十九条 听证过程中，遇有下列情形之一，应当终止听证：

（一）听证申请人撤回听证申请的；

（二）听证申请人及其代理人无正当理由拒不出席或者未经听证主持人许可中途退出听证的；

（三）听证申请人死亡或者作为听证申请人的法人或者其他组织被撤销、解散的；

（四）听证过程中，听证申请人或者其代理人扰乱听证秩序，不听劝阻，

致使听证无法正常进行的;

(五)其他需要终止听证的。

第一百五十条 听证参加人和旁听人员应当遵守听证会场纪律。对违反听证会场纪律的,听证主持人应当警告制止;对不听制止,干扰听证正常进行的旁听人员,责令其退场。

第一百五十一条 记录员应当将举行听证的情况记入听证笔录。听证笔录应当载明下列内容:

(一)案由;

(二)听证的时间、地点和方式;

(三)听证人员和听证参加人的身份情况;

(四)办案人民警察陈述的事实、证据和法律依据以及行政处罚意见;

(五)听证申请人或者其代理人的陈述和申辩;

(六)第三人陈述的事实和理由;

(七)办案人民警察、听证申请人或者其代理人、第三人质证、辩论的内容;

(八)证人陈述的事实;

(九)听证申请人、第三人、办案人民警察的最后陈述意见;

(十)其他事项。

第一百五十二条 听证笔录应当交听证申请人阅读或者向其宣读。听证笔录中的证人陈述部分,应当交证人阅读或者向其宣读。听证申请人或者证人认为听证笔录有误的,可以请求补充或者改正。听证申请人或者证人审核无误后签名或者捺指印。听证申请人或者证人拒绝的,由记录员在听证笔录中记明情况。

听证笔录经听证主持人审阅后,由听证主持人、听证员和记录员签名。

第一百五十三条 听证结束后,听证主持人应当写出听证报告书,连同听证笔录一并报送公安机关负责人。

听证报告书应当包括下列内容:

(一)案由;

(二)听证人员和听证参加人的基本情况;

(三)听证的时间、地点和方式;

(四)听证会的基本情况;

(五)案件事实;
(六)处理意见和建议。

第九章 行政处理决定

第一节 行政处罚的适用

第一百五十四条 违反治安管理行为在六个月内没有被公安机关发现,其他违法行为在二年内没有被公安机关发现的,不再给予行政处罚。

前款规定的期限,从违法行为发生之日起计算,违法行为有连续、继续或者持续状态的,从行为终了之日起计算。

被侵害人在违法行为追究时效内向公安机关控告,公安机关应当受理而不受理的,不受本条第一款追究时效的限制。

第一百五十五条 实施行政处罚时,应当责令违法行为人当场或者限期改正违法行为。

第一百五十六条 对违法行为人的同一个违法行为,不得给予两次以上罚款的行政处罚。

第一百五十七条 不满十四周岁的人有违法行为的,不予行政处罚,但是应当责令其监护人严加管教,并在不予行政处罚决定书中载明。已满十四周岁不满十八周岁的人有违法行为的,从轻或者减轻行政处罚。

第一百五十八条 精神病人在不能辨认或者不能控制自己行为时有违法行为的,不予行政处罚,但应当责令其监护人严加看管和治疗,并在不予行政处罚决定书中载明。间歇性精神病人在精神正常时有违法行为的,应当给予行政处罚。尚未完全丧失辨认或者控制自己行为能力的精神病人有违法行为的,应当予以行政处罚,但可以从轻或者减轻行政处罚。

第一百五十九条 违法行为人有下列情形之一的,应当从轻、减轻处罚或者不予行政处罚:

(一)主动消除或者减轻违法行为危害后果,并取得被侵害人谅解的;
(二)受他人胁迫或者诱骗的;
(三)有立功表现的;

（四）主动投案，向公安机关如实陈述自己的违法行为的；

（五）其他依法应当从轻、减轻或者不予行政处罚的。

违法行为轻微并及时纠正，没有造成危害后果的，不予行政处罚。

盲人或者又聋又哑的人违反治安管理的，可以从轻、减轻或者不予行政处罚；醉酒的人违反治安管理的，应当给予处罚。

第一百六十条 违法行为人有下列情形之一的，应当从重处罚：

（一）有较严重后果的；

（二）教唆、胁迫、诱骗他人实施违法行为的；

（三）对报案人、控告人、举报人、证人等打击报复的；

（四）六个月内曾受过治安管理处罚或者一年内因同类违法行为受到两次以上公安行政处罚的；

（五）刑罚执行完毕三年内，或者在缓刑期间，违反治安管理的。

第一百六十一条 一人有两种以上违法行为的，分别决定，合并执行，可以制作一份决定书，分别写明对每种违法行为的处理内容和合并执行的内容。

一个案件有多个违法行为人的，分别决定，可以制作一式多份决定书，写明给予每个人的处理决定，分别送达每一个违法行为人。

第一百六十二条 行政拘留处罚合并执行的，最长不超过二十日。

行政拘留处罚执行完毕前，发现违法行为人有其他违法行为，公安机关依法作出行政拘留决定的，与正在执行的行政拘留合并执行。

第一百六十三条 对决定给予行政拘留处罚的人，在处罚前因同一行为已经被采取强制措施限制人身自由的时间应当折抵。限制人身自由一日，折抵执行行政拘留一日。询问查证、继续盘问和采取约束措施的时间不予折抵。

被采取强制措施限制人身自由的时间超过决定的行政拘留期限的，行政拘留决定不再执行。

第一百六十四条 违法行为人具有下列情形之一，依法应当给予行政拘留处罚的，应当作出处罚决定，但不送拘留所执行：

（一）已满十四周岁不满十六周岁的；

（二）已满十六周岁不满十八周岁，初次违反治安管理或者其他公安行政管理的。但是，曾被收容教养、被行政拘留依法不执行行政拘留或者曾因实施扰乱公共秩序，妨害公共安全，侵犯人身权利、财产权利，妨害社会管理的行为被人民法院判决有罪的除外；

（三）七十周岁以上的；

（四）孕妇或者正在哺乳自己婴儿的妇女。

第二节　行政处理的决定

第一百六十五条　公安机关办理治安案件的期限，自受理之日起不得超过三十日；案情重大、复杂的，经上一级公安机关批准，可以延长三十日。办理其他行政案件，有法定办案期限的，按照相关法律规定办理。

为了查明案情进行鉴定的期间，不计入办案期限。

对因违反治安管理行为人不明或者逃跑等客观原因造成案件在法定期限内无法作出行政处理决定的，公安机关应当继续进行调查取证，并向被侵害人说明情况，及时依法作出处理决定。

第一百六十六条　违法嫌疑人不讲真实姓名、住址，身份不明，但只要违法事实清楚、证据确实充分的，可以按其自报的姓名并贴附照片作出处理决定，并在相关法律文书中注明。

第一百六十七条　在作出行政处罚决定前，应当告知违法嫌疑人拟作出行政处罚决定的事实、理由及依据，并告知违法嫌疑人依法享有陈述权和申辩权。单位违法的，应当告知其法定代表人、主要负责人或者其授权的人员。

适用一般程序作出行政处罚决定的，采用书面形式或者笔录形式告知。

依照本规定第一百七十二条第一款第三项作出不予行政处罚决定的，可以不履行本条第一款规定的告知程序。

第一百六十八条　对违法行为事实清楚，证据确实充分，依法应当予以行政处罚，因违法行为人逃跑等原因无法履行告知义务的，公安机关可以采取公告方式予以告知。自公告之日起七日内，违法嫌疑人未提出申辩的，可以依法作出行政处罚决定。

第一百六十九条　违法嫌疑人有权进行陈述和申辩。对违法嫌疑人提出的新的事实、理由和证据，公安机关应当进行复核。

公安机关不得因违法嫌疑人申辩而加重处罚。

第一百七十条　对行政案件进行审核、审批时，应当审查下列内容：

（一）违法嫌疑人的基本情况；

（二）案件事实是否清楚，证据是否确实充分；

（三）案件定性是否准确；

（四）适用法律、法规和规章是否正确；

（五）办案程序是否合法；

（六）拟作出的处理决定是否适当。

第一百七十一条 法制员或者办案部门指定的人员、办案部门负责人、法制部门的人员可以作为行政案件审核人员。

初次从事行政处罚决定审核的人员，应当通过国家统一法律职业资格考试取得法律职业资格。

第一百七十二条 公安机关根据行政案件的不同情况分别作出下列处理决定：

（一）确有违法行为，应当给予行政处罚的，根据其情节和危害后果的轻重，作出行政处罚决定；

（二）确有违法行为，但有依法不予行政处罚情形的，作出不予行政处罚决定；有违法所得和非法财物、违禁品、管制器具的，应当予以追缴或者收缴；

（三）违法事实不能成立的，作出不予行政处罚决定；

（四）对需要给予社区戒毒、强制隔离戒毒、收容教养等处理的，依法作出决定；

（五）违法行为涉嫌构成犯罪的，转为刑事案件办理或者移送有权处理的主管机关、部门办理，无需撤销行政案件。公安机关已经作出行政处理决定的，应当附卷；

（六）发现违法行为人有其他违法行为的，在依法作出行政处理决定的同时，通知有关行政主管部门处理。

对已经依照前款第三项作出不予行政处罚决定的案件，又发现新的证据的，应当依法及时调查；违法行为能够认定的，依法重新作出处理决定，并撤销原不予行政处罚决定。

治安案件有被侵害人的，公安机关应当在作出不予行政处罚或者处罚决定之日起二日内将决定书复印件送达被侵害人。无法送达的，应当注明。

第一百七十三条 行政拘留处罚由县级以上公安机关或者出入境边防检查机关决定。依法应当对违法行为人予以行政拘留的，公安派出所、依法具有独立执法主体资格的公安机关业务部门应当报其所属的县级以上公安机关决定。

第一百七十四条　对县级以上的各级人民代表大会代表予以行政拘留的,作出处罚决定前应当经该级人民代表大会主席团或者人民代表大会常务委员会许可。

对乡、民族乡、镇的人民代表大会代表予以行政拘留的,作出决定的公安机关应当立即报告乡、民族乡、镇的人民代表大会。

第一百七十五条　作出行政处罚决定的,应当制作行政处罚决定书。决定书应当载明下列内容:

(一)被处罚人的姓名、性别、出生日期、身份证件种类及号码、户籍所在地、现住址、工作单位、违法经历以及被处罚单位的名称、地址和法定代表人;

(二)违法事实和证据以及从重、从轻、减轻等情节;

(三)处罚的种类、幅度和法律依据;

(四)处罚的执行方式和期限;

(五)对涉案财物的处理结果及对被处罚人的其他处理情况;

(六)对处罚决定不服,申请行政复议、提起行政诉讼的途径和期限;

(七)作出决定的公安机关的名称、印章和日期。

作出罚款处罚的,行政处罚决定书应当载明逾期不缴纳罚款依法加处罚款的标准和最高限额;对涉案财物作出处理的,行政处罚决定书应当附没收、收缴、追缴物品清单。

第一百七十六条　作出行政拘留处罚决定的,应当及时将处罚情况和执行场所或者依法不执行的情况通知被处罚人家属。

作出社区戒毒决定的,应当通知被决定人户籍所在地或者现居住地的城市街道办事处、乡镇人民政府。作出强制隔离戒毒、收容教养决定的,应当在法定期限内通知被决定人的家属、所在单位、户籍所在地公安派出所。

被处理人拒不提供家属联系方式或者不讲真实姓名、住址,身份不明的,可以不予通知,但应当在附卷的决定书中注明。

第一百七十七条　公安机关办理的刑事案件,尚不够刑事处罚,依法应当给予公安行政处理的,经县级以上公安机关负责人批准,依照本章规定作出处理决定。

第十章 治安调解

第一百七十八条 对于因民间纠纷引起的殴打他人、故意伤害、侮辱、诽谤、诬告陷害、故意损毁财物、干扰他人正常生活、侵犯隐私、非法侵入住宅等违反治安管理行为,情节较轻,且具有下列情形之一的,可以调解处理:

(一)亲友、邻里、同事、在校学生之间因琐事发生纠纷引起的;
(二)行为人的侵害行为系由被侵害人事前的过错行为引起的;
(三)其他适用调解处理更易化解矛盾的。

对不构成违反治安管理行为的民间纠纷,应当告知当事人向人民法院或者人民调解组织申请处理。

对情节轻微、事实清楚、因果关系明确,不涉及医疗费用、物品损失或者双方当事人对医疗费用和物品损失的赔付无争议,符合治安调解条件,双方当事人同意当场调解并当场履行的治安案件,可以当场调解,并制作调解协议书。当事人基本情况、主要违法事实和协议内容在现场录音录像中明确记录的,不再制作调解协议书。

第一百七十九条 具有下列情形之一的,不适用调解处理:

(一)雇凶伤害他人的;
(二)结伙斗殴或者其他寻衅滋事的;
(三)多次实施违反治安管理行为的;
(四)当事人明确表示不愿意调解处理的;
(五)当事人在治安调解过程中又针对对方实施违反治安管理行为的;
(六)调解过程中,违法嫌疑人逃跑的;
(七)其他不宜调解处理的。

第一百八十条 调解处理案件,应当查明事实,收集证据,并遵循合法、公正、自愿、及时的原则,注重教育和疏导,化解矛盾。

第一百八十一条 当事人中有未成年人的,调解时应当通知其父母或者其他监护人到场。但是,当事人为年满十六周岁以上的未成年人,以自己的劳动收入为主要生活来源,本人同意不通知的,可以不通知。

被侵害人委托其他人参加调解的,应当向公安机关提交委托书,并写明委托权限。违法嫌疑人不得委托他人参加调解。

第一百八十二条 对因邻里纠纷引起的治安案件进行调解时,可以邀请当事人居住地的居(村)民委员会的人员或者双方当事人熟悉的人员参加帮助调解。

第一百八十三条 调解一般为一次。对一次调解不成,公安机关认为有必要或者当事人申请的,可以再次调解,并应当在第一次调解后的七个工作日内完成。

第一百八十四条 调解达成协议的,在公安机关主持下制作调解协议书,双方当事人应当在调解协议书上签名,并履行调解协议。

调解协议书应当包括调解机关名称、主持人、双方当事人和其他在场人员的基本情况,案件发生时间、地点、人员、起因、经过、情节、结果等情况、协议内容、履行期限和方式等内容。

对调解达成协议的,应当保存案件证据材料,与其他文书材料和调解协议书一并归入案卷。

第一百八十五条 调解达成协议并履行的,公安机关不再处罚。对调解未达成协议或者达成协议后不履行的,应当对违反治安管理行为人依法予以处罚;对违法行为造成的损害赔偿纠纷,公安机关可以进行调解,调解不成的,应当告知当事人向人民法院提起民事诉讼。

调解案件的办案期限从调解未达成协议或者调解达成协议不履行之日起开始计算。

第一百八十六条 对符合本规定第一百七十八条规定的治安案件,当事人申请人民调解或者自行和解,达成协议并履行后,双方当事人书面申请并经公安机关认可的,公安机关不予治安管理处罚,但公安机关已依法作出处理决定的除外。

第十一章 涉案财物的管理和处理

第一百八十七条 对于依法扣押、扣留、查封、抽样取证、追缴、收缴的财物以及由公安机关负责保管的先行登记保存的财物,公安机关应当妥善保管,不得使用、挪用、调换或者损毁。造成损失的,应当承担赔偿责任。

涉案财物的保管费用由作出决定的公安机关承担。

第一百八十八条 县级以上公安机关应当指定一个内设部门作为涉案

财物管理部门,负责对涉案财物实行统一管理,并设立或者指定专门保管场所,对涉案财物进行集中保管。涉案财物集中保管的范围,由地方公安机关根据本地区实际情况确定。

对价值较低、易于保管,或者需要作为证据继续使用,以及需要先行返还被侵害人的涉案财物,可以由办案部门设置专门的场所进行保管。办案部门应当指定不承担办案工作的民警负责本部门涉案财物的接收、保管、移交等管理工作;严禁由办案人员自行保管涉案财物。

对查封的场所、设施、财物,可以委托第三人保管,第三人不得损毁或者擅自转移、处置。因第三人的原因造成的损失,公安机关先行赔付后,有权向第三人追偿。

第一百八十九条 公安机关涉案财物管理部门和办案部门应当建立电子台账,对涉案财物逐一编号登记,载明案由、来源、保管状态、场所和去向。

第一百九十条 办案人民警察应当在依法提取涉案财物后的二十四小时内将财物移交涉案财物管理人员,并办理移交手续。对查封、冻结、先行登记保存的涉案财物,应当在采取措施后的二十四小时内,将法律文书复印件及涉案财物的情况送交涉案财物管理人员予以登记。

在异地或者在偏远、交通不便地区提取涉案财物的,办案人民警察应当在返回单位后的二十四小时内移交。

对情况紧急,需要在提取涉案财物后的二十四小时内进行鉴定、辨认、检验、检查等工作的,经办案部门负责人批准,可以在完成上述工作后的二十四小时内移交。

在提取涉案财物后的二十四小时内已将涉案财物处理完毕的,不再移交,但应当将处理涉案财物的相关手续附卷保存。

因询问、鉴定、辨认、检验、检查等办案需要,经办案部门负责人批准,办案人民警察可以调用涉案财物,并及时归还。

第一百九十一条 对容易腐烂变质及其他不易保管的物品、危险物品,经公安机关负责人批准,在拍照或者录像后依法变卖或者拍卖,变卖或者拍卖的价款暂予保存,待结案后按有关规定处理。

对易燃、易爆、毒害性、放射性等危险物品应当存放在符合危险物品存放条件的专门场所。

对属于被侵害人或者善意第三人合法占有的财物,应当在登记、拍照或者录像、估价后及时返还,并在案卷中注明返还的理由,将原物照片、清单和领取手续存卷备查。

对不宜入卷的物证,应当拍照入卷,原物在结案后按照有关规定处理。

第一百九十二条 有关违法行为查证属实后,对有证据证明权属明确且无争议的被侵害人合法财物及其孳息,凡返还不损害其他被侵害人或者利害关系人的利益,不影响案件正常办理的,应当在登记、拍照或者录像和估价后,及时发还被侵害人。办案人民警察应当在案卷材料中注明返还的理由,并将原物照片、清单和被侵害人的领取手续附卷。

第一百九十三条 在作出行政处理决定时,应当对涉案财物一并作出处理。

第一百九十四条 对在办理行政案件中查获的下列物品应当依法收缴:

(一)毒品、淫秽物品等违禁品;

(二)赌具和赌资;

(三)吸食、注射毒品的用具;

(四)伪造、变造的公文、证件、证明文件、票证、印章等;

(五)倒卖的车船票、文艺演出票、体育比赛入场券等有价票证;

(六)主要用于实施违法行为的本人所有的工具以及直接用于实施毒品违法行为的资金;

(七)法律、法规规定可以收缴的其他非法财物。

前款第六项所列的工具,除非有证据表明属于他人合法所有,可以直接认定为违法行为人本人所有。对明显无价值的,可以不作出收缴决定,但应当在证据保全文书中注明处理情况。

违法所得应当依法予以追缴或者没收。

多名违法行为人共同实施违法行为,违法所得或者非法财物无法分清所有人的,作为共同违法所得或者非法财物予以处理。

第一百九十五条 收缴由县级以上公安机关决定。但是,违禁品,管制器具,吸食、注射毒品的用具以及非法财物价值在五百元以下且当事人对财物价值无异议的,公安派出所可以收缴。

追缴由县级以上公安机关决定。但是,追缴的财物应当退还被侵害人的,公安派出所可以追缴。

第一百九十六条 对收缴和追缴的财物,经原决定机关负责人批准,按照下列规定分别处理：

（一）属于被侵害人或者善意第三人的合法财物,应当及时返还；

（二）没有被侵害人的,登记造册,按照规定上缴国库或者依法变卖、拍卖后,将所得款项上缴国库；

（三）违禁品、没有价值的物品,或者价值轻微,无法变卖、拍卖的物品,统一登记造册后销毁；

（四）对无法变卖或者拍卖的危险物品,由县级以上公安机关主管部门组织销毁或者交有关厂家回收。

第一百九十七条 对应当退还原主或者当事人的财物,通知原主或者当事人在六个月内来领取；原主不明确的,应当采取公告方式告知原主认领。在通知原主、当事人或者公告后六个月内,无人认领的,按无主财物处理,登记后上缴国库,或者依法变卖或者拍卖后,将所得款项上缴国库。遇有特殊情况的,可酌情延期处理,延长期限最长不超过三个月。

第十二章 执　　行

第一节　一般规定

第一百九十八条 公安机关依法作出行政处理决定后,被处理人应当在行政处理决定的期限内予以履行。逾期不履行的,作出行政处理决定的公安机关可以依法强制执行或者申请人民法院强制执行。

第一百九十九条 被处理人对行政处理决定不服申请行政复议或者提起行政诉讼的,行政处理决定不停止执行,但法律另有规定的除外。

第二百条 公安机关在依法作出强制执行决定或者申请人民法院强制执行前,应当事先催告被处理人履行行政处理决定。催告以书面形式作出,并直接送达被处理人。被处理人拒绝接受或者无法直接送达被处理人的,依照本规定第五章的有关规定送达。

催告书应当载明下列事项：

（一）履行行政处理决定的期限和方式；

（二）涉及金钱给付的,应当有明确的金额和给付方式；

(三)被处理人依法享有的陈述权和申辩权。

第二百零一条 被处理人收到催告书后有权进行陈述和申辩。公安机关应当充分听取并记录、复核。被处理人提出的事实、理由或者证据成立的,公安机关应当采纳。

第二百零二条 经催告,被处理人无正当理由逾期仍不履行行政处理决定,法律规定由公安机关强制执行的,公安机关可以依法作出强制执行决定。

在催告期间,对有证据证明有转移或者隐匿财物迹象的,公安机关可以作出立即强制执行决定。

强制执行决定应当以书面形式作出,并载明下列事项:

(一)被处理人的姓名或者名称、地址;

(二)强制执行的理由和依据;

(三)强制执行的方式和时间;

(四)申请行政复议或者提起行政诉讼的途径和期限;

(五)作出决定的公安机关名称、印章和日期。

第二百零三条 依法作出要求被处理人履行排除妨碍、恢复原状等义务的行政处理决定,被处理人逾期不履行,经催告仍不履行,其后果已经或者将危害交通安全的,公安机关可以代履行,或者委托没有利害关系的第三人代履行。

代履行应当遵守下列规定:

( )代履行前送达决定书,代履行决定书应当载明当事人的姓名或者名称、地址,代履行的理由和依据、方式和时间、标的、费用预算及代履行人;

(二)代履行三日前,催告当事人履行,当事人履行的,停止代履行;

(三)代履行时,作出决定的公安机关应当派员到场监督;

(四)代履行完毕,公安机关到场监督人员、代履行人和当事人或者见证人应当在执行文书上签名或者盖章。

代履行的费用由当事人承担。但是,法律另有规定的除外。

第二百零四条 需要立即清理道路的障碍物,当事人不能清除的,或者有其他紧急情况需要立即履行的,公安机关可以决定立即实施代履行。当事人不在场的,公安机关应当在事后立即通知当事人,并依法作出处理。

第二百零五条 实施行政强制执行,公安机关可以在不损害公共利益和他人合法权益的情况下,与当事人达成执行协议。执行协议可以约定分阶段履行;当事人采取补救措施的,可以减免加处的罚款。

执行协议应当履行。被处罚人不履行执行协议的,公安机关应当恢复强制执行。

第二百零六条 当事人在法定期限内不申请行政复议或者提起行政诉讼,又不履行行政处理决定的,法律没有规定公安机关强制执行的,作出行政处理决定的公安机关可以自期限届满之日起三个月内,向所在地有管辖权的人民法院申请强制执行。因情况紧急,为保障公共安全,公安机关可以申请人民法院立即执行。

强制执行的费用由被执行人承担。

第二百零七条 申请人民法院强制执行前,公安机关应当催告被处理人履行义务,催告书送达十日后被处理人仍未履行义务的,公安机关可以向人民法院申请强制执行。

第二百零八条 公安机关向人民法院申请强制执行,应当提供下列材料:

(一)强制执行申请书;

(二)行政处理决定书及作出决定的事实、理由和依据;

(三)当事人的意见及公安机关催告情况;

(四)申请强制执行标的情况;

(五)法律、法规规定的其他材料。

强制执行申请书应当由作出处理决定的公安机关负责人签名,加盖公安机关印章,并注明日期。

第二百零九条 公安机关对人民法院不予受理强制执行申请、不予强制执行的裁定有异议的,可以在十五日内向上一级人民法院申请复议。

第二百一十条 具有下列情形之一的,中止强制执行:

(一)当事人暂无履行能力的;

(二)第三人对执行标的主张权利,确有理由的;

(三)执行可能对他人或者公共利益造成难以弥补的重大损失的;

(四)其他需要中止执行的。

中止执行的情形消失后,公安机关应当恢复执行。对没有明显社会危害,当事人确无能力履行,中止执行满三年未恢复执行的,不再执行。

第二百一十一条 具有下列情形之一的,终结强制执行:

（一）公民死亡，无遗产可供执行，又无义务承受人的；
（二）法人或者其他组织终止，无财产可供执行，又无义务承受人的；
（三）执行标的灭失的；
（四）据以执行的行政处理决定被撤销的；
（五）其他需要终结执行的。

第二百一十二条 在执行中或者执行完毕后，据以执行的行政处理决定被撤销、变更，或者执行错误，应当恢复原状或者退还财物；不能恢复原状或者退还财物的，依法给予赔偿。

第二百一十三条 除依法应当销毁的物品外，公安机关依法没收或者收缴、追缴的违法所得和非法财物，必须按照国家有关规定处理或者上缴国库。

罚款、没收或者收缴的违法所得和非法财物拍卖或者变卖的款项和没收的保证金，必须全部上缴国库，不得以任何形式截留、私分或者变相私分。

第二节 罚款的执行

第二百一十四条 公安机关作出罚款决定，被处罚人应当自收到行政处罚决定书之日起十五日内，到指定的银行缴纳罚款。具有下列情形之一的，公安机关及其办案人民警察可以当场收缴罚款，法律另有规定的，从其规定：

（一）对违反治安管理行为人处五十元以下罚款和对违反交通管理的行人、乘车人和非机动车驾驶人处罚款，被处罚人没有异议的；

（二）对违反治安管理、交通管理以外的违法行为人当场处二十元以下罚款的；

（三）在边远、水上、交通不便地区、旅客列车上或者口岸，被处罚人向指定银行缴纳罚款确有困难，经被处罚人提出的；

（四）被处罚人在当地没有固定住所，不当场收缴事后难以执行的。

对具有前款第一项和第三项情形之一的，办案人民警察应当要求被处罚人签名确认。

第二百一十五条 公安机关及其人民警察当场收缴罚款的，应当出具省级或者国家财政部门统一制发的罚款收据。对不出具省级或者国家财政部门统一制发的罚款收据的，被处罚人有权拒绝缴纳罚款。

第二百一十六条 人民警察应当自收缴罚款之日起二日内，将当场收缴的罚款交至其所属公安机关；在水上当场收缴的罚款，应当自抵岸之日起二日内将当场收缴的罚款交至其所属公安机关；在旅客列车上当场收缴的罚款，应当自返回之日起二日内将当场收缴的罚款交至其所属公安机关。

公安机关应当自收到罚款之日起二日内将罚款缴付指定的银行。

第二百一十七条 被处罚人确有经济困难，经被处罚人申请和作出处罚决定的公安机关批准，可以暂缓或者分期缴纳罚款。

第二百一十八条 被处罚人未在本规定第二百一十四条规定的期限内缴纳罚款的，作出行政处罚决定的公安机关可以采取下列措施：

（一）将依法查封、扣押的被处罚人的财物拍卖或者变卖抵缴罚款。拍卖或者变卖的价款超过罚款数额的，余额部分应当及时退还被处罚人；

（二）不能采取第一项措施的，每日按罚款数额的百分之三加处罚款，加处罚款总额不得超出罚款数额。

拍卖财物，由公安机关委托拍卖机构依法办理。

第二百一十九条 依法加处罚款超过三十日，经催告被处罚人仍不履行的，作出行政处罚决定的公安机关可以按照本规定第二百零六条的规定向所在地有管辖权的人民法院申请强制执行。

第三节 行政拘留的执行

第二百二十条 对被决定行政拘留的人，由作出决定的公安机关送达拘留所执行。对抗拒执行的，可以使用约束性警械。

对被决定行政拘留的人，在异地被抓获或者具有其他有必要在异地拘留所执行情形的，经异地拘留所主管公安机关批准，可以在异地执行。

第二百二十一条 对同时被决定行政拘留和社区戒毒或者强制隔离戒毒的人员，应当先执行行政拘留，由拘留所给予必要的戒毒治疗，强制隔离戒毒期限连续计算。

拘留所不具备戒毒治疗条件的，行政拘留决定机关可以直接将被行政拘留人送公安机关管理的强制隔离戒毒所代为执行行政拘留，强制隔离戒毒期限连续计算。

第二百二十二条 被处罚人不服行政拘留处罚决定，申请行政复议或者提起行政诉讼的，可以向作出行政拘留决定的公安机关提出暂缓执行行政拘留的申请;口头提出申请的,公安机关人民警察应当予以记录,并由申请人签名或者捺指印。

被处罚人在行政拘留执行期间,提出暂缓执行行政拘留申请的,拘留所应当立即将申请转交作出行政拘留决定的公安机关。

第二百二十三条 公安机关应当在收到被处罚人提出暂缓执行行政拘留申请之时起二十四小时内作出决定。

公安机关认为暂缓执行行政拘留不致发生社会危险,且被处罚人或者其近亲属提出符合条件的担保人,或者按每日行政拘留二百元的标准交纳保证金的,应当作出暂缓执行行政拘留的决定。

对同一被处罚人,不得同时责令其提出保证人和交纳保证金。

被处罚人已送达拘留所执行的,公安机关应当立即将暂缓执行行政拘留决定送达拘留所,拘留所应当立即释放被处罚人。

第二百二十四条 被处罚人具有下列情形之一的,应当作出不暂缓执行行政拘留的决定,并告知申请人:

(一)暂缓执行行政拘留后可能逃跑的;

(二)有其他违法犯罪嫌疑,正在被调查或者侦查的;

(三)不宜暂缓执行行政拘留的其他情形。

第二百二十五条 行政拘留并处罚款的,罚款不因暂缓执行行政拘留而暂缓执行。

第二百二十六条 在暂缓执行行政拘留期间,被处罚人应当遵守下列规定:

(一)未经决定机关批准不得离开所居住的市、县;

(二)住址、工作单位和联系方式发生变动的,在二十四小时以内向决定机关报告;

(三)在行政复议和行政诉讼中不得干扰证人作证、伪造证据或者串供;

(四)不得逃避、拒绝或者阻碍处罚的执行。

在暂缓执行行政拘留期间,公安机关不得妨碍被处罚人依法行使行政复议和行政诉讼权利。

第二百二十七条 暂缓执行行政拘留的担保人应当符合下列条件:

(一)与本案无牵连;

(二)享有政治权利,人身自由未受到限制或者剥夺;

(三)在当地有常住户口和固定住所；
(四)有能力履行担保义务。

第二百二十八条 公安机关经过审查认为暂缓执行行政拘留的担保人符合条件的，由担保人出具保证书，并到公安机关将被担保人领回。

第二百二十九条 暂缓执行行政拘留的担保人应当履行下列义务：
(一)保证被担保人遵守本规定第二百二十六条的规定；
(二)发现被担保人伪造证据、串供或者逃跑的，及时向公安机关报告。

暂缓执行行政拘留的担保人不履行担保义务，致使被担保人逃避行政拘留处罚执行的，公安机关可以对担保人处以三千元以下罚款，并对被担保人恢复执行行政拘留。

暂缓执行行政拘留的担保人履行了担保义务，但被担保人仍逃避行政拘留处罚执行的，或者被处罚人逃跑后，担保人积极帮助公安机关抓获被处罚人的，可以从轻或者不予行政处罚。

第二百三十条 暂缓执行行政拘留的担保人在暂缓执行行政拘留期间，不愿继续担保或者丧失担保条件的，行政拘留的决定机关应当责令被处罚人重新提出担保人或者交纳保证金。不提出担保人又不交纳保证金的，行政拘留的决定机关应当将被处罚人送拘留所执行。

第二百三十一条 保证金应当由银行代收。在银行非营业时间，公安机关可以先行收取，并在收到保证金后的三日内存入指定的银行账户。

公安机关应当指定办案部门以外的法制、装备财务等部门负责管理保证金。严禁截留、坐支、挪用或者以其他任何形式侵吞保证金。

第二百三十二条 行政拘留处罚被撤销或者开始执行时，公安机关应当将保证金退还交纳人。

被决定行政拘留的人逃避行政拘留处罚执行的，由决定行政拘留的公安机关作出没收或者部分没收保证金的决定，行政拘留的决定机关应当将被处罚人送拘留所执行。

第二百三十三条 被处罚人对公安机关没收保证金的决定不服的，可以依法申请行政复议或者提起行政诉讼。

第四节 其他处理决定的执行

第二百三十四条 作出吊销公安机关发放的许可证或者执照处罚的，应当在被吊销的许可证或者执照上加盖吊销印章后收缴。被处罚人拒不缴销证件的,公安机关可以公告宣布作废。吊销许可证或者执照的机关不是发证机关的,作出决定的机关应当在处罚决定生效后及时通知发证机关。

第二百三十五条 作出取缔决定的,可以采取在经营场所张贴公告等方式予以公告,责令被取缔者立即停止经营活动;有违法所得的,依法予以没收或者追缴。拒不停止经营活动的,公安机关可以依法没收或者收缴其专门用于从事非法经营活动的工具、设备。已经取得营业执照的,公安机关应当通知工商行政管理部门依法撤销其营业执照。

第二百三十六条 对拒不执行公安机关依法作出的责令停产停业决定的,公安机关可以依法强制执行或者申请人民法院强制执行。

第二百三十七条 对被决定强制隔离戒毒、收容教养的人员,由作出决定的公安机关送强制隔离戒毒场所、收容教养场所执行。

对被决定社区戒毒的人员,公安机关应当责令其到户籍所在地接受社区戒毒,在户籍所在地以外的现居住地有固定住所的,可以责令其在现居住地接受社区戒毒。

第十三章 涉外行政案件的办理

第二百三十八条 办理涉外行政案件,应当维护国家主权和利益,坚持平等互利原则。

第二百三十九条 对外国人国籍的确认,以其入境时有效证件上所表明的国籍为准;国籍有疑问或者国籍不明的,由公安机关出入境管理部门协助查明。

对无法查明国籍、身份不明的外国人,按照其自报的国籍或者无国籍人对待。

第二百四十条 违法行为人为享有外交特权和豁免权的外国人的,办案公安机关应当将其身份、证件及违法行为等基本情况记录在案,保存有关证据,并尽快将有关情况层报省级公安机关,由省级公安机关商请同级人民政府外事部门通过外交途径处理。

对享有外交特权和豁免权的外国人,不得采取限制人身自由和查封、扣押的强制措施。

第二百四十一条 办理涉外行政案件,应当使用中华人民共和国通用的语言文字。对不通晓我国语言文字的,公安机关应当为其提供翻译;当事人通晓我国语言文字,不需要他人翻译的,应当出具书面声明。

经县级以上公安机关负责人批准,外国籍当事人可以自己聘请翻译,翻译费由其个人承担。

第二百四十二条 外国人具有下列情形之一,经当场盘问或者继续盘问后不能排除嫌疑,需要作进一步调查的,经县级以上公安机关或者出入境边防检查机关负责人批准,可以拘留审查:

(一)有非法出境入境嫌疑的;

(二)有协助他人非法出境入境嫌疑的;

(三)有非法居留、非法就业嫌疑的;

(四)有危害国家安全和利益,破坏社会公共秩序或者从事其他违法犯罪活动嫌疑的。

实施拘留审查,应当出示拘留审查决定书,并在二十四小时内进行询问。

拘留审查的期限不得超过三十日,案情复杂的,经上一级公安机关或者出入境边防检查机关批准可以延长至六十日。对国籍、身份不明的,拘留审查期限自查清其国籍、身份之日起计算。

第二百四十三条 具有下列情形之一的,应当解除拘留审查:

(一)被决定遣送出境、限期出境或者驱逐出境的;

(二)不应当拘留审查的;

(三)被采取限制活动范围措施的;

(四)案件移交其他部门处理的;

(五)其他应当解除拘留审查的。

第二百四十四条 外国人具有下列情形之一的,不适用拘留审查,经县级以上公安机关或者出入境边防检查机关负责人批准,可以限制其活动范围:

(一)患有严重疾病的;

(二)怀孕或者哺乳自己婴儿的;

(三)未满十六周岁或者已满七十周岁的;

(四)不宜适用拘留审查的其他情形。

被限制活动范围的外国人,应当按照要求接受审查,未经公安机关批准,不得离开限定的区域。限制活动范围的期限不得超过六十日。对国籍、身份不明的,限制活动范围期限自查清其国籍、身份之日起计算。

第二百四十五条 被限制活动范围的外国人应当遵守下列规定:

(一)未经决定机关批准,不得变更生活居所,超出指定的活动区域;

(二)在传唤的时候及时到案;

(三)不得以任何形式干扰证人作证;

(四)不得毁灭、伪造证据或者串供。

第二百四十六条 外国人具有下列情形之一的,经县级以上公安机关或者出入境边防检查机关负责人批准,可以遣送出境:

(一)被处限期出境,未在规定期限内离境的;

(二)有不准入境情形的;

(三)非法居留、非法就业的;

(四)违反法律、行政法规需要遣送出境的。

其他境外人员具有前款所列情形之一的,可以依法遣送出境。

被遣送出境的人员,自被遣送出境之日起一至五年内不准入境。

第二百四十七条 被遣送出境的外国人可以被遣送至下列国家或者地区:

(一)国籍国;

(二)入境前的居住国或者地区;

(三)出生地国或者地区;

(四)入境前的出境口岸的所属国或者地区;

(五)其他允许被遣送出境的外国人入境的国家或者地区。

第二百四十八条 具有下列情形之一的外国人,应当羁押在拘留所或者遣返场所:

(一)被拘留审查的;

(二)被决定遣送出境或者驱逐出境但因天气、交通运输工具班期、当事人健康状况等客观原因或者国籍、身份不明,不能立即执行的。

第二百四十九条 外国人对继续盘问、拘留审查、限制活动范围、遣送出境措施不服的,可以依法申请行政复议,该行政复议决定为最终决定。

其他境外人员对遣送出境措施不服,申请行政复议的,适用前款规定。

第二百五十条 外国人具有下列情形之一的,经县级以上公安机关或者出入境边防检查机关决定,可以限期出境:

(一)违反治安管理的;

(二)从事与停留居留事由不相符的活动的;

(三)违反中国法律、法规规定,不适宜在中国境内继续停留居留的。

对外国人决定限期出境的,应当规定外国人离境的期限,注销其有效签证或者停留居留证件。限期出境的期限不得超过三十日。

第二百五十一条 外国人违反治安管理或者出境入境管理,情节严重,尚不构成犯罪的,承办的公安机关可以层报公安部处以驱逐出境。公安部作出的驱逐出境决定为最终决定,由承办机关宣布并执行。

被驱逐出境的外国人,自被驱逐出境之日起十年内不准入境。

第二百五十二条 对外国人处以罚款或者行政拘留并处限期出境或者驱逐出境的,应当于罚款或者行政拘留执行完毕后执行限期出境或者驱逐出境。

第二百五十三条 办理涉外行政案件,应当按照国家有关办理涉外案件的规定,严格执行请示报告、内部通报、对外通知等各项制度。

第二百五十四条 对外国人作出行政拘留、拘留审查或者其他限制人身自由以及限制活动范围的决定后,决定机关应当在四十八小时内将外国人的姓名、性别、入境时间、护照或者其他身份证件号码,案件发生的时间、地点及有关情况,违法的主要事实,已采取的措施及其法律依据等情况报告省级公安机关;省级公安机关应当在规定期限内,将有关情况通知该外国人所属国家的驻华使馆、领馆,并通报同级人民政府外事部门。当事人要求不通知使馆、领馆,且我国与当事人国籍国未签署双边协议规定必须通知的,可以不通知,但应当由其本人提出书面请求。

第二百五十五条 外国人在被行政拘留、拘留审查或者其他限制人身自由以及限制活动范围期间死亡的,有关省级公安机关应当通知该外国人所属国家驻华使馆、领馆,同时报告公安部并通报同级人民政府外事部门。

第二百五十六条 外国人在被行政拘留、拘留审查或者其他限制人身自由以及限制活动范围期间,其所属国家驻华外交、领事官员要求探视的,决定机关应当及时安排。该外国人拒绝其所属国家驻华外交、领事官员探视的,公安机关可以不予安排,但应当由其本人出具书面声明。

第二百五十七条 办理涉外行政案件,本章未作规定的,适用其他各章的有关规定。

第十四章 案 件 终 结

第二百五十八条 行政案件具有下列情形之一的,应当予以结案:
（一）作出不予行政处罚决定的;
（二）按照本规定第十章的规定达成调解、和解协议并已履行的;
（三）作出行政处罚等处理决定,且已执行的;
（四）违法行为涉嫌构成犯罪,转为刑事案件办理的;
（五）作出处理决定后,因执行对象灭失、死亡等客观原因导致无法执行或者无需执行的。

第二百五十九条 经过调查,发现行政案件具有下列情形之一的,经公安派出所、县级公安机关办案部门或者出入境边防检查机关以上负责人批准,终止调查:
（一）没有违法事实的;
（二）违法行为已过追究时效的;
（三）违法嫌疑人死亡的;
（四）其他需要终止调查的情形。
终止调查时,违法嫌疑人已被采取行政强制措施的,应当立即解除。

第二百六十条 对在办理行政案件过程中形成的文书材料,应当按照一案一卷原则建立案卷,并按照有关规定在结案或者终止案件调查后将案卷移交档案部门保管或者自行保管。

第二百六十一条 行政案件的案卷应当包括下列内容:
（一）受案登记表或者其他发现案件的记录;
（二）证据材料;
（三）决定文书;
（四）在办理案件中形成的其他法律文书。

第二百六十二条 行政案件的法律文书及定性依据材料应当齐全完整,不得损毁、伪造。

第十五章　附　　则

第二百六十三条　省级公安机关应当建立并不断完善统一的执法办案信息系统。

办案部门应当按照有关规定将行政案件的受理、调查取证、采取强制措施、处理等情况以及相关文书材料录入执法办案信息系统，并进行网上审核审批。

公安机关可以使用电子签名、电子指纹捺印技术制作电子笔录等材料，可以使用电子印章制作法律文书。对案件当事人进行电子签名、电子指纹捺印的过程，公安机关应当同步录音录像。

第二百六十四条　执行本规定所需要的法律文书式样，由公安部制定。公安部没有制定式样，执法工作中需要的其他法律文书，省级公安机关可以制定式样。

第二百六十五条　本规定所称"以上"、"以下"、"内"皆包括本数或者本级。

第二百六十六条　本规定自2013年1月1日起施行，依照《中华人民共和国出境入境管理法》新设定的制度自2013年7月1日起施行。2006年8月24日发布的《公安机关办理行政案件程序规定》同时废止。

公安部其他规章对办理行政案件程序有特别规定的，按照特别规定办理；没有特别规定的，按照本规定办理。

公安机关适用继续盘问规定

(2004年7月12日公安部令第75号公布 根据2020年8月6日公安部令第160号《关于废止和修改部分规章的决定》修正)

第一章 总 则

第一条 为了规范继续盘问工作,保证公安机关依法履行职责和行使权限,维护社会治安秩序,保护公民的合法权益,根据《中华人民共和国人民警察法》,制定本规定。

第二条 本规定所称继续盘问,是指公安机关的人民警察为了维护社会治安秩序,对有违法犯罪嫌疑的人员当场盘问、检查后,发现具有法定情形而将其带至公安机关继续进行盘问的措施。

第三条 公安机关适用继续盘问,应当遵循依法、公正、及时、文明和确保安全的原则,做到适用对象准确、程序合法、处理适当。

第四条 继续盘问工作由公安机关主管公安派出所工作的部门负责业务指导和归口管理。

第五条 继续盘问工作由人民警察执行。严禁不具有人民警察身份的人员从事有关继续盘问的执法工作。

第六条 公安机关适用继续盘问,依法接受人民检察院、行政监察机关以及社会和公民的监督。

第二章 适用对象和时限

第七条 为维护社会治安秩序,公安机关的人民警察对有违法犯罪嫌疑的人员,经表明执法身份后,可以当场盘问、检查。

未穿着制式服装的人民警察在当场盘问、检查前,必须出示执法证件表明人民警察身份。

第八条 对有违法犯罪嫌疑的人员当场盘问、检查后，不能排除其违法犯罪嫌疑，且具有下列情形之一的，人民警察可以将其带至公安机关继续盘问：

（一）被害人、证人控告或者指认其有犯罪行为的；

（二）有正在实施违反治安管理或者犯罪行为嫌疑的；

（三）有违反治安管理或者犯罪嫌疑且身份不明的；

（四）携带的物品可能是违反治安管理或者犯罪的赃物的。

第九条 对具有下列情形之一的人员，不得适用继续盘问：

（一）有违反治安管理或者犯罪嫌疑，但未经当场盘问、检查的；

（二）经过当场盘问、检查，已经排除违反治安管理和犯罪嫌疑的；

（三）涉嫌违反治安管理行为的法定最高处罚为警告、罚款或者其他非限制人身自由的行政处罚的；

（四）从其住处、工作地点抓获以及其他应当依法直接适用传唤或者拘传的；

（五）已经到公安机关投案自首的；

（六）明知其所涉案件已经作为治安案件受理或者已经立为刑事案件的；

（七）不属于公安机关管辖的案件或者事件当事人的；

（八）患有精神病、急性传染病或者其他严重疾病的；

（九）其他不符合本规定第八条所列条件的。

第十条 对符合本规定第八条所列条件，同时具有下列情形之一的人员，可以适用继续盘问，但必须在带至公安机关之时起的四小时以内盘问完毕，且不得送入候问室：

（一）怀孕或者正在哺乳自己不满一周岁婴儿的妇女；

（二）不满十六周岁的未成年人；

（三）已满七十周岁的老年人。

对前款规定的人员在晚上九点至次日早上七点之间释放的，应当通知其家属或者监护人领回；对身份不明或者没有家属和监护人而无法通知的，应当护送至其住地。

第十一条 继续盘问的时限一般为十二小时；对在十二小时以内确实难

以证实或者排除其违法犯罪嫌疑的,可以延长至二十四小时;对不讲真实姓名、住址、身份,且在二十四小时以内仍不能证实或者排除其违法犯罪嫌疑的,可以延长至四十八小时。

前款规定的时限自有违法犯罪嫌疑的人员被带至公安机关之时起,至被盘问人可以自由离开公安机关之时或者被决定刑事拘留、逮捕、行政拘留、强制戒毒而移交有关监管场所执行之时止,包括呈报和审批继续盘问、延长继续盘问时限、处理决定的时间。

第十二条 公安机关应当严格依照本规定的适用范围和时限适用继续盘问,禁止实施下列行为:

(一)超适用范围继续盘问;

(二)超时限继续盘问;

(三)适用继续盘问不履行审批、登记手续;

(四)以继续盘问代替处罚;

(五)将继续盘问作为催要罚款、收费的手段;

(六)批准继续盘问后不立即对有违法犯罪嫌疑的人员继续进行盘问;

(七)以连续继续盘问的方式变相拘禁他人。

第三章 审批和执行

第十三条 公安派出所的人民警察对符合本规定第八条所列条件,确有必要继续盘问的有违法犯罪嫌疑的人员,可以立即带回,并制作《当场盘问、检查笔录》、填写《继续盘问审批表》报公安派出所负责人审批决定继续盘问十二小时。对批准继续盘问的,应当将《继续盘问审批表》复印、传真或者通过计算机网络报所属县、市、旗公安局或者城市公安分局主管公安派出所工作的部门备案。

县、市、旗公安局或者城市公安分局其他办案部门和设区的市级以上公安机关及其内设机构的人民警察对有违法犯罪嫌疑的人员,应当依法直接适用传唤、拘传、刑事拘留、逮捕、取保候审或者监视居住,不得适用继续盘问;对符合本规定第八条所列条件,确有必要继续盘问的有违法犯罪嫌疑的人员,可以带至就近的公安派出所,按照本规定适用继续盘问。

第十四条 对有违法犯罪嫌疑的人员批准继续盘问的,公安派出所应当填写《继续盘问通知书》,送达被盘问人,并立即通知其家属或者单位;未批准继续盘问的,应当立即释放。

对被盘问人身份不明或者没有家属和单位而无法通知的,应当在《继续盘问通知书》上注明,并由被盘问人签名或者捺指印。但是,对因身份不明而无法通知的,在继续盘问期间查明身份后,应当依照前款的规定通知其家属或者单位。

第十五条 被盘问人的家属为老年人、残疾人、精神病人、不满十六周岁的未成年人或者其他没有独立生活能力的人,因公安机关实施继续盘问而使被盘问人的家属无人照顾的,公安机关应当通知其亲友予以照顾或者采取其他适当办法妥善安排,并将安排情况及时告知被盘问人。

第十六条 对有违法犯罪嫌疑的人员批准继续盘问后,应当立即结合当场盘问、检查的情况继续对其进行盘问,以证实或者排除其违法犯罪嫌疑。

对继续盘问的情况,应当制作《继续盘问笔录》,并载明被盘问人被带至公安机关的具体时间,由被盘问人核对无误后签名或者捺指印。对被盘问人拒绝签名和捺指印的,应当在笔录上注明。

第十七条 对符合本规定第十一条所列条件,确有必要将继续盘问时限延长至二十四小时的,公安派出所应当填写《延长继续盘问时限审批表》,报县、市、旗公安局或者城市公安分局的值班负责人审批;确有必要将继续盘问时限从二十四小时延长至四十八小时的,公安派出所应当填写《延长继续盘问时限审批表》,报县、市、旗公安局或者城市公安分局的主管负责人审批。

县、市、旗公安局或者城市公安分局的值班或者主管负责人应当在继续盘问时限届满前作出是否延长继续盘问时限的决定,但不得决定将继续盘问时限直接从十二小时延长至四十八小时。

第十八条 除具有《中华人民共和国人民警察使用警械和武器条例》规定的情形外,对被盘问人不得使用警械或者武器。

第十九条 对具有下列情形之一的,应当立即终止继续盘问,并立即释放被盘问人或者依法作出处理决定:

(一)继续盘问中发现具有本规定第九条所列情形之一的;

(二)已经证实有违法犯罪行为的;

(三)有证据证明有犯罪嫌疑的。

对经过继续盘问已经排除违法犯罪嫌疑,或者经过批准的继续盘问、延长继续盘问时限届满，尚不能证实其违法犯罪嫌疑的，应当立即释放被盘问人。

第二十条 对终止继续盘问或者释放被盘问人的，应当在《继续盘问登记表》上载明终止继续盘问或者释放的具体时间、原因和处理结果，由被盘问人核对无误后签名或者捺指印。被盘问人拒绝签名和捺指印的，应当在《继续盘问登记表》上注明。

第二十一条 在继续盘问期间对被盘问人依法作出刑事拘留、逮捕或者行政拘留、强制戒毒决定的，应当立即移交有关监管场所执行；依法作出取保候审、监视居住或者警告、罚款等行政处罚决定的，应当立即释放。

第二十二条 在继续盘问期间，公安机关及其人民警察应当依法保障被盘问人的合法权益，严禁实施下列行为：

（一）对被盘问人进行刑讯逼供；
（二）殴打、体罚、虐待、侮辱被盘问人；
（三）敲诈勒索或者索取、收受贿赂；
（四）侵吞、挪用、损毁被盘问人的财物；
（五）违反规定收费或者实施处罚；
（六）其他侵犯被盘问人合法权益的行为。

第二十三条 对在继续盘问期间突患疾病或者受伤的被盘问人，公安派出所应当立即采取措施予以救治，通知其家属或者单位，并向县、市、旗公安局或者城市公安分局负责人报告，做好详细记录。对被盘问人身份不明或者没有家属和单位而无法通知的，应当在《继续盘问登记表》上注明。

救治费由被盘问人或者其家属承担。但是，由于公安机关或者他人的过错导致被盘问人患病、受伤的，救治费由有过错的一方承担。

第二十四条 被盘问人在继续盘问期间死亡的，公安派出所应当做好以下工作：

（一）保护好现场，保管好尸体；
（二）立即报告所属县、市、旗公安局或者城市公安分局的主管负责人或者值班负责人、警务督察部门和主管公安派出所工作的部门；
（三）立即通知被盘问人的家属或者单位。

第二十五条 县、市、旗公安局或者城市公安分局接到被盘问人死亡的报告后，应当做好以下工作：

（一）立即通报同级人民检察院；

（二）在二十四小时以内委托具有鉴定资格的人员进行死因鉴定；

（三）在作出鉴定结论后三日以内将鉴定结论送达被盘问人的家属或者单位。对被盘问人身份不明或者没有家属和单位而无法通知的，应当在鉴定结论上注明。

被盘问人的家属或者单位对鉴定结论不服的，可以在收到鉴定结论后的七日以内向上一级公安机关申请重新鉴定。上一级公安机关接到申请后，应当在三日以内另行委托具有鉴定资格的人员进行重新鉴定。

第四章 候问室的设置和管理

第二十六条 县、市、旗公安局或者城市公安分局经报请设区的市级以上公安机关批准，可以在符合下列条件的公安派出所设置候问室：

（一）确有维护社会治安秩序的工作需要；

（二）警力配置上能够保证在使用候问室时由人民警察值班、看管和巡查。

县、市、旗公安局或者城市公安分局以上公安机关及其内设机构，不得设置候问室。

第二十七条 候问室的建设必须达到以下标准：

（一）房屋牢固、安全、通风、透光，单间使用面积不得少于六平方米，层高不低于二点五五米；

（二）室内应当配备固定的坐具，并保持清洁、卫生；

（三）室内不得有可能被直接用以行凶、自杀、自伤的物品；

（四）看管被盘问人的值班室与候问室相通，并采用栏杆分隔，以便于观察室内情况。

对有违法犯罪嫌疑的人员继续盘问十二小时以上的，应当为其提供必要的卧具。

候问室应当标明名称，并在明显位置公布有关继续盘问的规定、被盘问人依法享有的权利和候问室管理规定。

第二十八条 候问室必须经过设区的市级以上公安机关验收合格后，才能投入使用。

第二十九条 候问室应当建立以下日常管理制度,依法严格、文明管理:

(一)设立《继续盘问登记表》,载明被盘问人的姓名、性别、年龄、住址、单位,以及办案部门、承办人、批准人、继续盘问的原因、起止时间、处理结果等情况;

(二)建立值班、看管和巡查制度,明确值班岗位责任,候问室有被盘问人时,应当由人民警察值班、看管和巡查,如实记录有关情况,并做好交接工作;

(三)建立档案管理制度,对《继续盘问登记表》等有关资料按照档案管理的要求归案保存,以备查验。

第三十条 除本规定第十条所列情形外,在继续盘问间隙期间,应当将被盘问人送入候问室;未设置候问室的,应当由人民警察在讯问室、办公室看管,或者送入就近公安派出所的候问室。

禁止将被盘问人送入看守所、拘役所、拘留所、强制戒毒所或者其他监管场所关押,以及将不同性别的被盘问人送入同一个候问室。

第三十一条 被盘问人被送入候问室时,看管的人民警察应当问清其身体状况,并做好记录;发现被盘问人有外伤、有严重疾病发作的明显症状的,或者具有本规定第十条所列情形之一的,应当立即报告县、市、旗公安局或者城市公安分局警务督察部门和主管公安派出所工作的部门,并做好详细记录。

第三十二条 将被盘问人送入候问室时,对其随身携带的物品,公安机关应当制作《暂存物品清单》,经被盘问人签名或者捺指印确认后妥为保管,不得侵吞、挪用或者损毁。

继续盘问结束后,被盘问人的物品中属于违法犯罪证据或者违禁品的,应当依法随案移交或者作出处理,并在《暂存物品清单》上注明;与案件无关的,应当立即返还被盘问人,并在《暂存物品清单》上注明,由被盘问人签名或者捺指印。

第三十三条 候问室没有厕所和卫生用具的,人民警察带领被盘问人离开候问室如厕时,必须严加看管,防止发生事故。

第三十四条 在继续盘问期间,公安机关应当为被盘问人提供基本的饮食。

第五章 执法监督

第三十五条 公安机关应当将适用继续盘问的情况纳入执法质量考核评议范围,建立和完善办案责任制度、执法过错责任追究制度及其他内部执法监督制度。

第三十六条 除本规定第二十四条、第三十一条所列情形外,发生被盘问人重伤、逃跑、自杀、自伤等事故以及继续盘问超过批准时限的,公安派出所必须立即将有关情况报告县、市、旗公安局或者城市公安分局警务督察部门和主管公安派出所工作的部门,并做好详细记录。

县、市、旗公安局或者城市公安分局警务督察部门应当在接到报告后立即进行现场督察。

第三十七条 警务督察部门负责对继续盘问的下列情况进行现场督察:
(一)程序是否合法,法律手续是否齐全;
(二)继续盘问是否符合法定的适用范围和时限;
(三)候问室的设置和管理是否违反本规定;
(四)有无刑讯逼供或者殴打、体罚、虐待、侮辱被盘问人的行为;
(五)有无违法使用警械、武器的行为;
(六)有无违反规定收费或者实施处罚的行为;
(七)有无其他违法违纪行为。

第三十八条 警务督察部门在现场督察时,发现办案部门或者人民警察在继续盘问中有违法违纪行为的,应当按照有关规定,采取当场制止、纠正、发督察法律文书、责令停止执行职务或者禁闭等督察措施进行处理;对需要给予处分或者追究刑事责任的,应当依法移送有关部门处理。

第三十九条 对在适用继续盘问中有下列情形之一的,公安机关应当依照《公安机关督察条例》、《公安机关人民警察执法过错责任追究规定》追究有关责任人员的执法过错责任,并依照《中华人民共和国人民警察法》、《国家公务员暂行条例》和其他有关规定给予处分;构成犯罪的,依法追究直接负责的主管人员和其他直接责任人员的刑事责任:

(一)违法使用警械、武器,或者实施本规定第十二条、第二十二条、第三十条第二款所列行为之一的;

（二）未经批准设置候问室，或者将被盘问人送入未经验收合格的候问室的；

（三）不按照本规定第十四条、第十五条的规定通知被盘问人家属或者单位、安排被盘问人无人照顾的家属的；

（四）不按照本规定第十九条、第二十一条的规定终止继续盘问、释放被盘问人的；

（五）不按照本规定第二十三条、第二十四条、第三十一条和第三十六条的规定报告情况的；

（六）因疏于管理导致发生被盘问人伤亡、逃跑、自杀、自伤等事故的；

（七）指派不具有人民警察身份的人员从事有关继续盘问的执法工作的；

（八）警务督察部门不按照规定进行现场督察、处理或者在现场督察中对违法违纪行为应当发现而没有发现的；

（九）有其他违反本规定或者违法违纪行为的。

因违法使用警械、武器或者疏于管理导致被盘问人在继续盘问期间自杀身亡、被殴打致死或者其他非正常死亡的，除依法追究有关责任人员的法律责任外，应当对负有直接责任的人民警察予以开除，对公安派出所的主要负责人予以撤职，对所属公安机关的分管负责人和主要负责人予以处分，并取消该公安派出所及其所属公安机关参加本年度评选先进的资格。

第四十条 被盘问人认为公安机关及其人民警察违法实施继续盘问侵犯其合法权益造成损害，依法向公安机关申请国家赔偿的，公安机关应当依照国家赔偿法的规定办理。

公安机关依法赔偿损失后，应当责令有故意或者重大过失的人民警察承担部分或者全部赔偿费用，并对有故意或者重大过失的责任人员，按照本规定第三十九条追究其相应的责任。

第六章 附 则

第四十一条 本规定所称"以上"、"以内"，均包含本数或者本级。

第四十二条 本规定涉及的有关法律文书格式，由公安部统一制定。

第四十三条 各省、自治区、直辖市公安厅、局和新疆生产建设兵团公安局可以根据本规定,制定具体操作规程、候问室建设标准和管理规定,报公安部备案审查后施行。

第四十四条 本规定自 2004 年 10 月 1 日起施行。公安部以前制定的关于继续盘问或者留置的规定,凡与本规定不一致的同时废止。

公安机关执行《中华人民共和国治安管理处罚法》有关问题的解释[①]

(2006 年 1 月 23 日公安部发布 公通字〔2006〕12 号)

根据全国人大常委会《关于加强法律解释工作的决议》的规定,现对公安机关执行《中华人民共和国治安管理处罚法》(以下简称《治安管理处罚法》)的有关问题解释如下:

一、关于治安案件的调解问题。根据《治安管理处罚法》第 9 条的规定,对因民间纠纷引起的打架斗殴或者损毁他人财物以及其他违反治安管理行为,情节较轻的,公安机关应当本着化解矛盾纠纷、维护社会稳定、构建和谐社会的要求,依法尽量予以调解处理。特别是对因家庭、邻里、同事之间纠纷引起的违反治安管理行为,情节较轻,双方当事人愿意和解的,如制造噪声、发送信息、饲养动物干扰他人正常生活,放任动物恐吓他人、侮辱、诽谤、诬告陷害、侵犯隐私、偷开机动车等治安案件,公安机关都可以调解处理。同时,为确保调解取得良好效果,调解前应当及时依法做深入细致的调查取证工作,以查明事实、收集证据、分清责任。调解达成协议的,应当制作调解书,交双方当事人签字。

二、关于涉外治安案件的办理问题。《治安管理处罚法》第 10 条第 2 款

---

① 本文件中有关收容教育内容已被《公安部关于保留废止修改有关收容教育规范性文件的通知》(公法制〔2020〕818 号)废止。

规定："对违反治安管理的外国人可以附加适用限期出境、驱逐出境"。对外国人需要依法适用限期出境、驱逐出境处罚的，由承办案件的公安机关逐级上报公安部或者公安部授权的省级人民政府公安机关决定，由承办案件的公安机关执行。对外国人依法决定行政拘留的，由承办案件的县级以上（含县级，下同）公安机关决定，不再报上一级公安机关批准。对外国人依法决定警告、罚款、行政拘留，并附加适用限期出境、驱逐出境处罚的，应当在警告、罚款、行政拘留执行完毕后，再执行限期出境、驱逐出境。

三、关于不予处罚问题。《治安管理处罚法》第12条、第13条、第14条、第19条对不予处罚的情形作了明确规定，公安机关对依法不予处罚的违反治安管理行为人，有违法所得的，应当依法予以追缴；有非法财物的，应当依法予以收缴。

《治安管理处罚法》第22条对违反治安管理行为的追究时效作了明确规定，公安机关对超过追究时效的违反治安管理行为不再处罚，但有违禁品的，应当依法予以收缴。

四、关于对单位违反治安管理的处罚问题。《治安管理处罚法》第18条规定，"单位违反治安管理的，对其直接负责的主管人员和其他直接责任人员依照本法的规定处罚。其他法律、行政法规对同一行为规定给予单位处罚的，依照其规定处罚"，并在第54条规定可以吊销公安机关发放的许可证。对单位实施《治安管理处罚法》第三章所规定的违反治安管理行为的，应当依法对其直接负责的主管人员和其他直接责任人员予以治安管理处罚；其他法律、行政法规对同一行为明确规定由公安机关给予单位警告、罚款、没收违法所得、没收非法财物等处罚，或者采取责令其限期停业整顿、停业整顿、取缔等强制措施的，应当依照其规定办理。对被依法吊销许可证的单位，应当同时依法收缴非法财物、追缴违法所得。参照刑法的规定，单位是指公司、企业、事业单位、机关、团体。

五、关于不执行行政拘留处罚问题。根据《治安管理处罚法》第21条的规定，对"已满十四周岁不满十六周岁的"，"已满十六周岁不满十八周岁，初次违反治安管理的"，"七十周岁以上的"，"怀孕或者哺乳自己不满一周岁婴儿的"违反治安管理行为人，可以依法作出行政拘留处罚决定，但不投送拘留所执行。被处罚人居住地公安派出所应当会同被处罚人所在单位、学校、家庭、居（村）民委员会、未成年人保护组织和有关社会团体进行帮教。上述未成年人、老年人的年龄、怀孕或者哺乳自己不满1周岁婴儿的妇女的情况,以其实施违反治安管理行为或者正要执行行政拘留时的实际情况确定,即违反治安管理行为人在实施违反治安管理行为时具有上述情形之一的,或者执行行政拘留时符合上述情形之一的,均不再投送拘留所执行行政拘留。

六、关于取缔问题。根据《治安管理处罚法》第54条的规定,对未经许可,擅自经营按照国家规定需要由公安机关许可的行业的,予以取缔。这里的"按照国家规定需要由公安机关许可的行业",是指按照有关法律、行政法规和国务院决定的有关规定,需要由公安机关许可的旅馆业、典当业、公章刻制业、保安培训业等行业。取缔应当由违反治安管理行为发生地的县级以上公安机关作出决定。按照《治安管理处罚法》的有关规定采取相应的措施,如责令停止相关经营活动、进入无证经营场所进行检查、扣押与案件有关的需要作为证据的物品等。在取缔的同时,应当依法收缴非法财物、追缴违法所得。

七、关于强制性教育措施问题。《治安管理处罚法》第76条规定,对有"引诱、容留、介绍他人卖淫","制作、运输、复制、出售、出租淫秽的书刊、图片、影片、音像制品等淫秽物品或者利用计算机信息网络、电话以及其他通讯工具传播淫秽信息","以营利为目的,为赌博提供条件的,或者参与赌博赌资较大的"行为,"屡教不改的,可以按照国家规定采取强制性教育措施"。这里的"强制性教育措施"目前是指劳动教养;"按照国家规定"是指按照《治安管理处罚法》和其他有关劳动教养的法律、行政法规的规定,"屡教不改"是指有上述行为被依法判处刑罚执行期满后五年内又实施前述行为之一,或者被依法予以罚款、行政拘留、收容教育、劳动教养执行期满后三年内实施前述行为之一,情节较重,但尚不够刑事处罚的情形。

八、关于询问查证时间问题。《治安管理处罚法》第83条第1款规定,"对违反治安管理行为人,公安机关传唤后应当及时询问查证,询问查证的时间不得超过八小时;情况复杂,依照本法规定可能适用行政拘留处罚的,询问查证的时间不得超过二十四小时"。这里的"依照本法规定可能适用行政拘留处罚",是指本法第三章对行为人实施的违反治安管理行为设定了行政拘留处罚,且根据其行为的性质和情节轻重,可能依法对违反治安管理行为人决定予以行政拘留的案件。

根据《治安管理处罚法》第82条和第83条的规定,公安机关或者办案部门负责人在审批书面传唤时,可以一并审批询问查证时间。对经过询问查证,属于"情况复杂",且"依照本法规定可能适用行政拘留处罚"的案件,需要对违反治安管理行为人适用超过8小时询问查证时间的,需口头或者书面报经公安机关或者其办案部门负责人批准。对口头报批的,办案民警应当记录在案。

九、关于询问不满16周岁的未成年人问题。《治安管理处罚法》第84条、第85条规定,询问不满16周岁的违反治安管理行为人、被侵害人或者其他证人,应当通知其父母或者其他监护人到场。上述人员父母双亡,又没有其他监护人的,因种种原因无法找到其父母或者其他监护人的,以及其父母或者其他监护人收到通知后拒不到场或者不能及时到场的,办案民警应当将有关情况在笔录中注明。为保证询问的合法性和证据的有效性,在被询问人的父母或者其他监护人不能到场时,可以邀请办案地居(村)民委员会的人员,或者被询问人在办案地有完全行为能力的亲友,或者所在学校的教师,或者其他见证人到场。询问笔录应当由办案民警、被询问人、见证人签名或者盖章。有条件的地方,还可以对询问过程进行录音、录像。

十、关于铁路、交通、民航、森林公安机关和海关侦查走私犯罪公安机构以及新疆生产建设兵团公安局的治安管理处罚权问题。《治安管理处罚法》第91条规定:"治安管理处罚由县级以上人民政府公安机关决定;其中警告、五百元以下罚款可以由公安派出所决定。"根据有关法律,铁路、交通、民航、森林公安机关依法负责其管辖范围内的治安管理工作,《中华人民共和国海关行政处罚实施条例》第6条赋予了海关侦查走私犯罪公安机构对阻碍海关缉私警察依法执行职务的治安案件的查处权。为有效维护社会治安,县级以上铁路、交通、民航、森林公安机关对其管辖的治安案件,可以依法作出治安管理处罚决定,铁路、交通、民航、森林公安派出所可以作出警告、500元以下罚款的治安管理处罚决定;海关系统相当于县级以上公安机关的侦查走私犯罪公安机构可以依法查处阻碍缉私警察依法执行职务的治安案件,并依法作出治安管理处罚决定。

新疆生产建设兵团系统的县级以上公安局应当视为"县级以上人民政府公安机关",可以依法作出治安管理处罚决定;其所属的公安派出所可以依法作出警告、500元以下罚款的治安管理处罚决定。

十一、关于限制人身自由的强制措施折抵行政拘留问题。《治安管理处罚法》第92条规定:"对决定给予行政拘留处罚的人,在处罚前已经采取强制措施限制人身自由的时间,应当折抵。限制人身自由一日,折抵行政拘留一日。"这里的"强制措施限制人身自由的时间",包括被行政拘留人在被行政拘留前因同一行为被依法刑事拘留、逮捕时间。如果被行政拘留人被刑事拘留、逮捕的时间已超过被行政拘留的时间的,则行政拘留不再执行,但办案部门必须将《治安管理处罚决定书》送达被处罚人。

十二、关于办理治安案件期限问题。《治安管理处罚法》第99条规定:"公安机关办理治安案件的期限,自受理之日起不得超过三十日;案情重大、复杂的,经上一级公安机关批准,可以延长三十日。为了查明案情进行鉴定的期间,不计入办理治安案件的期限。"这里的"鉴定期间",是指公安机关提交鉴定之日起至鉴定机构作出鉴定结论并送达公安机关的期间。公安机关应当切实提高办案效率,保证在法定期限内办结治安案件。对因违反治安管理行为人逃跑等客观原因造成案件不能在法定期限内办结的,公安机关应当继续进行调查取证,及时依法作出处理决定,不能因已超过法定办案期限就不再调查取证。因违法治安管理人在逃,导致无法查清案件事实,无法收集足够证据而结不了案的,公安机关应当向被侵害人说明原因。对调解未达成协议或者达成协议后不履行的治安案件的办案期限,应当从调解未达成协议或者达成协议后不履行之日起开始计算。

公安派出所承办的案情重大、复杂的案件,需要延长办案期限的,应当报所属县级以上公安机关负责人批准。

十三、关于将被拘留人送达拘留所执行问题。《治安管理处罚法》第103条规定:"对被决定给予行政拘留处罚的人,由作出决定的公安机关送达拘留所执行。"这里的"送达拘留所执行",是指作出行政拘留决定的公安机关将被决定行政拘留的人送到拘留所并交付执行,拘留所依法办理入所手续后即为送达。

十四、关于治安行政诉讼案件的出庭应诉问题。《治安管理处罚法》取消了行政复议前置程序。被处罚人对治安管理处罚决定不服的,既可以申请行政复议,也可以直接提起行政诉讼。对未经行政复议和经行政复议决定维持原处罚决定的行政诉讼案件,由作出处罚决定的公安机关负责人和原办案部门的承办民警出庭应诉;对经行政复议决定撤销、变更原处罚决定或者责令被申请人重新作出具体行政行为的行政诉讼案件,由行政复议机关负责人和行政复议机构的承办民警出庭应诉。

十五、关于《治安管理处罚法》的溯及力问题。按照《中华人民共和国立法法》第 84 条的规定,《治安管理处罚法》不溯及既往。《治安管理处罚法》施行后,对其施行前发生且尚未作出处罚决定的违反治安管理行为,适用《中华人民共和国治安管理处罚条例》;但是,如果《治安管理处罚法》不认为是违反治安管理行为或者处罚较轻的,适用《治安管理处罚法》。

公安机关执行《中华人民共和国治安管理处罚法》有关问题的解释(二)

(2007 年 1 月 26 日公安部发布 公通字〔2007〕1 号)

为正确、有效地执行《中华人民共和国治安管理处罚法》(以下简称《治安管理处罚法》),根据全国人民代表大会常务委员会《关于加强法律解释工作的决议》的规定,现对公安机关执行《治安管理处罚法》的有关问题解释如下:

一、关于制止违反治安管理行为的法律责任问题

为了免受正在进行的违反治安管理行为的侵害而采取的制止违法侵害行为,不属于违反治安管理行为。但对事先挑拨、故意挑逗他人对自己进行侵害,然后以制止违法侵害为名对他人加以侵害的行为,以及互相斗殴的行为,应当予以治安管理处罚。

二、关于未达目的违反治安管理行为的法律责任问题

行为人为实施违反治安管理行为准备工具、制造条件的,不予处罚。

行为人自动放弃实施违反治安管理行为或者自动有效地防止违反治安管理行为结果发生,没有造成损害的,不予处罚;造成损害的,应当减轻处罚。

行为人已经着手实施违反治安管理行为,但由于本人意志以外的原因而未得逞的,应当从轻处罚、减轻处罚或者不予处罚。

三、关于未达到刑事责任年龄不予刑事处罚的,能否予以治安管理处罚问题

对已满十四周岁不满十六周岁不予刑事处罚的,应当责令其家长或者监护人加以管教;必要时,可以依照《治安管理处罚法》的相关规定予以治安管理处罚,或者依照《中华人民共和国刑法》第十七条的规定予以收容教养。

四、关于减轻处罚的适用问题

违反治安管理行为人具有《治安管理处罚法》第十二条、第十四条、第十九条减轻处罚情节的,按下列规定适用:

(一)法定处罚种类只有一种,在该法定处罚种类的幅度以下减轻处罚;

(二)法定处罚种类只有一种,在该法定处罚种类的幅度以下无法再减轻处罚的,不予处罚;

(三)规定拘留并处罚款的,在法定处罚幅度以下单独或者同时减轻拘留和罚款,或者在法定处罚幅度内单处拘留;

(四)规定拘留可以并处罚款的,在拘留的法定处罚幅度以下减轻处罚;在拘留的法定处罚幅度以下无法再减轻处罚的,不予处罚。

五、关于"初次违反治安管理"的认定问题

《治安管理处罚法》第二十一条第二项规定的"初次违反治安管理",是指行为人的违反治安管理行为第一次被公安机关发现或者查处。但具有下列情形之一的,不属于"初次违反治安管理":

(一)曾违反治安管理,虽未被公安机关发现或者查处,但仍在法定追究时效内的;

(二)曾因不满十六周岁违反治安管理,不执行行政拘留的;

(三)曾违反治安管理,经公安机关调解结案的;

(四)曾被收容教养、劳动教养的;

(五)曾因实施扰乱公共秩序,妨害公共安全,侵犯人身权利、财产权利,妨害社会管理的行为被人民法院判处刑罚或者免除刑事处罚的。

六、关于扰乱居(村)民委员会秩序和破坏居(村)民委员会选举秩序行为的法律适用问题

对扰乱居(村)民委员会秩序的行为,应当根据其具体表现形式,如侮辱、诽谤、殴打他人、故意伤害、故意损毁财物等,依照《治安管理处罚法》的相关规定予以处罚。

对破坏居(村)民委员会选举秩序的行为,应当依照《治安管理处罚法》第二十三条第一款第(五)项的规定予以处罚。

七、关于殴打、伤害特定对象的处罚问题

对违反《治安管理处罚法》第四十三条第二款第(二)项规定行为的处

罚,不要求行为人主观上必须明知殴打、伤害的对象为残疾人、孕妇、不满十四周岁的人或者六十周岁以上的人。

八、关于"结伙"、"多次"、"多人"的认定问题

《治安管理处罚法》中规定的"结伙"是指两人(含两人)以上;"多次"是指三次(含三次)以上;"多人"是指三人(含三人)以上。

九、关于运送他人偷越国(边)境、偷越国(边)境和吸食、注射毒品行为的法律适用问题

对运送他人偷越国(边)境、偷越国(边)境和吸食、注射毒品行为的行政处罚,适用《治安管理处罚法》第六十一条、第六十二条第二款和第七十二条第(三)项的规定,不再适用全国人民代表大会常务委员会《关于严惩组织、运送他人偷越国(边)境犯罪的补充规定》和《关于禁毒的决定》的规定。

十、关于居住场所与经营场所合一的检查问题

违反治安管理行为人的居住场所与其在工商行政管理部门注册登记的经营场所合一的,在经营时间内对其检查时,应当按照检查经营场所办理相关手续;在非经营时间内对其检查时,应当按照检查公民住所办理相关手续。

十一、关于被侵害人是否有权申请行政复议问题

根据《中华人民共和国行政复议法》第二条的规定,治安案件的被侵害人认为公安机关依据《治安管理处罚法》作出的具体行政行为侵犯其合法权益的,可以依法申请行政复议。